Doce textos fundamentales
de la Ética del siglo XX

G. E. Moore, L. Wittgenstein,
M. Scheler, J.-P. Sartre, E. Bloch,
J. Habermas, J. Rawls, Ch. Taylor,
P. Ricoeur, M. Foucault,
José L. López Aranguren, J. Muguerza

Doce textos fundamentales de la Ética del siglo XX

Edición de Carlos Gómez

Primera edición: 2002
Sexta reimpresión: marzo de 2026

Diseño de colección: Estrada Design
Diseño de cubierta: Manuel Estrada

Reservados todos los derechos. El contenido de esta obra está protegido por la Ley, que establece penas de prisión y/o multas, además de las correspondientes indemnizaciones por daños y perjuicios, para quienes reprodujeren, plagiaren, distribuyeren o comunicaren públicamente, en todo o en parte, una obra literaria, artística o científica, o su transformación, interpretación o ejecución artística fijada en cualquier tipo de soporte o comunicada a través de cualquier medio, sin la preceptiva autorización.

© de la selección e introducción: Carlos Gómez Sánchez, 2002
© Alianza Editorial, S. A., Madrid, 2002, 2026
    Calle Valentín Beato, 21
    28037 Madrid
    www.alianzaeditorial.es

PAPEL DE FIBRA
CERTIFICADA

ISBN: 978-84-206-9122-0
Depósito legal: M. 19.094-2014
Printed in Spain

Si quiere recibir información periódica sobre las novedades de Alianza Editorial, envíe un correo electrónico a la dirección: alianzaeditorial@anaya.es

Índice

9   Introducción: Problemas de la Ética contemporánea
9   1. Criterios de esta antología
13   2. La filosofía en el siglo XX: principales tendencias
19   3. Los autores y los textos

     Doce textos de Ética
111 I. La filosofía analítica
113   1. George Edward Moore: *El tema de la ética*
137   2. Ludwig Wittgenstein: *Conferencia sobre Ética*
151 II. La corriente fenomenológico-existencialista
153   3. Max Scheler: *Relaciones de los valores «bueno» y «malo» con los restantes valores y con los bienes*
163   4. Jean-Paul Sartre: *El existencialismo es un humanismo*
199 III. Los marxismos
201   5. Ernst Bloch: *¿Puede frustrarse la esperanza?*
211   6. Jürgen Habermas: *Ética discursiva*
223 IV. La polémica entre liberales y comunitaristas
225   7. John Rawls: *Justicia como imparcialidad: política, no metafísica*
276   8. Charles Taylor: *Horizontes ineludibles*
287 V. Hermenéutica y postmodernidad
289   9. Paul Ricoeur: *Ética y moral*
308   10. Michel Foucault: *La ética del cuidado de sí como práctica de la libertad*

319 VI. Ética en lengua española
321   11. José Luis López Aranguren: *La ética y la tarea de la moralización*
340   12. Javier Muguerza: *La obediencia al Derecho y el imperativo de la disidencia. (Una intrusión en un debate)*

370 Créditos

Introducción:
Problemas de la Ética contemporánea

1. Criterios de esta antología

Empezar por las cuestiones de método suele ser fastidioso, y tanto más si figuran en introducciones o prólogos, pues no todos van a ser tan relampagueantes como los que a Nietzsche le gustaba dejarnos. Las cuestiones propiamente metódicas, aunque el autor se las haya planteado al comienzo de su marcha y las haya revisado –como Dante hacía con su vida– *nel mezzo del cammin,* no tienen por qué abrumar al lector, que quizá en cambio no las desdeñara al final de la obra, cuando él mismo esté en condiciones de evaluarla. No me explayaré, pues, en ellas. Pero sí haré unas breves consideraciones sobre el carácter de la antología que presentamos.

De lo que se trata, desde este año que culmina el siglo –además de coronar también el milenio–, es de echar la vista atrás y destacar algunos de los textos más significativos de la reflexión ética de la centuria que se nos acaba. Y si, vencida la tentación del más rancio positivismo, el historiador sabe que historiar es siempre seleccionar e interpretar –tal y como, entre otros, subrayó en su día E. H. Carr–, esa labor se convierte aquí en propósito deliberado. Aunque he procurado que estuviesen representadas las principales tendencias y de modo proporcional (dos autores de cada una de ellas), hay un margen de arbitrariedad inexcusable, y cada cual, según sus gustos y preferencias, echará de menos a éste o aquél, cosa que, por lo demás, siempre habría de suceder, cualesquiera que hubiesen sido los elegidos. Los que aquí figuran cuentan con magníficas credenciales para ello, bien por la importancia y repercusión de su obra, bien por representar goznes de la discusión ética de nuestra contemporaneidad, bien, finalmente, por recoger aspectos y enfoques que, de otro modo, habrían sido postergados. Mas soy consciente de que si difícilmente se podrá negar que *son* todos los que *están,* más fácilmente podrá quizá alegarse que no *están* todos los que *son*. En todo caso, lo importante, creo, es ofrecer textos nucleares de autores lo suficientemente plurales y relevantes como para poder después engarzar con otros textos, otros autores y otros problemas.

En cuanto antólogo, los principales a los que me enfrentaba eran los siguientes: en primer lugar, ¿hacer la selección por autores o por temas? Como se echa de ver por el índice, es claro que me incliné por el primer punto de vista, mas sin descuidar por completo el otro, pues, si no exactamente por temas, he procurado que los autores seleccionados no figuraran aislados, cuando no simplemente amontonados, sino insertos en las corrientes principales de la ética de nuestro siglo. Corrientes que, en buena medida, ellos desbordan, cada uno a su modo, sin dejarse encorsetar por rótulos que, en tantas ocasiones, actúan como etiquetas que sellan los problemas, en vez de franquearnos la entrada a ellos. Con todo, si el análisis de detalle exige las precisiones oportunas, tampoco sobra la mirada desde la distancia, esa que nos permite descubrir grandes trazos, los perfiles y lineamientos que sólo la lejanía nos ofrece: las preguntas, los problemas y los moldes en los que, aunque sea para romperlos, una reflexión filosófica ha fraguado. Al agruparlos así en tendencias —en muchas ocasiones, como veremos, interconectadas—, procuraba relacionarlos con un suelo temático predominante o, si se quiere, con un estilo (de cuestiones, de intereses, de procedimientos). Y aun cuando, hasta donde ha sido posible, se respeta el orden de aparición de los textos seleccionados, he privilegiado el encuadramiento temático o estilístico frente al puramente cronológico.

En cuanto a los textos, quería recogerlos breves, pero fuertemente representativos del pensamiento de los diversos autores. Trataba así de eludir, por un lado, el salpicar los textos de corchetes, lo que introduce siempre en el lector un mayor margen de incertidumbre respecto a la labor de podadera del antólogo (aunque el carácter de muchas antologías —algunas excelentes— obliga a ello), y, por otro, el ofrecer textos muy cerrados, pequeñas totalidades en sí mismos, pero que dejasen fuera aspectos vertebrales de la reflexión del filósofo de marras.

A decir verdad, finalmente, mi propósito no se ha visto desasistido de fortuna, y de un buen número de los autores recogidos he podido ofrecer el tipo de textos que pretendía. Dos de ellos, incluso (los de Bloch y Ricoeur), aparecen por primera vez en castellano. Algunos otros no eran muy fáciles de encontrar, por figurar en números de revistas agotados o sin cómodo acceso para muchos lectores, pese a contener, sintéticamente, el eje de argumentos desarrollados mucho más ampliamente en otras obras (así sucede con el propio Ricoeur y, también, con Rawls o Muguerza). Desde luego, en otros casos, contábamos con buenas ediciones de los mismos, pero su justamente reconocida importancia me ha llevado a recogerlos aquí (me refiero, particularmente, a los de Wittgenstein y Sartre). Los restantes, en fin, pertenecen a capítulos de obras centrales en el pensamiento ético de nuestro siglo, algunas agotadas en castellano hace mucho tiempo (la de Scheler, por ejemplo) y otras más accesibles, por ser de reciente edición (Habermas, Taylor, Foucault) o múltiples veces reeditadas (Aranguren), pero sin los cuales la antología no ya sólo sería selectiva, como necesariamente ha de ser, sino que se me antojaría manca (como indudablemente lo sería de omitir, por ejemplo, a Aranguren en la ética en lengua española o a Habermas en el sofisticado «marxismo» de la Escuela de Frankfurt).

No quisiera concluir este apartado sin una última observación: como en algún momento se ha hecho ver, la filosofía es, a la vez, algo especializado y no especializado. La no especialización le viene de que sus cuestiones, al menos las últimas a las que se orienta, afectan, conciernen a todo ser humano. Responder a la pregunta *¿qué es el hombre?* era para Kant la meta a la que, en definitiva, se orientaba toda reflexión filosófica. Pero, con el tiempo, la filosofía se ha convertido en un saber muy complejo, heredero de una tradición plural y con un vocabulario tanto más técnico cuanto que, para ella, el lenguaje, y su relación con el mundo, no vienen dados de antemano, sino que gran parte de su labor consiste precisamente en problematizar el orden de cosas dado, las parcelas establecidas por la división social y cultural del trabajo en un determinado momento. Los textos de esta antología quieren responder a ese doble carácter. Por una parte, las cuestiones que plantean y buena parte de sus desarrollos no dejarán indemne a ningún lector lo suficientemente cultivado como para interesarse en saber qué han dicho los profesionales de la Ética de nuestro siglo. Por otra, algunos pasajes y desarrollos se harán más ásperos al filósofo no profesional. Y aun cuando ha sido en los estudiantes de Filosofía en los que primero he pensado al planear esta selección, creo que otros podrán beneficiarse de ella, en la medida en que, si difícilmente habría de resolverles los problemas éticos que se planteen, sí al menos puede ayudarles a ser conscientes de las muchas perspectivas y modos de abordarlos, a relacionarlos con otras cuestiones en apariencia inconexas y, en definitiva, a plantearlos mejor.

Mas antes de comentar concisamente esos textos y esos autores, digamos algo de las corrientes filosóficas en las que se enmarcan.

2. La filosofía en el siglo XX: principales tendencias

En más de una ocasión se ha indicado que la plural reflexión filosófica del siglo XX se vertebra en torno a tres grandes ejes o tendencias: la filosofía analítica, la corriente fenomenológico-existencialista y los marxismos. Las tres se han visto afectadas por lo que Richard Rorty ha denominado «el giro lingüístico»[1], por cuanto esa atención preferente al lenguaje no ha sido patrimonio exclusivo de la filosofía analítica, aun cuando ésta hiciera de ello su particular enseña a comienzos de nuestra centuria, sino que ha acabado por imponerse en las otras grandes corrientes filosóficas del siglo. Bien es verdad que ese giro no ha hecho tanto hincapié en las dimensiones sintáctica (la estructura de las proposiciones, con independencia de su contenido) o semántica (la que se refiere al significado) del lenguaje, en las que la primitiva filosofía analítica se fijó de modo primordial, cuanto en la pragmática, esto es, en la dimensión comunicativa del lenguaje, sin tener en cuenta la cual se incurre en la que K. O. Apel ha denominado «falacia abstractiva». Dentro de la filosofía analítica anglasojana, fue Ludwig Wittgenstein quien, pese a haber sido un eminente representante de las primeras tendencias del análisis filosófico –tal como figuran en su *Tractatus Logico-Philosophicus,* ultimado en el frente durante la Primera Guerra Mundial y publicado por primera vez en 1921–, impuso, a partir sobre todo de sus *Investigaciones filosóficas* (terminado de redactar en 1949, dos años antes de su muerte, y publicado póstumamente en 1953), una concepción del significado como *uso,* que abriría la puerta a toda una nueva consideración de los problemas del lenguaje, siendo esta concepción pragmático-comunicativa la que ha afectado asimismo a las otras grandes corrientes del siglo XX en esa su «conversión» lingüística. La importancia de Wittgenstein, no sólo para la filosofía analítica, pues, sino para la reflexión filosófica de nuestro siglo en su conjunto, hacía inexcusable recogerle aquí, donde irá precedido del pionero de la filosofía moral de estilo analítico, George Edward Moore.

Por lo que a la inspiración fenomenológico-existencialista se refiere, he elegido a Max Scheler, el fundador de la ética material de los valores, que tanto auge logró en la primera mitad del siglo, y un texto de Jean-Paul Sartre que alcanzó amplias resonancias al concluir la Segunda Guerra Mundial, *El existencialismo es un humanismo*. Quizá se pueda echar de menos a M. Heidegger, cuya importancia filosófica y su influencia están fuera de duda. Mas su reflexión tiene un carácter más ontológico (aun bajo la forma de crítica a la metafísica) que propiamente ético, y de ahí que hayamos optado, frente a él, por Sartre. En todo caso, es preciso hacer notar que el giro «mundano» impreso por Heidegger a la fenomenología husserliana (inscrita en el paradigma de las filosofías del sujeto y de la conciencia inaugurado por Descartes, proseguido por Kant y radicalizado por el propio Husserl), así como su atención cada vez mayor a los problemas del lenguaje, iba a llevar a los que legítimamente pueden considerarse herederos de esa tradición, es decir, a los hermeneutas, a una nueva concepción de las relaciones sujeto-objeto, al entender la objetividad como intersubjetividad, lo que, a su vez, había de llevarles a una atención preferente por ese fenómeno primordialmente intersubjetivo que es el lenguaje y al intento de acceder al sujeto no por la «vía corta» de la conciencia, sino a través del rodeo de sus sedimentaciones objetivadas en los documentos de la cultura.

En cuanto al marxismo, el principal exponente de la transformación lingüística de la filosofía ha sido, dentro de la teoría crítica de la denominada «Escuela de Frankfurt», Jürgen Habermas, al insistir en la importancia de tener en cuenta junto a las relaciones técnico-instrumentales –privilegiadas unilateralmente por Marx– las relaciones práctico-comunicativas, como en su momento habremos de recordar. Punto focal de numerosas discusiones filosóficas de nuestro presente en muy diversos ámbitos, su «ética del discurso» es una de las piezas centrales de lo que se ha denominado «rehabilitación de la razón práctica» en la segunda mitad del siglo, y aquí no podía faltar. Para acompañarle, dentro de la nómina de los marxismos, he elegido a Ernst Bloch. Podrían haber sido otros: algún frankfurtiano de la «primera generación» (Horkheimer, Adorno, quizá incluso Marcuse), K. Korsch, G. Lukács...; mas, sin desdeñar los méritos de éstos, la obra de Bloch registra un impulso ético y una acentuación en la importancia de los factores subjetuales para la deseada transformación social muy dignos de ser recogidos, tanto más cuanto que el texto mismo, «¿Puede frustrarse la esperanza?», es muy hermoso.

Tres epígrafes más completan nuestra antología: en primer lugar, «La polémica entre liberales y comunitaristas», en la que figuran como interlocutores John Rawls y Charles Taylor. Pese a sus diferencias, las propuestas de *Una teoría de la justicia* de Rawls se encuentran cercanas a la obra de Habermas y nos será fácil recogerlas después de lo que de éste digamos y de haber leído su texto. Propuestas rawlsianas que han suscitado una intensa polémica con los denominados comunitaristas, en la que se renuevan debates mantenidos en la discusión filosófica moderna, al menos desde Kant y Hegel, como tendremos ocasión de comprobar.

En segundo lugar, bajo el rótulo «Hermenéutica y postmodernidad» he querido agrupar otras tendencias, en complejas relaciones con las anteriores. Ya lo hemos visto respecto a la hermenéutica (donde, por la mayor atención que ha prestado a los temas éticos en sus escritos, he elegido a Paul Ricoeur, frente a otros ilustres representantes de la misma, como Hans-Georg Gadamer), y otro tanto cabría decir en cuanto a la postmodernidad. Movimiento a su vez plural (de Lyotard a Vattimo o Rorty), las críticas a la filosofía de la conciencia, por parte de los «maestros de la sospecha» (Marx, Nietzsche y Freud, y en particular –y pese a las diferencias entre ellos– estos dos últimos), y la crítica a la metafísica de Heidegger son jalones de referencia del movimiento postmoderno. En este apartado figura Michel Foucault, cuya obra puede considerarse como una crítica de la razón moderna, frente a cuyas totalizaciones Foucault ha insistido, entroncando con los análisis genealógicos de Nietzsche, en una concepción más diseminada de las redes de poder y de las trayectorias históricas, así como en una constitución plural de los sujetos, opuesta en buena medida al proceso autorreflexivo del idealismo alemán. Si bien, habremos de ver, ello no supone un rechazo frontal o un olvido de esa filosofía moderna, a la que en particular el último Foucault apela, lo que nos revela que la postmodernidad no ha de entenderse sólo o ante todo como categoría cronológica (pese a lo engañoso del nombre), sino como posibilidad o contrapunto que ha acompañado el desarrollo mismo de la modernidad. Sólo que, ante sus aporías, mientras que los conservadores querrían volver a una situación premoderna, los postmodernos pretenden criticar las nociones centrales de sujeto y razón, crítica en buena parte asumida por los que, sin embargo, entienden que las patologías de la modernidad no necesitan tanto el abandono de sus ideales cuanto una reconcepción de los mismos en un trabajo de «ilustración sobre la Ilustración misma», dentro de un proceso todavía inconcluso (Habermas).

En fin, concluimos con un último apartado dedicado a «Ética en lengua española». Sin necesidad de entregarse a ningún tipo de «nacionalismo filosófico», abiertos a la amplia «conversación de la humanidad», es cierto que las voces se modulan desde mediaciones históricas que conviene reconocer, no para encerrarse tribalmente en ellas, sino a fin de que el propio discurso no quede desarraigado o sea puramente mimético. Y sin exaltaciones de ningún género, no cabe duda de la importancia cada vez mayor de la filosofía en lengua española, provenga de España o de Iberoamérica. No toda esa producción podía ser aquí recogida. Mas, sin merma de los méritos de otros, creo que difícilmente se discutirá la pertinencia de los autores aquí incluidos. José Luis López Aranguren fue, tras las huellas de Unamuno, Ortega y Zubiri, el primer gran tematizador de los problemas éticos en nuestro país y todos los que, de un modo u otro, nos dedicamos hoy a estas cuestiones sabemos la deuda que con él tenemos contraída. En cuanto a Javier Muguerza, el principal de sus discípulos, ha sido el impulsor fundamental del pujante desarrollo de los estudios éticos en

España, y así se suele, de manera prácticamente unánime, reconocer. Quizá ninguna voz mejor para concluir esta antología, iniciada con Moore, que la de Javier Muguerza, por cuanto él realizó el más decidido esfuerzo por implantar el conocimiento de la filosofía analítica en España, aun si con una distancia crítica que, con el tiempo, no ha hecho sino radicalizarse. Esa empatía y esa distancia pueden dar buena cuenta, en alguno de sus perfiles al menos, de las peripecias del pensamiento ético de nuestro siglo[2].

3. Los autores y los textos

Comenzando, pues, por la filosofía analítica, bajo ese rótulo se engloba una pluralidad de tendencias que, más que por un cuerpo de doctrina común, se unifican por un estilo de pensamiento, un método o una actitud[3]. Éstos podrían caracterizarse por la ya mencionada atención a los fenómenos del lenguaje. No obstante, el análisis conceptual ha estado presente en la filosofía desde sus inicios, al menos desde Sócrates, y, para caracterizar la filosofía analítica, convendría agregar el supuesto de que los problemas filosóficos pueden resolverse, o disolverse, a través del análisis del lenguaje en que se expresan, ya que derivan de enredos lingüísticos, que es preciso clarificar. De ahí la importancia adquirida por las diversas teorías del significado, cuyo hilo conductor vamos, por el momento, a seguir.

El primer autor que convendría recordar a este respecto es Gottlob Frege (1848-1925), habitualmente considerado como el fundador de la lógica contemporánea, frente a cuya *teoría semántica o referencial del significado* se rebelarían de algún modo, sin acabar de salir de ella, B. Russell y L. Wittgenstein. La *teoría representacional o figurativa del significado* del Wittgenstein del *Tractatus* es una versión sofisticada de la teoría referencial, al distinguir entre el significado de un nombre (el objeto que nombra) y el de una oración (el hecho o situación que describa). Para el Wittgenstein del *Tractatus* una proposición es una figura *(Bild)*, un dibujo o representación de una situación existente o hipotética. Proposición y situación comparten una misma estructura o forma lógica, de modo que se da una correspondencia isomórfica entre lenguaje y realidad. Los elementos componentes del mundo no son las cosas, sino los hechos o estados de cosas, a los que hay que considerar como hechos atómicos o elementos lógicos últimos, a los que corrresponden las proposiciones. La totalidad de los hechos existentes conforma el mundo; si a ella agregamos los inexistentes o hipotéticos, obtenemos el conjunto de la realidad. Pensar es representarse la realidad por medio de figuras lógicas; no se puede pensar nada que no pueda darse, pues en el hecho de ser representable está ya contenida la posibilidad de la existencia del hecho, de forma que el pensamiento agota la realidad. La lógica traza, así, los límites del pensamiento humano; en este sentido, la lógica es trascendental (prop. 6.13), define los límites del ámbito del pensamiento, del cual no se puede escapar, pues ello supondría poder pensar lo ilógico. Situarnos más allá de los límites del pensamiento sería tanto como situarse más allá de los márgenes del lenguaje, de todo lo que puede decirse con sentido; es por eso por lo que los límites de mi lenguaje son los límites de mi mundo (5.6).

Los seguidores neopositivistas de Wittgenstein dieron un sesgo empirista a sus teorías, y –al entroncar con la distinción humeana entre proposiciones analíticas (cuya verdad depende de relaciones entre ideas, como en matemáticas y en lógica) y sintéticas (cuya verdad depende de la comprobación experimental), más allá de las cuales no podía extenderse sino el reino de la sofistería y la ilusión[4]– hicieron coincidir el significado de una proposición (sintética) con el método de verificación, tal como se formula en el *principio de verificabilidad* de M. Schlick y R. Carnap. Se descarta así el significado cognitivo de las proposiciones éticas, pues, al no referirse a cómo *es* el mundo sino a cómo *debe ser,* son inverificables y sólo se les otorga un significado emotivo, por el que expresamos nuestras emociones y tratamos de influir en la conducta de los demás.

El principio de verificabilidad iba a conocer una procelosa aventura en la epistemología contemporánea, desde su sustitución por el *principio de falsabilidad* de K. Popper, a la crítica de la tajante distinción entre proposiciones analíticas y sintéticas por parte de W. Quine[5]. Éste insistió asimismo en que los enunciados no se verifican aisladamente, al hallarse integrados en totalidades teóricas en las que siempre caben reajustes; por esa razón tampoco se puede distinguir tajantemente entre lo que es ciencia y lo que no lo es, al no darse diferencias sustantivas entre hablar de objetos, como lo hacen las ciencias, y hablar de signos, como lo hace la filosofía: las dos se ven obligadas a aclaraciones y a un ascenso semántico que, sin confundirlas, las sitúa dentro de la misma empresa de interpretación del mundo; una interpretación para la que no existe un lugar privilegiado, pues las averías hay que resolverlas siempre en alta mar, sobre la marcha, según la imagen de O. Neurath. A todo ello se sumó la revolución en la teoría de la ciencia que supusieron la obra de Th. S. Kuhn y posteriores avatares[6].

Sin perseguir su rastro, lo que nos interesa ahora destacar es que, aunque las posiciones del *Tractatus* dieron pie al emotivismo posterior, el propio Wittgenstein dista de reducirse al mismo, así como de contentarse con lo que pudiera ser la resolución de todos los *posibles* problemas científicos, pues, más allá de ellos, se plantean cuestiones de importancia vital, tan difíciles de resolver como de erradicar. Y fueron esas inquietudes y esas perplejidades las que le llevaron a una profunda revisión de sus posiciones iniciales y a una nueva concepción del *significado como uso,* tal como la propone sobre todo en su segunda gran obra.

Para el Wittgenstein de las *Investigaciones filosóficas,* las palabras son como las herramientas de una caja, capaces de cumplir muy distintas funciones. El significado de las proposiciones reside en el empleo o uso que se les dé, según los diversos juegos de lenguaje en que actúen, subrayando con el término «juego lingüístico» que hablar un lenguaje es parte de una actividad, de una forma de vida, siendo muchas de ellas inconmensurables, dadas las presuposiciones sobre las que operan, sin que sea posible poner reflexivamente todos nuestros presupuestos ante nosotros, objetivarlos por reflexión, pues, como explicó en *Sobre la certeza,* aquello que fundamenta no puede a su vez ser fundamentado. Muchos problemas filosóficos surgen de las confusiones entre los juegos lingüísticos, pero no podemos esperar el metajuego, libre de presupuestos, desde el que se arbitren los criterios de resolución de conflictos que las perspectivas de esos diferentes juegos lingüísticos y formas de vida plantean.

Tras sus huellas, J. Austin subrayaría, en *Cómo hacer cosas con palabras* (1962), ese entretejerse de lenguaje y mundo, por el que aquél no simplemente lo refleja, sino que lo constituye (o, como dice el lingüista francés E. Benveniste, el lenguaje no crea radicalmente el mundo, pero lo somete a sus propias determinaciones), sin que quepa una nítida distinción entre lo que describe una proposición y lo que hacemos nosotros al emplearla (preguntar, rogar, mandar, expresar sentimientos, etc.), de modo que la diferencia cognitivo/emotivo carece de fundamentos conceptuales sólidos. Y será su distinción entre actos de habla locucionarios, ilocucionarios y perlocucionarios, así como la que, tras él, efectuó Searle entre constatativos y performativos, la que veremos actúa en otros autores, como Ricoeur o Habermas.

Las diferentes teorías del significado fueron acompañadas de distintos discursos morales. Esas correlaciones exigirían matices, pero, dejando ahora aparte la peculiar posición ética defendida por Wittgenstein, podríamos decir que si a la teoría referencial corresponden las teorías morales intuicionistas, tal como la que defiende ante todo G. E. Moore, la teoría verificacionista del positivismo lógico se vio acompañada del emotivismo ético de C. L. Stevenson, mientras que las doctrinas de Austin quieren ser recogidas en el prescriptivismo de R. M. Hare. No podemos seguir aquí el curso de todas ellas[7]. Pero diremos algo a propósito de los autores seleccionados.

El texto de GEORGE EDWARD MOORE (1873-1958) corresponde al primer capítulo de sus *Principia Ethica* (1903), que constituye el punto de partida de la filosofía moral analítica. Parafraseando el título de Newton *Principia mathematica philosophiae naturalis,* el libro se proponía, según se reconoce en el prólogo y sirviéndose ahora de Kant, «escribir los *prolegómenos* a toda ética futura que pretenda presentarse como ciencia»[8], al tratar de descubrir los principios fundamentales del razonamiento ético. Para ello, Moore trata de practicar el análisis en el obvio sentido de reducir lo complejo a expresiones más simples y se enfrenta a lo que para él es el problema fundamental de la ética: la definición de «bueno». Desde luego, de este término, como de cualquier otro, podemos ofrecer una definición estipulativa, por la que cada cual le otorga el significado que prefiere, o una definición lexicográfica, tal como se encuentra en los diccionarios, al remitirnos al uso comúnmente aceptado de la palabra. Pero no son esos tipos de definición los que preocupan a Moore, sino aquel por el que pudiéramos descubrir la naturaleza real del objeto o noción denotado por una palabra. Ahora bien, este tercer tipo de definición puede darse únicamente cuando hablamos de algo complejo, enumerando sus propiedades simples, pero, cuando obramos así, estas últimas no pueden a su vez ser definidas, pues carecemos de términos aún más simples que pudieran aclarárnoslas. «Bueno», *good* (en cuanto adjetivo diferente del sustantivo «bien» o «lo bueno», *the good,* que es aquello a lo que el adjetivo se aplica), es precisamente una de esas nociones que denotan una cualidad simple y, por tanto, indefinible, como sucede también, por ejemplo, con «amarillo»: podemos describir los equivalentes físicos del color, enumerar las vibraciones lumínicas que deben estimular el ojo normal para percibirlo, pero esas vibraciones no son lo que percibimos, y «en la misma manera en que no se puede explicar a nadie, por los medios y formas que sean, qué es lo amarillo si no se lo conoce, tampoco se le puede explicar qué es lo bueno».

«Bueno» se refiere, pues, a una propiedad que sólo puede ser aprehendida por la intuición moral y no a una propiedad natural que pueda ser observada por alguno de los sentidos, como creen aquellos filósofos que incurren en lo que Moore denomina «falacia naturalista». Si «bueno» no se refiriera a algo simple e indefinible, tendríamos que sostener que es algo complejo, sobre cuyo correcto análisis puede haber desacuerdos, o que no significa nada en absoluto y que no hay algo así como la ética. Ahora bien, la primera hipótesis es errónea, por cuanto aun cuando sea cierto que lo bueno, o todas las cosas buenas, sean *también* algo más (tal como es verdad que todas las cosas amarillas producen una cierta clase de vibración lumínica), enumerar esas otras propiedades no es definir «bueno», ya que no son absoluta y enteramente iguales a la bondad: no todo aquello que es amarillo (una naranja, un taburete, etc.) *significa* exactamente lo mismo que amarillo; de manera similar, no todo aquello que es bueno *significa* lo mismo que bueno, pues «no tiene sentido decir que el placer es bueno, a menos que bueno sea algo distinto del placer». Y lo mismo que del placer se podría decir de cualquier otra definición natural, pues, fuera cual fuese la ofrecida, siempre podríamos legítimamente preguntar si el complejo así definido es él mismo bueno, que es a lo que se ha denominado «el argumento de la pregunta abierta»; es decir, sea cual fuere el *definiens* de «bueno» que se proponga, siempre podríamos preguntar con sentido si ese *definiens* es «bueno»: cuando alguien dice, por ejemplo, «lo que produce placer es bueno», no parece querer enunciar simplemente una insignificante tautología como «lo que produce placer produce placer», por lo que ha de tratarse de dos nociones distintas. Y esto es lo que rebate, asimismo, la segunda de las alternativas planteadas.

Aunque Moore pensaba que «un enorme número de filósofos» ha incurrido en la «falacia naturalista» y que sólo Henry Sidgwick (1838-1900), en *Methods of Ethics* (1874), había anticipado sus argumentos, lo cierto es que éstos tienen ilustres predecesores en los moralistas ingleses del siglo XVIII, como el intuicionista Richard Price, filósofos del «sentido moral» como Shaftesbury o Hutcheson y, por supuesto, en la denuncia de la ilegitimidad del paso del «es» al «debe» realizada por Hume[9] y seguida por Kant. Se ha discutido, por otra parte, si algunos de los autores a los que explícitamente Moore acusa de haberla cometido, como Bentham o Mill, incurrieron realmente en ella o no. Pero, fuera de ello lo que fuere, lo cierto es que la legitimidad o ilegitimidad de dicho paso ha levantado ríos de tinta en nuestro siglo[10].

Sin surcar ahora tales corrientes, convendría realizar un par de observaciones más sobre el texto de Moore.

Quizá su mayor fuerza estribe en mostrar la inconsistencia de sostener que bueno significa la propiedad natural x y, a la vez, que el enunciado «x es bueno» no es una tautología. Pero resulta inadecuado explicarla mediante la similaridad lógica entre «bueno» y «amarillo» (al ser ambos propiedades simples), porque «amarillo» es, precisamente, una descripción natural y, en esas condiciones, seguimos sin saber por qué «bueno» refiere a algo no natural. Moore sostenía, y ésta es la segunda observación, que eso lo sabemos por intuición. Es cierto que, en el prólogo de su obra[11], Moore trató de precisar el término, diferenciándose de los intuicionistas deontológicos (esto es, los que sostienen la rectitud intrínseca de las acciones, con independencia de sus resultados, posición esta que, poco después, adoptarían H. A. Prichard y W. D. Ross y, según este último, el propio Moore, en cierto modo, en su obra de 1912 *Ethics*[12], aunque ello sea discutible), al indicar que cuando denominaba «intuiciones» a determinadas proposiciones sólo quería «afirmar que son incapaces de demostración», sin dar «por entendido nada respecto a la manera u origen de nuestro conocimiento de ellas», y, en fin, que la intuición moral no es infalible. Todo lo cual nos acerca al irracionalismo, pues si, normalmente, decir que conocemos algo por intuición es venir a decir que lo consideramos evidente, esto es, que no podemos dar razones de ello (lo cual, desde luego, no es exactamente una posición «irracional» por cuanto la incapacidad de dar razones no es todavía lo mismo que contravenirlas), la cosa no se aclara al agregar que hay intuiciones verdaderas y falsas, pues, ¿cómo discernir entre ellas? Prueba de que Moore no suministra criterios al respecto es que el utilitarismo defendido por él a la postre no sería aceptado por muchos, mientras que la aceptación de otras observaciones (como las que inserta en la parte final de la obra, «El Ideal», respecto a lo bueno en sí, en lo que incluye el afecto personal y lo bello) no implica acuerdo intuitivo alguno: uno no tiene nada en contra de la afectividad ni de la belleza, pero se resiste a hacer de esas observaciones un tanto triviales «la verdad última y fundamental de la filosofía moral»[13] o, al menos, estima que para ese viaje no se necesitaban tales alforjas y que el problema de la «intuición» sigue sin resolver. Un problema que, en realidad, no es otro que el de la racionalidad en ética y al cual, como tendremos ocasión de comprobar, le esperaba una difícil andadura a lo largo del siglo, hasta las más recientes teorizaciones. Pero, para empezar y no tener que ir muy lejos, se hace presente de una manera central en Wittgenstein.

En alguna ocasión se ha dicho[14] que la ética de LUDWIG WITTGENSTEIN (1889-1951) se mueve en la paradoja de hablar de ella cuando se mantiene que se ha de silenciar (es decir, en el *Tractatus*) y silenciarla cuando se podría hablar de ella (es decir, en las *Investigaciones filosóficas*). La *Lecture on Ethics* seleccionada en esta antología fue la única conferencia pública de Wittgenstein, leída en enero de 1930 en la sociedad conocida como «The heretics». Y aunque todavía se delinea sobre el marco dibujado en su primera época, preanuncia el giro del denominado «segundo Wittgenstein», en el que, como observa Manuel Cruz, aunque no tematizara explícitamente la ética, «ella estaría dirigiendo desde la sombra el discurrir de los temas»[15].

De la ética de Wittgenstein anterior a esa bella conferencia, podemos hacernos una idea a través del *Tractatus* y de los *Tagebücher*[16], así como por una célebre confesión hecha al editor del primero, Ludwig von Ficker, en la que indica que, pese a las apariencias, «el objetivo central del libro es de orden ético»: «Mi trabajo consta de dos partes: la expuesta en él, más todo lo que *no* he escrito. Y esa segunda parte, la no escrita, es realmente la importante»[17].

Habíamos visto que, para el Wittgenstein del *Tractatus,* se daba una correspondencia isomórfica entre el lenguaje y el mundo, aunque la capacidad de representación de las proposiciones no podía ser a su vez representada, no podía ser *dicha,* sino sólo *mostrada,* por lo que el propio *Tractatus* habría de resultar superfluo... a quien hubiera ascendido por él. El propósito explícito de la obra, tal como se reconoce en el «Prólogo», es dilucidar «lo que puede ser dicho con sentido», esto es, una trasposición lingüística de la pregunta kantiana acerca de *¿qué podemos saber?* Para ese primer Wittgenstein, lo que puede ser dicho con sentido es incumbencia de las ciencias, y la filosofía no es un saber sustantivo, sino una actividad aclaratoria de las confusiones lingüísticas en las que nos enredamos. Pero, como vimos, mientras sus seguidores neopositivistas se aprestaron con semejante programa de aclarado (si es que no de centrifugado) a descartar las proposiciones metafísicas (tanto como los posteriormente denominados «postivistas terapéuticos» –presuntos seguidores del Wittgenstein de las *In-*

vestigaciones filosóficas– se empeñaron en curar a los filósofos de sus problemas, como se cura a alguien de un trastorno), las raíces kantiana y kierkegaardiana de Wittgenstein –no tan subrayadas como la analítica, pero no por eso menos fecundas– y su peculiar talante le llevaron a seguir planteándose esos problemas de los que parecía que nada se podía decir. Y así como Kant limitó el saber para hacer un sitio a la fe (racional), la célebre sentencia wittgenstiniana, según la cual «de lo que no se puede hablar hay que callar», con la que se cierra el *Tractatus,* además de inaugurarle (pues también figura en el prólogo), no le llevó a entender su lema como una consigna de silencio «en el pedestre sentido de que "hay que callar porque, en rigor, no hay nada de que hablar"», sino, según ha subrayado Javier Muguerza, como «indicio de encontrarnos ante algo profundo e importante»[18]. De esto ya nos da una idea la proposición 6.52 del *Tractatus,* según la cual «sentimos que aun cuando todas las *posibles* cuestiones científicas hayan recibido respuesta nuestros problemas vitales todavía no se han rozado en lo más mínimo». Entre esos problemas, los del sentido (o sinsentido) de la vida o los éticos son cruciales, y el hecho de que sobre ellos no pueda *decirse* nada con sentido no implica que no se den o que no puedan *mostrarse,* pues «lo inexpresable, ciertamente, existe. Se *muestra*, es lo místico» (6.522). Qué podamos entender por tal misticismo (que tan nerviosos ponía a algunos de sus amigos, como por ejemplo a Russell) es controvertible dado el tono enigmático de muchas proposiciones del *Tractatus*. Pero apuntemos sumariamente la concepción de la ética que en él se dibuja.

Lo primero que cabría señalar al respecto es que, para el Wittgenstein del *Tractatus,* no puede haber proposiciones éticas con sentido, ya que las proposiciones éticas no describen ningún hecho del mundo, sino que valoran, y en el mundo no hay valor alguno: «El sentido del mundo tiene que residir fuera de él. En el mundo todo es como es y todo sucede como sucede; *en* él no hay valor alguno, y si lo hubiera carecería de valor» (6.41). Valor moral o valor absoluto, podríamos decir, como enseguida le vamos a ver afirmar en la *Conferencia de ética,* a diferencia de los valores relativos, asimilables, en última instancia, a hechos. Quizá por ello, Wittgenstein afirma a continuación que «la ética no resulta expresable. La ética es trascendental» (6.421). Pero, como sucedía en el caso de la lógica (de la que asimismo se afirmaba que es trascendental), lo que no se puede *decir* aún se puede *mostrar.* Con independencia de estas afinidades entre lógica y ética, lo que, respecto a esta última, pueda querer decir Wittgenstein quizá se aclare si atendemos a la proposición 6.43, en la que se afirma: «Si la voluntad buena o mala cambia el mundo, entonces sólo puede cambiar los límites del mundo, no los hechos; no lo que puede expresarse mediante el lenguaje. En una palabra, el mundo tiene que convertirse entonces en otro enteramente diferente. Tiene que crecer o decrecer, por así decirlo, en su totalidad». Parecería, según esto, que la ética sólo afecta al sujeto, en cuanto límite del mundo, y no al mundo mismo, de donde podría derivarse una ética de la renuncia o de la resignación a la que dan pie algunos pasajes del *Diario filosófico,* bien recordados por Manuel Cruz[19]. Fuera esto así o no, probablemente las insuficiencias de su tratamiento del tema llevaron a Wittgenstein a volver explícitamente sobre él en la *Conferencia sobre ética,* aquí recogida.

Tras declarar que iba a hablar de algo que no sólo era de importancia general, sino que le interesaba a él mismo, Wittgenstein parte de la caracterización de la ética realizada por Moore en los *Principia Ethica,* en cuanto «investigación general sobre lo bueno», si bien entendida en un sentido algo más amplio, pues también podría decirse que esa investigación recae sobre «lo valioso», «lo que realmente importa», «el significado de la vida», «aquello que hace que la vida merezca vivirse» o «la manera correcta de vivir», para enseguida introducir, en todas esas expresiones, una diferencia entre lo que denomina su «sentido trivial o relativo» y su «sentido ético o absoluto». La diferencia entre juicios de valor relativo y juicios de valor absoluto se deja asimilar a la diferencia kantiana entre imperativos hipotéticos (del tipo «Si deseas A, entonces debes hacer B»; por ejemplo, «si quieres jugar bien al tenis, debes practicarlo»), en los que basta que no nos importe la condición para que el imperativo deje de concernirnos, e imperativos categóricos, a los que no podemos sustraernos, pues son incondicionados y sólo indican «Debes hacer tal o cual». Ahora bien, los juicios de valor relativo pueden reducirse a meros enunciados de hecho, y ningún enunciado de este tipo implica nunca un juicio de valor absoluto, por lo que, aunque consiguiéramos describir totalmente el mundo, no encontraríamos en esa descripción ni un ápice de ética. Hasta aquí parece que seguimos en la línea del *Tractatus,* y Wittgenstein vuelve a consignar: «Nada de lo que somos capaces de pensar o de decir puede constituir *el* objeto (la ética)»; es por ello por lo que, como subraya poco después, «si un hombre pudiera escribir un libro de ética que realmente fuera un libro de ética, este libro destruiría, como una explosión, todos los demás libros del mundo». Si el *bien absoluto* fuera un estado de cosas descriptible, «sería aquel que todo el mundo, independientemente de sus gustos e inclinaciones, realizaría *necesariamente* o se sentiría culpable de no hacerlo. En mi opinión –agrega–, tal estado de cosas es una quimera». Pero, como ya sabemos, quizá aquello de lo que no podemos *decir* nada podamos aún de algún modo *mostrarlo,* y no es casual que Wittgenstein recurra entonces a hablar en primera persona y se refiera a algunas de sus propias experiencias éticas para ilustrar «qué tratamos de expresar aquellos que, como yo, sentimos la tentación de usar expresiones como "bien absoluto", "valor absoluto", etc.».

La primera de esas experiencias, su experiencia *par excellence,* es la de *asombrarse ante la existencia del mundo,* como si dijera: «¡Qué extraordinario que el mundo exista!». Enseguida, la experiencia de sentirse *absolutamente* seguro, de «estar seguro, pase lo que pase». No deja de ser asombroso, a su vez, que un hombre con los intensos padecimientos de Wittgenstein, que decía haber sufrido *tormentos infernales,* que bordeó en varias ocasiones el suicidio, relate éstas como sus principales experiencias éticas. Quizá ello se deba, en parte al menos, a que, como apuntó en alguna ocasión Fernando Savater, «admiramos con lo más digno de admiración que hay en nosotros». Y quizá a todo ello responda el que, pese a todo, cuando el médico le comunicó que le quedaban pocos días de vida, dejó este mensaje para sus amigos: «Dígales que he tenido una vida maravillosa»[20]. Pero, sea de ello lo que sea, el caso es que, en la *Conferencia de ética*, Wittgenstein añade pronto que la expresión verbal que da a esas experiencias «carece de sentido». Y es que podemos asombrarnos de que algo sea como es (el tamaño de un perro, el cielo azul), cuando podemos concebir que fuera de otro modo, «pero carece de sentido decir que me asombro de la existencia del mundo porque no puedo representármelo no siendo». De manera similar, podemos sentirnos seguros cuando pensamos que es físicamente imposible que nos ocurran tales o cuales cosas, mas, precisamente por ello, carece de sentido decir que me siento seguro *pase lo que pase,* que es lo que en el lenguaje religioso se describe con la metáfora de encontrarse, en definitiva, en los brazos de Dios. Para Wittgenstein, «un característico mal uso de nuestro lenguaje subyace en *todas* las expresiones éticas y religiosas. Todas ellas *parecen, prima facie,* ser sólo *símiles*» entre su sentido trivial (por ejemplo, cuando decimos: «Fulano es un buen jugador de fútbol») y el ético o el religioso (como cuando decimos: «Fulano es una buena persona»), aunque estos usos plantean problemas muy diferentes: si intentamos describir los supuestos hechos sin ayuda del símil, vemos que no hay tales hechos y que lo que parecía un símil es un sinsentido. La paradoja de las experiencias referidas –a las que Wittgenstein agrega la de sentirse culpable– es que, por una parte, parecen tener un valor sobrenatural, pero, por otra, son experiencias, y es paradójico que un *hecho* parezca tener un valor *sobrenatural*. Y si alguien alegara que quizá es que todavía no hemos dado con el análisis correcto de lo que queremos decir con nuestras expresiones éticas y religiosas, al Wittgenstein de la *Conferencia de ética* sólo se le ocurriría alegar que, para él, es su falta de sentido lo que constituye su propia esencia, dado que lo que se pretende con ellas es «*ir más allá* del mundo, lo cual es lo mismo que ir más allá del lenguaje significativo». Y Wittgenstein concluye con una descripción tan trágica como respetuosa de la ética y la religión: ambas pretenden arremeter contra los límites del lenguaje, contra las paredes de nuestra jaula, y aunque dicho arremeter es perfectamente desesperanzado, «es un testimonio de una tendencia del espíritu humano que yo personalmente no puedo sino respetar profundamente y que por nada del mundo ridiculizaría».

Habrá que esperar a las *Investigaciones filosóficas* para que los planteamientos wittgenstinianos sobre el lenguaje cambien y, con ello, la posibilidad de enfocar de otro modo las proposiciones éticas y religiosas. Pero ya en las conversaciones con Waismann mantenidas en diciembre de 1930, entre otros importantes aspectos referidos a la posibilidad de fundamentar o no la ética, Wittgenstein relaciona su expresión «arremeter contra los límites del lenguaje» con la kierkegaardiana «arremeter contra la paradoja», y aunque sigue hablando de la ética como combate contra los límites del lenguaje[21] –consideración que podría poner fin a «toda la charlatanería sobre la ética (si hay conocimiento en la ética, si existen los valores, si lo bueno puede definirse, etc.)»–, no obstante, estima, «la tendencia, el arremeter, *apunta hacia algo*»[22]. Dejemos, pues, aquí, así apuntado, nuestro breve comentario sobre el texto de Wittgenstein, para pasar a los de la corriente fenomenológico-existencialista, talante este último con el que, como hemos visto, el propio Wittgenstein no deja de estar emparentado.

Según tuvimos ocasión de observar, MAX SCHELER (1874-1928) es el principal exponente de la ética material de los valores, que supuso un cambio de paradigma respecto al predominio hasta entonces gozado por las éticas teleológicas –como, cada una a su modo, lo eran la de Aristóteles y el utilitarismo– y las éticas deontológicas, enraizadas en Kant. Tras el auge del positivismo en Europa, la filosofía de los valores alcanzó un desarrollo muy notable en el período de entreguerras, aunque, con posterioridad, neopositivismo y existencialismo coincidirían, desde diferentes presupuestos, en rechazar el objetivismo axiológico y el intuicionismo defendidos por Scheler. En efecto, como sucedía en el caso de Moore, al que cita con agrado en el prólogo de su principal obra, Scheler defiende la aprehensión intuitiva de valores independientes del sujeto, y a las críticas hechas a Moore a este propósito se sumarían las del escepticismo, emotivista o existencialista, respecto a un orden objetivo de principios morales. No obstante, el descrédito en el que su propuesta fundamentadora ha caído en la segunda mitad del siglo no debería hacer olvidar la riqueza de análisis contenida en su obra, propuesta como gran alternativa a la ética de Kant, a la que, por otra parte, admira.

Discípulo de Dilthey y de Simmel, y profundamente influido, aun si desde una orientación de conjunto muy diferente, por Nietzsche (quien, tras el uso del concepto de valor por parte de los economistas del siglo XVIII y las elaboraciones de R. H. Lotze, dará el impulso decisivo al tema, con su idea de la «transmutación de los valores»), será el encuentro con la fenomenología de Husserl, pese a sus discrepancias, el que marcará su dirección[23]. El texto recogido en esta antología pertenece a su principal obra, *El formalismo en la ética y la ética material de los valores,* aparecida por primera vez, en dos partes, en el *Anuario de Filosofía e Investigación Fenomenológicas,* dirigido por Husserl, en 1913 y 1916, año de su publicación en forma de libro, reeditado en 1921 y luego en 1926, ocasión esta en la que aprovecha para dar cuenta en el prólogo de la recepción dispensada a su estudio, con especial mención de la *Ética* (1925) de Nicolai Hartmann, continuador y crítico suyo, antes de que muchos otros (Dietrich von Hildebrand, René Le Senne, Hans Reiner...) prosiguieran esos análisis; no falta en él la referencia al eco suscitado en España, merced a la atención otorgada por Ortega, que hacía traducir puntualmente muchos de sus escritos, contribuyendo de este modo también a la notable difusión de la ética de los valores en Iberoamérica. Fue precisamente en la editorial Revista de Occidente, fundada por Ortega, en la que apareció, si bien en 1941, la traducción, hoy completamente agotada y no fácilmente encontrable, de *El formalismo...,* con el título de *Ética. Nuevo ensayo de fundamentación de un personalismo ético*[24].

Desde el comienzo, Scheler quiere, a la vez, rendir tributo a Kant y rebatirle. Kant representa la más alta cota lograda en la ética filosófica, sobre todo gracias a su crítica de las éticas materiales empíricas, éticas de «bienes» (o *«cosas* valiosas») y de «fines», que supeditarían la voluntad y el valor moral a la causalidad empírica, imposibilitando la superación de lo existente («tendríamos que inclinarnos, sin más, ante cualquier parte de ese mundo y entregarnos a la "tendencia evolutiva" que pudiera hallarse en cada momento») o disolviendo la razón práctica en mera racionalidad técnica, pues toda ética que quiere establecer un fin con relación al cual se mida el valor moral del querer «rebaja los valores bueno y malo necesariamente a valores meramente técnicos para ese fin». Pero Scheler quiere discutir una serie de supuestos (de los que ofrece un catálogo en la «Observación preliminar») de la ética kantiana, la cual sólo se preocupó, utilizando la expresión de Schiller recordada por Scheler en el prólogo a la primera edición, «por los criados de la casa, mas no por los hijos». Entre esos supuestos, destaca la identificación de toda ética «material» como ética de bienes y de fines, forzosamente empírica y *a posteriori,* lo que la convertiría en una u otra variante de las éticas del éxito o del hedonismo, necesariamente heterónomas y, en última instancia, egoístas. Ahora bien, para Scheler, hay al menos una ética material, que escapa a esas críticas, y es la «ética material de los valores», cuya «materialidad» no le impide ser *a priori*, pues, de nuevo a diferencia de Kant, lo *a priori* no debe identificarse con lo «formal» y lo «racional». La ética de los valores apunta a unos contenidos, los valores, que son su materia. Pero los valores, en cuanto «esencias» o «hechos fenomenológicos», se distinguen tanto de los «hechos naturales», dados en la actitud cotidiana y captados por el conocimiento sensible, como de los «hechos científicos», alcanzados a través de las abstracciones requeridas por la actitud simbolizante de las ciencias. Para la actitud fenomenológica, en cambio, los valores son «esencias» objetivas, captadas, en una intuición inmediata, en actos intencionales emocionales (la *Wertgefühl* o *sentimiento de valor)*. Independientes de los «bienes» (que son sus portadores) y de los «fines» (a los que se apunta a través de los «objetivos» de las tendencias), unos y otros se fundan precisamente en esos valores, materiales pero *a priori,* que no son producidos por los hombres ni reducibles a objetos de deseo, sino aprehensibles en una experiencia emocional pura, diferente de la racionalidad y de la sensibilidad empírica, en cuanto que el *sentimiento* es el *órgano de los valores,* tal como el ojo lo es de los colores (una comparación que ya habíamos visto en Moore y con la que Scheler comienza su obra). Mas el sentimiento no hace referencia tan sólo a la pasividad sensual de los individuos y a sus intereses subjetivos, como pensaba Kant al elaborar su ética tan sólo para «los criados de la casa», sino que se espiritualiza hasta llegar al amor del que son capaces las personas y que es el fundamento último del descubrimiento de los valores.

Ahora bien, los valores morales «bueno» y «malo» guardan con los restantes (según se estudia en el capítulo aquí recogido) una relación peculiar, peculiaridad que Scheler quiere resaltar en contraposición, de nuevo, con la ética de Kant. Como es sabido, para Kant, «bueno» en sentido moral *(Gut,* a diferencia de *Wohl)* sólo apunta al cumplimiento del deber *por* el deber, sin referencia a ninguna inclinación o bien que el individuo se pudiera proponer, lo que sitúa el valor moral en completa independencia respecto a cualquier otro posible valor. Éste habría de ser el caso, piensa Scheler, «si los valores fueran simplemente la *consecuencia de efectos que las cosas* producen sobre nuestros estados sensibles», pues, de ser ello así, «la realización de un valor material determinado no es nunca en sí misma buena o mala». Mas, ya hemos visto que, según Scheler, no han de confundirse los valores con los bienes, con las cosas que son sus depositarios, ni la «materialidad» o el «contenido» de los valores con una ética empírica y *a posteriori*. Al abrirse el hombre a los valores, descubre más bien que éstos se ordenan jerárquicamente y es en relación con esos valores *extramorales* como se realiza el valor moral. Las jerarquías de valores se organizan, según los diversos cultivadores de «la ética material de los valores», conforme a distintos criterios (al de «altura» empleado por Scheler, Hartmann agregará el de «fuerza», mientras que Reiner hará más complejas aún las cosas al indicar diez principios de preferencia axiológica), dando lugar a diferentes órdenes jerárquicos. Para Scheler, los más bajos son los valores sensibles de lo agradable, por encima están los vitales y los espirituales –estéticos, cognoscitivos, jurídicos, etc.–, hasta llegar, por arriba, a los religiosos de la santidad. Aunque esa jerarquía no puede inferirse lógicamente, se da una «evidencia preferencial intuitiva», de manera que «el valor "bueno" –en sentido absoluto– es aquel valor que se manifiesta, conforme a una ley de su esencia, en el acto *de la realización* de aquel otro valor que es el más alto (según el grado de conocimiento del ser que lo realiza)». La superioridad o inferioridad de un valor se nos da en los actos del «preferir» y del «postergar», con lo que «el criterio de lo "bueno" y lo "malo" consiste en la coincidencia del valor intentado en la realización con el valor que ha sido preferido, o, respectivamente, en la oposición al valor que ha sido postergado».

Al referirse, pues, necesariamente, a otros extramorales, los valores morales están fuera de la tabla jerárquica y no se puede pretender realizarlos directamente, sino que, de acuerdo aquí con Kant, residen en la *intención:* no cabe convertirlos «en materias del acto realizador ("voluntad")», sin incurrir en fariseísmo: aquel que, del valor positivo superior, toma sólo la ocasión de aparecer «bien» ante sí mismo. Si Pascal (un autor al que Scheler recuerda en diversas ocasiones) ya había denunciado las trampas de la moral, especialmente aquella en la que uno se toma a sí mismo como su ideal, Scheler se refiere a la desactivación de tal ardid al subrayar que, como el valor «bueno» no puede ser *nunca* materia del acto voluntario, «hállase justamente –y esto de un modo forzoso y esencial– "a la espalda" de aquel acto voluntario; por consiguiente, tampoco puede ser intentado nunca en aquel acto». Y aunque Kant había negado la existencia de un bien que pudiera ser *materia* de la buena voluntad, al identificar ésta con la realización del deber «por deber», convirtió precisamente a lo bueno en su materia, contradiciéndose y cayendo en el fariseísmo denunciado.

Por lo demás, Scheler se opone a la vinculación kantiana de «bueno» y «malo» únicamente con los actos voluntarios, pues esto supondría «que la voluntad no puede ser buena o mala sin que tenga lugar la "elección"» (diferente del «preferir», por cuanto puede haber preferencia sin elección, pero no a la inversa), lo que reduciría el valor de la bondad a la legalidad de un acto y atomizaría la vida moral (de ahí que falte en Kant, característicamente, una verdadera teoría de la virtud), en vez de atender a las *«direcciones* del "poder" moral» de la persona.

En cualquier caso, el ambicioso intento scheleriano de fundamentar la ética en supuestos valores objetivos aprehendidos intuitivamente (lo que, entre otras cosas, deja sin explicar los casos de «ilusión» o «ceguera» axiológica) debe ser diferenciado de sus importantes análisis de la vida moral, en la que –como en su día indicó Ortega– la fenomenología abrió, tras la dura disciplina del positivismo, inmensos campos de exploración. Un ejemplo, entre otros, de esas contribuciones es su estudio *El resentimiento en la moral,* en donde recoge la categoría nietzscheana para tratar de explicar, a través de ella, buena parte de los fenómenos de ceguera y amputación de ese mundo de valores, del que quizá el propio Scheler acabó en exceso prendido y un tanto «embriagado».

JEAN-PAUL SARTRE (1905-1980) se opondrá con fuerza a tal «objetividad» de los valores y reforzará la formalidad y el momento de autonomía de la ética kantiana en su defensa de una moral de la situación y de la invención. En realidad, ninguno de los libros de Sartre tiene por objeto fundamental la ética, apuntada al final de *El ser y la nada* (1943) y pendiente de un tratamiento que Sartre nunca le dispensó explícitamente, por lo que su pensamiento moral es preciso reconstruirlo a través de los últimos capítulos de esa obra; la problemática de su producción literaria; ensayos políticos publicados en la revista, por él fundada, *Les Temps Modernes;* las reflexiones pertinentes de su segunda gran obra, *Crítica de la razón dialéctica* (1960), encaminada a estudiar las relaciones entre marxismo y existencialismo, así como las obras póstumas publicadas por Arlette Elkaïm-Sartre, entre las que sobresalen *Les Carnets de la drôle de guerre* (1939 y 1940), *Cahiers pour une morale* (1947 y 1948) y *Vérité et existence* (1948). En estas condiciones, *El existencialismo es un humanismo* no constituye tan sólo un escrito de divulgación, que serviría de lectura introductoria a los filosóficos, mucho más técnicos y densos, como tantas veces ha sido considerado, sino, asimismo, y en su brevedad, la mejor exposición de conjunto de las posiciones éticas de Sartre; y el que éstas se enriquezcan y maticen desde el resto de su obra –respecto a la cual Celia Amorós ha subrayado «la pertinencia de interpretar en clave ética la totalidad de su producción filosófica»[25]– no resta interés ni importancia al mismo. De tal interés dan cuenta las amplias resonancias suscitadas por el ensayo, entre las que no fue, desde luego, la menor su toma en consideración por parte de Heidegger, que, en buena medida, se encargó de responderle en su *Carta sobre el humanismo* (1947)[26].

El existencialismo es un humanismo, publicado por primera vez en 1946, es el texto, apenas retocado por Sartre, de la conferencia que pronunció en París, en el club Maintenant, en octubre de 1945, recién finalizada la guerra. En el clima de una Europa devastada por el horror, Sartre trata de salir al paso de lo que considera equívocos suscitados por su anterior producción y nos ofrece este texto brillante.

Sartre trata de hacer frente a las objeciones planteadas de diversos modos por cristianos y comunistas, si bien es a éstos a los que trata de acercarse, sin por eso verse obligado a aceptar los estribillos dogmáticos en los que, en ocasiones, el marxismo había degenerado, sobre todo cuando heredaba la engelsiana dialéctica materialista de la naturaleza y desembocaba en un ingenuo finalismo de cuño hegeliano, sustrayendo a los hombres la incertidumbre de su acción y el riesgo de su apuesta moral, que son, precisamente, los que Sartre quiere llevar a primer plano. Ahora bien, para Sartre, el hombre no posee una naturaleza dada y fija que marque necesariamente el rumbo de su acción, sino, en todo caso, «una universalidad humana de *condición*», entendiendo por tal «el conjunto de los *límites a priori* que esbozan su situación fundamental en el universo»; lo dado no es ningún principio –al cual, *velis nolis,* el hombre habría de ajustarse–, sino, más bien, la necesidad de tener que hacerse a través del ejercicio de la libertad. Es de esa necesidad de elegir de lo único que no somos libres, pues no elegir es ya también hacerlo de algún modo, siendo nuestras elecciones las que constituyen nuestro ser (la resonancia kierkegaardiana es obvia), y esto es lo que quiere decir que «la existencia precede a la esencia», «que el hombre primero existe, se encuentra, surge en el mundo, y que se define después». El hombre está, en la conocida expresión sartreana, «condenado a la libertad». En efecto, si, en el hombre, «la existencia precede a la esencia, no se podrá explicar jamás por referencia a una naturaleza humana dada y fija; dicho de otra manera, no hay determinismo, el hombre es libre, el hombre es libertad».

Mas ¿qué criterios podemos emplear en nuestras elecciones morales? Y, antes aún, ¿no será acaso la libertad, de la que pende el resto, una ilusión? En cuanto a esto último, Sartre parece asumir la conocida posición kantiana, según la cual, aun si teóricamente la libertad no puede ser demostrada, en la medida en que la razón no puede decantarse entre las tesis enfrentadas de la libertad y de la causalidad –según concluye el estudio de la tercera antinomia de la «Dialéctica de la razón», en la *Crítica de la razón pura*–, hemos de suponernos libres, si es que no queremos arrumbar el hecho moral. Éste es un *Faktum der Vernunft,* un hecho de la razón irrebasable, que remite a la libertad, como a su condición de posibilidad, la cual, entonces, aunque no pueda ser racionalmente demostrada, ha de ser razonablemente postulada. Y es, precisamente, a la ocultación de la propia libertad, y de la responsabilidad que de ahí dimana, a lo que Sartre va a denominar la «mala fe». Planteados ya en *El ser y la nada* el concepto de «mala fe» y sus figuras, Sartre insiste ahora en que el hombre actúa de modo inauténtico cuando excusa su acción apelando a determinantes –biológicos, psíquicos, sociales, etc.– que, supuestamente, no le habrían permitido obrar de otro modo que como lo hizo, es decir, cuando trueca su libertad en facticidad. Y es que, aunque fuera legítimo excusar la conducta de un tercero apelando a esos factores causales (lo que Javier Muguerza ha denominado el «beneficio de la causalidad»), nadie puede, refiriéndose a sí mismo, justificar de antemano su acción amparándose en ellos, pues, en el mismo momento en que así se escuda, reniega de su condición y se cosifica, al pretender que no puede obrar sino como una cosa entre las cosas, sometida al principio de causalidad. La «mala fe», entonces, es esa trampa, esa excusa, ese truco por el que alguien pretende renegar de sí, por miedo o para sacar ventaja, cuando no las dos cosas a un tiempo.

Mas volvamos a la primera pregunta planteada: ¿a qué criterios puede responder la conducta moral? Si para dilucidar los problemas de su acción el hombre no puede acudir a una esencia pre-existente, tampoco puede, en opinión de Sartre, acudir a un Dios in-existente. Sartre asume el veredicto nietzscheano de «la muerte de Dios» y pretende que «el existencialismo no es otra cosa que un esfuerzo por extraer todas las consecuencias de una posición atea coherente». Más aún, «el existencialismo no es tanto un ateísmo en el sentido de agotarse en demostrar que Dios no existe. Más bien declara: aunque Dios existiera nada cambiaría». Y en un sentido, en efecto, nada cambiaría, pues aunque Dios existiera, hubiera expresado su voluntad en mandatos y supiera el hombre cuáles son, habría éste de asumirlos por su cuenta, si es que no quería caer en simple heteronomía, que, precisamente por ello, anularía su libertad y, por ende, su vida moral. Hasta ahí Sartre está de acuerdo con Kant. Pero, a diferencia de Kant, Sartre no piensa que el hombre pueda postular, desde su acción moral, una confianza razonable (una «fe racional», en la expresión kantiana) en la existencia de Dios. Cuando Kant se expresaba así, no pretendía refugiarse, tras la dura ascesis de la crítica, en los brazos de una ilusión. Es cierto que, antes que en Feuerbach, Marx o Freud, el tema de Dios aparece en Kant unido al de la ilusión, por cuanto la razón no puede hacer síntesis entre esa idea, en la que desemboca la razón, y un hecho de la experiencia: Dios aparece forzosamente como una ilusión, como un *Schein* trascendental. Pero ello no quiere decir que sea necesariamente ilusorio. Más aún, para Kant, podemos postular de forma razonable su existencia, si nos negamos a aceptar que la tarea moral de los hombres, que es un mandato de la razón y racional por tanto ella misma, desemboque en el absurdo de una historia en la que, a menudo, el hombre justo es convertido en víctima por sus opresores.

Con independencia de lo que fueran las posiciones finales de uno y otro, más problemática resulta la afirmación sartreana, según la cual la hipotética existencia de Dios iría incluso en contra de la libertad y de la dignidad humana, de modo que «la moral es posible en la medida en que la existencia de Dios no lo es»[27]. Habría que preguntar qué imagen de Dios maneja Sartre para sostener una posición que nos recuerda a Nietzsche (*«si* hubiera dioses, cómo soportaría yo el no ser Dios»[28]) y sobre la que no sería inapropiado ejercer una justa sospecha psicoanalítica, pues parece como si el hombre sólo pudiera experimentarse adulto con la «desaparición del padre». Más allá de ese ejercicio, cabría interrogarse por la validez interna de tal posición, pues, como ha observado Kolakowski entre otros, el «axioma prometeico que sostiene que el dominio de Dios sobre la raza humana supone la negación de la dignidad del hombre es un juicio de valor que está más lejos de ser obvio que el contrario»[29].

Para Sartre, «hay también mala fe si elijo declarar que ciertos valores existen antes que yo», y ése sería el caso de los cristianos que creen tener jalonado el camino de su moral. Sin discutir que ésa haya sido la autocomprensión cristiana en muchos momentos, quizá visión teocéntrica y autonomía moral permitan otras modulaciones que las que Sartre contempla[30]. Pero, en todo caso, lo que está en juego aquí es la posibilidad de fundar una moral sin Dios.

El grito: «Dios ha muerto» parecía dejar indiferentes a los hombres que oían al loco que lo anunciaba, recibido con burlonas carcajadas, sin querer darse cuenta, según Nietzsche, de lo tremendo de ese acontecimiento, con el que habrían de desmoronarse muchas cosas, «por ejemplo, toda nuestra moral europea»[31]. Sartre suscribe hasta ahí la posición nietzscheana y se opone «a cierto tipo de moral laica que quisiera suprimir a Dios con el menor costo posible». Pero, llegados a este punto, pretende enfrentarnos a un dilema, en cada uno de cuyos extremos sólo registra una posibilidad: en uno de ellos se sitúa la hipótesis Dios, lo que para Sartre, según hemos visto, es tanto como pensar, desde un punto de vista moral, en un mundo de valores ya dado, que el hombre habría ciegamente de seguir. Sartre no contempla la posibilidad de valores que el hombre elige y constituye en su acción, aun cuando (en el caso de la creencia) estime que, en última instancia, arraigan en un origen absoluto de la Bondad, lo cual, por otra parte, haría más coherente la incondicionalidad del valor moral. (Otra cosa es la posible razonabilidad de esa creencia, problema de filosofía de la religión en el que aquí no vamos a entrar.) Es decir, Sartre viene a identificar el «teísmo moral», o basado en la moral, con la «moral teológica», basada en la teología, lo que, desde luego, resulta discutible. En el otro extremo, Sartre se encuentra de acuerdo con Dostoievski (y hoy diríamos que también con Kolakowski, aun cuando para llevar la argumentación en un sentido muy diferente a uno y otro) en que «si Dios no existe, todo está permitido»: «Éste es el punto de partida del existencialismo. En efecto, todo está permitido si Dios no existe y por consiguiente el hombre está desamparado, porque no encuentra ni en él, ni fuera de él, una posibilidad de agarrarse». Y ahora lo que no aborda es la posibilidad de una fundamentación no trascendente de la moral, más inestable sin duda, pero quizá no exenta de razones, como, según veremos, propondrán, en la segunda mitad del siglo, K. O. Apel, J. Habermas o A. Wellmer, entre otros.

Sartre está convencido, diríamos que bien convencido, de que no hay signos inequívocos en el mundo que orienten al hombre; de «que el hombre descifra por sí mismo el signo como le place»; de que, si hay signos, «soy yo mismo en todo caso el que elige el sentido que tienen». Pero, en él, el difícil equilibrio kantiano entre la universalidad de los principios morales y la autonomía de cada hombre convertido en legislador moral bascula hacia una autonomía exaltada que no puede encontrar otro criterio para la elección moral que la propia libertad, «fundamento de todos los valores». Kant había hablado, más matizadamente, de la articulación entre libertad y moral, viendo en aquélla la *razón de ser* de la moral y en ésta la *razón de conocimiento* de la libertad. Pero la libertad, condición de posibilidad de la moral, no fundamenta todavía los imperativos morales. Para ello es preciso conjugar libertad y razón, como sucede en la voluntad

(Wille), a diferencia del mero libre albedrío *(Willkür)*. Aunque no explica por qué, Sartre parece suscribir el momento de universalidad de los principios morales (el que un hombre, al elegir, «elige a todos los hombres»), pero, como se pone de manifiesto en el famoso ejemplo del alumno que va a pedirle consejo, no encuentra otro criterio para la elección moral que la propia inventiva. Y aunque quiere defender su punto de vista de la acusación de irracionalidad, a través de la analogía con la obra de arte (en la moral, como en el arte, hay creación sin tener que inspirarse en reglas establecidas *a priori*; no por ello es la obra de arte caprichosa), habría que insistir en que, por lo que al dominio moral al menos se refiere, no toda invención nos hace igualmente humanos; de modo que, si esa invención no ha de degenerar en mero capricho o arbitrariedad, la libertad ha de ir unida, en efecto, a la razón, esto es, a la capacidad de exponer ante otros razones que, aun cuando no fuesen finalmente compartidas, deben ser públicamente argumentables.

Como ha señalado K. O. Apel, éste es un problema característico del existencialismo moderno, pues «¿cómo puede hablar la filosofía teórica en general, pretendiendo validez intersubjetiva, sobre lo que es subjetivo y singular por definición?»[32]. Desde supuestos y orientaciones filosóficas diferentes, emotivismo anglosajón y subjetivismo existencialista se acercan, de este modo, a las inquietantes orillas del irracionalismo. En el momento en el que Europa se encuentra desolada por las más inhumanas acciones que nuestros juicios morales mejor fundados pudieran imaginar, los teóricos de la moral (con independencia de lo que fueran sus actitudes personales) no parecen tener otros criterios que ofrecer que su remisión a la emotividad o a la pura creatividad del sujeto; sin que la retórica sartreana, un tanto enfática para mi gusto, a propósito de la soledad (retórica que, por cierto, algo acompaña) supla los problemas teóricos. Desde otras coordenadas, esos problemas se repetirán en alguna de las corrientes del marxismo, con el que Sartre quiso dialogar en su última gran obra y al que ahora hemos de prestar nuestra atención.

Pasando, pues, al marxismo, también en este caso sería más correcto hablar en plural, aunque aquí no podemos reconstruir esa historia[33]. Bástenos indicar que las tensiones entre un marxismo cientificista (Plejanov, Kautsky) y otro en el que se pretendía insuflar un aliento kantiano (Bernstein, Vorländer, austromarxismo de Adler o Bauer) se verán profundamente renovadas por una lectura hegelianizante, que resalta los aspectos filosóficos del marxismo y que encuentra sus paradigmas en las obras de K. Korsch, *Marxismo y filosofía,* y G. Lukács, *Historia y conciencia de clase,* ambas de 1923, a las que, con diversos acentos, se pueden agregar la de Bloch y la de los autores de la denominada Escuela de Frankfurt.

ERNST BLOCH (1885-1977) ha sido, sin duda, el gran defensor del pensamiento utópico en el siglo XX, desde *Espíritu de la Utopía* (1918) a *Experimentum mundi* (1975) y, por descontado, en su magna obra *El principio esperanza* (tres volúmenes publicados entre 1954 y 1959)[34]. Esa recuperación de lo utópico en el marxismo no pretende simplemente restaurar a los socialistas criticados por Engels en *Del socialismo utópico al socialismo científico,* por cuanto cabe considerar esos intentos como expresiones de utopías «abstractas», al no venir mediadas por un análisis de la realidad. Pero, frente a Engels, tampoco puede concebirse el proyecto marxista simplemente como «socialismo científico», en la medida en que el advenimiento de la sociedad socialista no puede basarse sólo en, ni confiarse únicamente a, el análisis de las contradicciones de la sociedad existente («corriente fría del marxismo»), sino que es preciso contar también, inexcusablemente, con la actividad del sujeto revolucionario («corriente cálida»), capaz de enderezar el curso contradictorio del mundo en el sentido de lo mejor. Esperanza activa *(Hoffnung)* y no simple espera *(Erwartung),* que, al acentuar de este modo la importancia de la labor del sujeto en la historia, da un notable sesgo ético al pensamiento de Bloch, conjugado con una ontología materialista de la posibilidad.

Frente al privilegio otorgado al pasado y a la anamnesis en el pensamiento occidental, de Platón a Hegel y Freud[35], Bloch quiere levantar un pensamiento orientado todo él hacia el futuro, no como mera prolongación del presente, como banal «suma y sigue», sino abierto al *novum,* hacia lo *aún-no-consciente* y su correlato objetivo, lo *aún-no-llegado-a-ser.* En efecto, «nada es más humano que traspasar lo que es». Cuando el deseo de superación de un presente no cumplido accede a la razón, se produce la esperanza; cuando la esperanza se conjuga con las posibilidades reales objetivas que atraviesan la realidad, florece la utopía. Utopía, así, no se identifica con la simple ensoñación, que construye castillos en el aire porque no soporta la realidad, sino, en su sentido eminente, con aspiración a una vida lograda, en la que se expresa la dignidad de la andadura vertical y del paso erguido. Y ese afán de trascendencia del hombre encuentra su correlato objetivo en las posibilidades del mundo, en cuanto que éste no es un conjunto de hechos fijos y consumados, sino una serie de procesos, atravesado de latencias y tendencias; en la medida en que la realidad es tan poco conclusa como el yo que labora en ella, la voluntad de utopía no es contradicha por la objetualidad del mundo, sino que se encuentra en ella «confirmada y como en casa». En estas condiciones, la esperanza no ha de entenderse como un simple afecto (con su correlato temor) ni como una mera categoría, sino como un principio rector del pensamiento y de la acción del hombre, que puede y debe ser aprendido. Y ésa es la tarea a la que se endereza *El principio esperanza,* en el que a la parte más teórica y sistemática se suma una enciclopedia de los deseos humanos y de los diversos géneros de utopía a que han dado lugar, desde las más nimias ensoñaciones cotidianas a las utopías geográficas, médicas, técnicas, arquitectónicas, urbanísticas, científicas, farmacológicas... hasta llegar a las grandes esperanzas de redención, tal como se han formulado en las utopías sociales, en las artes (y, sobre todo, en la música, la más utópica de todas ellas) y en la religión.

En efecto, el marxismo blochiano quiere también ser «religión en la herencia»: si, para el unilateral análisis marxista, la religión es simple adormidera, para Bloch, en cambio, los contenidos mesiánicos y esperanzadores de la religión, y sobre todo del cristianismo, deben incorporarse al movimiento revolucionario, pues, para la voluntad de un mundo mejor, la religión no ha sido sólo opio, sino que, durante mucho tiempo, ha sido también «el espacio más engalanado de esa voluntad, más aún, su entero edificio»[36]. Sólo que, al prescindir de la creencia en Dios que la religión conserva, el marxismo ha de presentarse como un «trascender sin Trascendencia» que oriente los esfuerzos humanos hacia lo mejor.

Ideas de este tenor no podían ser muy bien recibidas por el marxismo ortodoxo imperante en la antigua DDR, a la que (tras su etapa de exilio en Estados Unidos, durante los años del nazismo y de la guerra) arribó en 1949, invitado como catedrático de Filosofía de la Universidad de Leipzig, en la que permaneció hasta ser apartado de la docencia y emigrar en 1961, tras la construcción del muro de Berlín, a la República Federal de Alemania, en cuya Universidad de Tübingen ejerció como profesor hasta su muerte. El texto de esta antología constituye precisamente la lección inaugural que Bloch impartió, a la sombra de Hegel, Hölderlin y Schelling, en esa universidad. En él, además de recoger aspectos generales de su pensamiento, Bloch se pregunta: *Kann Hoffnung enttäuscht werden?*, «¿Puede frustrarse la esperanza?». Y responde que sí. Que la esperanza puede frustrarse, porque no es seguridad. La decepción, el desengaño y la frustrabilidad pertenecen a la *docta spes* porque el curso del mundo no está aún decidido ni la salvación garantizada. Claro que, precisamente por ello, nada está tampoco definitivamente perdido. En la medida en que lo necesario es lo *posible* pero no lo *invariable,* el mundo permanece en su totalidad como un *laboratorium possi-*

bilis salutis, como un laboratorio posible hacia la salvación, y es a los hombres, como guardaagujas en las encrucijadas de la ruta, a quienes corresponde encaminarlo en uno u otro sentido. La tarea del «héroe rojo», aun a sabiendas de que el camino está jalonado de crespones negros, es encaminar eso real hacia un presente cumplido: *Die Heimat,* esa «patria de la identidad» en la que, de acuerdo con la visión del Marx de los *Manuscritos económico-filosóficos,* «el hombre quedará naturalizado y la naturaleza humanizada». Entonces, en una sociedad sin alienación, en una democracia real, «surgirá en el mundo algo que a todos nos ha brillado ante los ojos en la infancia, pero donde nadie ha estado todavía: patria»[37].

Con todo, pese al aliento ético-utópico del «optimismo militante», pese a la sólida defensa de la compatibilidad de la esperanza con lo objetual, el propio Bloch se encargó de matizar, en alguna ocasión, las amplias avenidas que su pensamiento quiso roturar. Es el caso, ante todo, de la muerte, la «antiutopía máxima», frente a la que no parece vacunarnos considerarla como extraterritorial a la vida (o, al menos, al «núcleo» aún no alcanzado de la vida), según pretende Bloch, pues dicho argumento de corte epicúreo arroja a la espuma de la banalidad, como meras «cáscaras», la de tantos que vivieron en la injusticia y el horror. Además, también en la sociedad sin clases habrá que contar con alienaciones existenciales, que, satisfechas las necesidades económicas, harán aparecer, en el centro y a flote, «las preocupaciones dignas de nosotros, la cuestión acerca de qué es lo que en la vida humana no concuerda»[38]. De ahí que su insistencia general en la posibilidad de alcanzar un *to-*

tum logrado haya sido vista como una expresión particularmente acentuada del mito de la autoidentidad humana, de una filosofía de la historia de corte escatológico, según la cual el desarrollo lineal de la historia conduciría a un fin, en el doble sentido de meta y de acabamiento[39]. En la confluencia y pugna de las herencias kantiana y hegeliana, Bloch parece decantarse por ésta, pues si de Kant es preciso recoger siempre la tensión hacia el deber-ser («ese remanente de lo valioso aún no alcanzado»), la ética kantiana, en cuanto moral del esfuerzo infinito y de la aspiración inalcanzable, le parece un ejemplo de la «mala infinitud», de un absolutismo abstracto, indefinido y sin límites, incompatible con el cumplimiento. Y por ello preconiza, con Hegel, una orilla alcanzable, la posibilidad de echar una raya final, un estado en el que «la nostalgia, la aspiración, el deber ser, la esperanza, no desaparecen, pero ya divisan tierra», pues «allí donde la intención carece de meta y la esperanza no puede echar el ancla, no tiene sentido abrigar intenciones morales y carece de base el concebir esperanzas humanas»[40].

Desde otro orden de cosas se puede preguntar asimismo por qué la historia habría de desembocar en el todo de la salvación o en la nada de la perdición, en vez de seguir un curso más o menos indiferenciado. Bloch hereda aquí gran parte de los contenidos mesiánicos de la religión, pero, al prescindir del Dios que puede someter a crisis la historia, ésta no tiene por qué decantarse entre las alternativas del «todo» o «nada». Entre los teólogos, fue probablemente Jürgen Moltmann el mejor interlocutor de Bloch[41]. Mas, pese a su reconocimiento, no dejó de plantear la cuestión de qué esperanza otorga «el principio esperanza» de Bloch, no tanto a lo que *todavía-no-es,* sino a lo que *ya-no-es,* esto es, la pregunta por los muertos y las víctimas de la historia, a los que la sociedad sin clases no alcanza. Esta constatación pone de manifiesto, como subrayaron Benjamin y Horkheimer, que la meta de una justicia plena no se puede lograr de modo secular. Y es por esto por lo que, frente al candado de la identidad con el que Bloch pretende cerrar la historia, preferían mantener un momento de radical alteridad para el pensamiento, fuera en forma de «débil esperanza mesiánica» (Benjamin) o como «nostalgia por lo totalmente Otro» (Horkheimer). Pero, con estas observaciones, nos hemos adentrado en el pensamiento de los frankfurtianos, al que ahora nos tenemos que volver.

Bajo el nombre de «ESCUELA DE FRANKFURT»[42] se suele agrupar a un conjunto de pensadores enraizados en la tradición marxista y unidos por el propósito de construir una teoría que permitiera el análisis y la crítica de la sociedad, para proceder así a su superación, guiados por el interés ilustrado de la emancipación humana, y tratando de hacer concurrir para ello tanto a la filosofía como a las diversas ciencias sociales, en un deliberado propósito interdisciplinario, tal como se expresa programáticamente en *Teoría tradicional y teoría crítica* de Horkheimer. Sin embargo, los frankfurtianos se enfrentarían a problemas cada vez más insolubles, desde el estatuto epistemológico de la teoría crítica misma o la fundamentación normativa de la crítica –cuestión esta en la que, como vimos, el marxismo siempre osciló entre la confianza en el desarrollo inexorable de las contradicciones internas del sistema capitalista y la apelación al sujeto revolucionario–, hasta la transformación de ese supuesto sujeto revolucionario, el proletariado, integrado progresivamente en el sistema capitalista, que, al destruir ese foco de resistencia que puede anidar en la subjetividad, tendía a convertir la sociedad en una realidad completamente planificada. En estas circunstancias, en su etapa de exilio americano, el «Instituto de Investigación social» se concentró en el análisis de la industria cultural y en la crítica de la cultura de masas, a la vez que la primitiva crítica de la economía política se iba transformando en una crítica de la razón técnica o instrumental que, al pretender arrogarse los derechos de la razón en cuanto tal, alejaba cada vez más el sueño de la emancipación. Inflexión cumplida, de manera ejemplar, en *Dialéctica de la Ilustración* de Adorno y Horkheimer[43], para los cuales la Ilustración, con su unilateral acento en la racionalidad instrumental, con su afán de dominio de la naturaleza («la Ilustración trata a las cosas como el dictador a los hombres»), había trocado el sueño de la liberación en un nuevo rostro de la barbarie.

La tarea de la filosofía se concibe, entonces, como resistencia y crítica frente a esa razón dominadora, a la que, basándose en las distinciones del idealismo alemán entre entendimiento *(Verstand)* y razón *(Vernunft),* ellos quieren oponer una denominada «razón sustantiva», «objetiva» o «total», que no se sabe muy bien de qué estatuto goza. La crítica de los frankfurtianos se tornará cada vez más especulativa y pesimista; se radicalizará en cuanto crítica negativa, que no permite dibujar un retablo de la utopía, pues, en palabras de Adorno, «darle nombre a la esperanza es ya traicionarla». Pero esa «prohibición de imágenes», en la que resuena el precepto bíblico, no equivale a reconciliarse con el estado de cosas dado, pues «nada más falso que pensar que lo que es es la suprema verdad». Así, la filosofía, sin poder enunciar el progreso, pero tampoco renunciar a él, se ve abocada a fórmulas trágicas que le encomiendan la tarea de «decir lo indecible»; la de alumbrar todos aquellos aspectos que, por inútiles que sean, no pueden ser arrumbados en aras de lo instrumental, por más que en ellos sólo acertara a expresarse la propia humanidad enfrentada a tareas tan imposibles de cumplir como de erradicar, pues, precisamente «porque no sirve para nada, por eso no está aún caduca la filosofía». Aporías de la emancipación que llevaron progresivamente a Adorno a la esfera expresiva del arte (en el que se expresa «la dignidad de lo absoluto») y a Horkheimer a la «nostalgia por lo totalmente Otro»[44]. Aunque, a la vista del mal en el mundo, a Horkheimer se le hacía imposible la creencia en Dios, no quería suprimir por completo el pensamiento teológico, por cuanto en él alienta la posibilidad de una justicia plena, la posibilidad de que los verdugos triunfantes en la historia no tengan la última palabra sobre sus víctimas inocentes; sin él, «toda política degenera en negocio, por refinado que sea». De esta forma, el sueño de redención alberga perspectivas críticas a las que el pensamiento que no se decapita no puede renunciar, pese a la imposibilidad de concebir su logro. Como indicara Adorno en *Mínima moralia:* «El conocimiento no tiene otra luz iluminadora del mundo que la que arroja la idea de redención: todo lo demás se agota en reconstrucción y no pasa de ser un fragmento de técnica». Ya el propio Marcuse, pese a los proyectos más animosos que alentaban en su *Eros y civilización,* había señalado, recordando a Benjamin, que es «la culpa acumulada de la humanidad contra sus víctimas la que oscurece la posibilidad de una civilización sin represión».

Sin querer encallar en las aporías a las que se habían visto conducidos finalmente sus compañeros de la primera generación, el omniabarcante esfuerzo de JÜRGEN HABERMAS (n. 1929) procurará escapar a los que considera límites de la filosofía de la conciencia, al inscribirse en el giro lingüístico-pragmático y distinguir distintas esferas de racionalidad, según los intereses a los que sirvan: la racionalidad *instrumental* responde al legítimo interés del ser humano por el control del mundo objetivado; sólo que, junto a ese interés *técnico,* es preciso reconocer un interés *práctico,* que se expresa en las tradiciones culturales y en las ciencias de la cultura, esto es, una esfera de interacción *comunicativa,* que no se rige tanto por la acción orientada al éxito cuanto por la comprensión intersubjetiva; ambos intereses, en fin, han de verse dirigidos por el interés *emancipatorio,* que tiende a la liberación de nuestra especie, tal como se plantea en su primera gran obra, *Conocimiento e interés* (1968). Pero será en *Teoría de la acción comunicativa* (1981) donde Habermas culmine sus esfuerzos por construir una teoría de la sociedad con intención práctica, obra a la que han seguido estudios sobre teoría del derecho *(Facticidad y validez,* 1992), epistemología *(Verdad y justifica-*

ción, 1998), teoría política y escritos de intervención en problemas de la sociedad actual[45].

El texto elegido para esta antología pertenece a una de las últimas presentaciones (algo modificada respecto a la inicial) de su ética discursiva, elaborada por primera vez en «Ética del discurso»[46] (1983). La amplitud y la aridez de ese escrito nos han llevado a sustituirlo por el apartado central, desde nuestro punto de vista, de su artículo «Una consideración genealógica acerca del contenido cognitivo de la moral», recogido en *Die Einbeziehung des Anderen* (1996)[47]. En el diseño general de su ética discursiva, Habermas parte de la interacción comunicativa para señalar que, en el caso de que se planteen en ella conflictos acerca de la *verdad* de nuestras creencias o la *corrección* de nuestras convicciones morales, los conflictos no tienen por qué desembocar en el enfrentamiento que recurre a la manipulación o a la violencia, sino que pueden ser resueltos discursivamente, en la medida en que la racionalidad comunicativa se traslade de la acción al discurso, donde las pretensiones de validez sobre la verdad y corrección de unas y otras pueden ser sometidas a argumentación. En principio, esa discusión puede desembocar en un consenso acerca de los puntos en litigio, siempre que los que participen en la misma se ajusten a las condiciones de la *situación ideal de habla*, que sería aquella en la que todos los afectados gozasen de una posición simétrica para defender argumentativamente sus puntos de vista e intereses, de forma que el consenso resultante no se debiera a ningún tipo de coacción o control, sino sólo a la fuerza del mejor argumento.

Obviamente, Habermas sabe que la situación ideal de diálogo no es la que siempre preside nuestros discursos y, por tanto, que no es un fenómeno empírico. Pero estima asimismo que no es un mero constructo teórico, pues, por contrafáctico que sea, opera en el proceso de la comunicación como una suposición inevitable que podemos críticamente anticipar. El proceso de la comunicación opera, en efecto, sobre el presupuesto de la posibilidad de entender al otro, y a ello se endereza.

Con esos planteamientos, Habermas trata de respetar los dos pilares sobre los que se alzaba la ética kantiana: la universalidad de los principios morales y la autonomía de cada uno de los hombres convertidos en legisladores, viniendo asegurada, para Kant, su conjugación por la unidad de la razón del sujeto trascendental. Pero Habermas quiere hacer frente al irrecusable puralismo cultural e individual de la modernidad, y, en vez de seguir los desarrollos de una filosofía trascendental de la conciencia, su pragmática universal procede a una reconstrucción teórica de prácticas ya adquiridas y, desde ahí, a la trasposición dialógica del imperativo categórico, según la cual, y en palabras de Thomas McCarthy, que el propio Habermas ha asumido, «más que atribuir como válida a todos los demás cualquier máxima que yo pueda querer que se convierta en una ley universal, tengo que someter mi máxima a todos los otros con el fin de examinar discursivamente su pretensión de universalidad. El énfasis se desplaza de lo que cada cual puede querer sin contradicción que se convierta en una ley universal a lo que todos pueden acordar que se convierta en una norma universal»[48].

Ética *procedimental* que nos proporciona una estructura para la instauración de una normatividad común colegislada por todos los implicados a través de una discusión irrestricta que buscase la generalizabilidad de sus intereses. Normatividad universal que no tendría por qué impedir un pluralismo de formas de vida, pues sobre éstas y cómo los individuos y grupos pueden buscar la felicidad no se pronuncia, por cuanto «el postulado de la universalidad funciona como un cuchillo que hace un corte entre "lo bueno" y "lo justo", entre enunciados evaluativos y enunciados normativos rigurosos»[49]. Sería dentro del marco trazado por ese proceso de formación discursiva de la voluntad común donde las aspiraciones plurales podrían afirmarse, enraizándose en las diversas tradiciones de sentido y simbologías a que cada grupo o individuo sea afecto. Así, como insiste en el prólogo a *Die Einbeziehung des Anderen,* frente a la desconfianza postmoderna hacia el universalismo, por lo que éste puede tener de uniformizador, se trata de instaurar un universalismo desde el que se puedan afrontar problemas comunes, pero sin menoscabo de las diferencias, a las que sería «altamente sensible», sin reducirse por eso a los límites particularistas de una determinada comunidad: «Inclusión no significa aquí incorporación en lo propio y exclusión de lo ajeno. La "inclusión del otro" indica, más bien, que los límites de la comunidad están abiertos para todos, y precisamente también para aquellos que son extraños para los otros y que quieren continuar siendo extraños»[50].

Por otra parte, Habermas renuncia a todo intento de fundamentación *última* y *metafísica*[51], al partir de la pluralidad de cosmovisiones y dar por supuesto el hecho sociológico de «la muerte de Dios», esto es, la pérdida de unanimidad en la vigencia social de la creencia religiosa, a la que, por lo demás, no le prestó la atención de sus predecesores en la Escuela de Frankfurt, sin que por eso falten algunos pronunciamientos al respecto[52]. Ése es precisamente el horizonte del artículo aquí incluido, respecto al que, asimismo, cabe precisar aún un par de puntos:

En primer lugar, y de acuerdo a como ya lo había entendido en «Los usos pragmáticos, éticos y morales de la razón práctica»[53], Habermas diferencia, cosa que no siempre se hace, entre ética y moral, en un sentido distinto del habitual (aunque, como veremos, será también el propuesto por Ricoeur), y ambos usos de la razón práctica, a su vez, del pragmático. Éste viene a identificarse con los imperativos hipotéticos kantianos y expresa tan sólo un *deber relativo,* en función del fin que un individuo se proponga, moviéndose por tanto en el marco de la racionalidad técnico-estratégica. Mas, cuando una persona debe valorar, no sólo respecto a inclinaciones casuales, sino poniendo en juego su autocomprensión como persona, el tipo de vida o carácter que quiere desarrollar (elecciones profesionales, vida amorosa, etc.) para alcanzar una vida lograda, no sólo pregunta por los medios adecuados a fines dados, sino por el valor de éstos, es decir, por lo bueno, que sería el ámbito de las decisiones éticas, normalmente envueltas en el contexto de las tradiciones de una determinada comunidad. Y conforme el sentido de sus actos afecten a otros, no sólo ya en su comunidad, sino a cualquier otro de cualquier comunidad, los conflictos de intereses deberían ser regulados imparcialmente, bajo un punto de vista moral, no meramente evaluativo, sino estrictamente universal y normativo, tal como lo proponía la primera formulación del imperativo categórico kantiano, que Habermas pretende dialogizar.

En fin, como manifiesta desde el primer apartado de su artículo, Habermas defiende una concepción *fuertemente cognitivista* en ética, lo que no deja de ser problemático, ya que, por otra parte, él acepta la ilegitimidad del paso del ser al deber-ser: «La validez normativa de las declaraciones morales no se puede asimilar a la validez veritativa de las declaraciones descriptivas. Unas dicen cómo se comporta el mundo, las otras qué debemos hacer». Pero, a fin de socavar esta posición, en la que pretende atrincherarse el escéptico negando la posibilidad de fundamentación, Habermas, en el presente artículo, no recurre ante todo a las evidencias de autocontradicción realizativas para identificar los presupuestos universales de la argumentación, como había hecho en su *Diskursethik,* cercano en esto a K. O. Apel[54], sino a la estrategia de «conceptuar la verdad como un caso especial de validez, en tanto este concepto *universal* de validez se introduce con referencia al desempeño discursivo de pretensiones de validez». Con todo, es discutible que esta analogía procedimental respecto a tal desempeño discursivo sea suficiente para calificar como *fuertemente cognitivista* el lenguaje moral, pues éste sigue sin llevarnos a algo que pueda ser parafraseado metalingüísticamente en el lenguaje de la «verdad» y la «falsedad», sin que, por otra parte, parezca equiparable la capacidad de ofrecer razones a un cognitivismo *fuerte*.

Sea de ello lo que fuere, el intento de responder a un horizonte histórico caracterizado por el *cosmopolitismo multicultural,* por emplear la expresión de Th. McCarthy, anima también las propuestas de JOHN RAWLS (n. 1921), desde *Una teoría de la justicia* (1971) a su última gran obra, *El liberalismo político* (1993)⁵⁵, produciéndose entre ambas un desplazamiento de acentos, manifiesto en el artículo aquí recogido, «Justicia como imparcialidad: política, no metafísica» (1985). *Una teoría de la justicia,* la primera gran alternativa a los planteamientos utilitaristas en el ámbito anglosajón, pretendía elaborar una concepción político-moral aplicable a la organización social y política «bajo condiciones modernas», es decir, aplicable a nuestras democracias constitucionales y liberales. Para ello seguía dos estrategias distintas, que, en lo esencial, se recogen en el artículo de 1985. La primera entroncaría con el contractualismo clásico en su versión liberal, en la línea de Locke y Kant, para entender los principios de justicia como resultado del acuerdo al que se llegaría partiendo de la *posición original* –análogo analítico de la noción tradicional de estado de naturaleza–, en la que impera el *velo de ignorancia,* lo que supone fuertes restricciones al conocimiento poseído por las partes contratantes, a fin de impedir que los principios de justicia sean elegidos en función de la concreta situación que cada persona habrá de ocupar en la estructura social. Se supone asimismo que estamos ante una realidad caracterizada por recursos escasos, de forma que «la liberalidad de la naturaleza no es tan generosa como para hacer superfluos los esquemas cooperativos, ni tan severa como para hacerlos imposibles»⁵⁶, y que esas personas, consideradas libres e iguales, son capaces de actuar tanto racional como razonablemente.

Por racional se entiende la capacidad de elegir los medios más adecuados para alcanzar determinados fines (es decir, la weberiana *Zweckrationalität* o racionalidad teleológica), y por razonable, la capacidad de cooperar con los demás, esto es, de ejercer los fines propios a la luz de los fines moralmente justificados de los otros. Para Rawls, aunque lo razonable requiere y presupone lo racional (sin concepciones del bien para mover o motivar a los ciudadanos no habría lugar para hablar de cooperación social), lo subordina a su vez, pues las distintas metas finales deben someterse a aquellos límites y términos de la cooperación social susceptibles de ser aceptados por todos, lo que comporta una prioridad de lo razonable sobre lo racional o, si se quiere, de lo justo sobre lo bueno, a fin de hacer posible la convivencia y la cooperación en sociedades modernas, en las que reina una pluralidad de concepciones del bien.

Es precisamente este dato el que se convierte en punto de partida del artículo «Justicia como imparcialidad: política, no metafísica», y asimismo se encuentra en la base de *El liberalismo político*. Semejante pluralidad no hace sino acentuar un discurso político liberal, neutro respecto a lo que Rawls denomina «doctrinas comprensivas», es decir, las distintas concepciones filosóficas, religiosas o cosmovisionales en las que se sustentan determinadas ideas sustantivas del bien. Mas, dado que la propia reformulación del contrato en *Una teoría de la justicia* podría considerarse como una doctrina comprensiva –la correspondiente al liberalismo filosófico de estela kantiana–, aunque la estrategia contractualista se mantiene, la teoría tiende, por un lado, a restringirse únicamente al ámbito político, y a subrayar, por otro, una estrategia diferente: la del *equilibrio reflexivo* entre las ideas intuitivas de justicia que tienen las personas y los principios, más o menos vagos y generales, que, por abstracción, de ahí se pueden obtener, en un permanente proceso de ajuste y reajuste hasta lograr una concordancia o conformidad entre unas y otros. Proceso de reconstrucción que desembocaría en un «consenso entrecruzado» o «consenso por solapamiento» *(overlapping consensus),* de manera que la cooperación social resultante y los principios de justicia que hubieran de regirnos no derivarían de ninguna doctrina metafísica o religiosa particular ni de ideas morales comprehensivas, incapaces de generar el suficiente acuerdo que ha de imperar en la razón pública, ejemplificada en *El liberalismo político*[57] por la forma de argumentación imparcial que utiliza o debería utilizar el tribunal constitucional para resolver los conflictos que se le plantean.

Cabría preguntar, no obstante, si es posible, como pretende Rawls, descartar por completo los elementos metafísicos, incluso en una concepción *política* de la justicia, pues las ideas del bien de los individuos y grupos entre los que ha de producirse el consenso han de aparecer en las discusiones, y en ellas esos elementos «metafísicos» (al menos, como tentativos y postulatorios) juegan un papel, como históricamente lo han jugado, entre otros ejemplos, los motivos religiosos en la lucha en favor del abolicionismo o por la igualdad de la «minoría» negra. En ese intento de poner entre paréntesis los su-

puestos metafísicos, Rawls coincide con Habermas, que
criticó, sin embargo, la inicial estrategia neocontractualista de Rawls por considerar que, pese a las restricciones
introducidas por el «velo de la ignorancia», dicha estrategia seguía partiendo de posiciones monológicas de individuos que actúan estratégicamente, y quizá el acento
constructivo del último Rawls quiera hacer frente a esas
objeciones, en un debate que, en cualquier caso, sigue
abierto[58].

Ambos, a su vez, parecen enfrentarse a las críticas advenidas desde los planteamientos comunitaristas, aquí
ejemplificados por el texto del canadiense CHARLES TAYLOR (n. 1931), perteneciente a *La ética de la autenticidad* (1991), que es el título de la edición hecha en Estados Unidos de su *El malestar de la modernidad,* doce
años posterior a su obra fundamental *Sources of the
Self*[59]. En realidad, aun si con nuevos giros y perfiles, el
debate viene de lejos y se retrotrae, al menos, a la polémica entre el pensamiento liberal clásico y las críticas románticas a la Ilustración, que pueden ejemplificarse por
Kant y Hegel, respectivamente. Los comunitaristas acusan a los liberales de mantener una idea atomizada del yo
y una visión desencarnada de la autonomía, por cuanto
los individuos se socializan en contextos, sólo en el seno
de los cuales tienen sentido sus elecciones morales, la
subjetividad y el ejercicio de la propia razón. Sin negar
esto, los liberales tienden a diferenciar entre el contexto
genético y el contexto de justificación, en el que es preciso postular un momento de autonomía de la razón respecto al contexto en el que se ha generado, si es que no

queremos acabar defendiendo su clausura en el ámbito donde ha surgido, lo que impediría la crítica al mismo; por otra parte, hay que tener en cuenta que la individualización no es ajena a esos procesos de socialización, sino que, al contrario, es en su medio donde se produce (siguiendo las tesis de Mead y Habermas), además de que, en las sociedades actuales, el contexto es ya en sí mismo plural, por lo que parece inexcusable, al menos en el ámbito público y político, proceder a segregar la esfera del bien –canalizada por el contexto cultural– y la de lo justo, como un ámbito neutral respecto a esa pluralidad de concepciones de lo bueno, para posibilitar la convivencia entre tradiciones plurales, que es lo que realza el papel de la tolerancia entre visiones diferentes llamadas a convivir en el espacio público.

La discusión, que se renovó en el último cuarto de nuestro siglo a partir de la publicación de *Una teoría de la justicia* de J. Rawls, ha ido adquiriendo con el tiempo nuevos perfiles y matices, sumándose a ambas posiciones el motivo republicano, al que unos y otros apelan en diverso grado, pese a los rasgos un tanto borrosos con que suele venir definido. En fin, no habría que olvidar que, tanto dentro de los comunitaristas (M. Walzer, M. Sandel, A. MacIntyre, Ch. Taylor, etc.) como de los liberales (en cuya nómina cabe hacer figurar a autores como J. Rawls, J. Habermas, R. Dworkin, etc.), las posiciones son plurales y, por lo que al comunitarismo se refiere, se dan importantes diferencias entre las propuestas neoconservadoras de MacIntyre, por ejemplo, y la sugerente crítica del malestar cultural, del atomismo narcisista y disgregador de nuestras sociedades, realizada por el propio

Taylor, si bien es discutible que las propuestas que acompañan a la descripción sintomatológica representen la adecuada terapia: la reflexividad del sujeto moral respecto al contexto normativo en el que ha ido fraguando su identidad es un rasgo que acompaña a las sociedades modernas desde la Ilustración; y aunque esa reflexividad no supone un necesario abandono de las creencias y valores en los que ha sido formado, sí implica una distancia crítica –por lo demás indispensable en sociedades plurales y no homogéneas– que impida la atadura a los contextos sociales de origen. De este modo, como los comunitaristas señalan, sólo partiendo de esos contextos, y desde su entramado, podemos valorar con sentido; pero esto no ha de significar dar por válido, sin más, el ámbito de la mera facticidad, lo que apunta al momento de autonomía para la razón, reclamado por los liberales, para los que la prioridad temporal no debe hacerse pasar por prioridad lógica.

La discusión entre escucha de la tradición y normatividad, o, si se quiere, entre hermenéutica y teoría crítica, ha ocupado, desde otra perspectiva, buena parte de la discusión filosófica contemporánea, tal como se ha encarnado en Gadamer y Habermas, y de ella se ha hecho eco también PAUL RICOEUR (n. 1913), en su intento por sugerir una nueva formulación de la ética de la argumentación que le permitiese integrar las objeciones del contextualismo, lo que le lleva a diferenciar distintos usos del término «tradición», frente a la univocidad cada vez más peyorativa del mismo que achaca a Habermas, por cuanto «la argumentación no se plantea sólo como antagonista de la tradición y de la convención, sino como instancia crítica que opera *en el seno* de convicciones que ella no debe eliminar, sino elevar al rango de "convicciones bien sopesadas", dentro de lo que Rawls llama un *equilibrio reflexivo*»[60].

Partiendo de la tradición fenomenológica, Ricoeur acepta el presupuesto heideggeriano de la precedencia del «ser-en-el-mundo» a la reflexión, sólo que la ontología de la comprensión no sigue el «atajo» de la analítica existencial, sino el rodeo del análisis de las sedimentaciones culturales, de los símbolos en general y, muy particularmente, del lenguaje, que es lo que le convierte en un representante destacado de la hermenéutica. El texto que presentamos, publicado en 1990, es contemporáneo de la aparición de una de sus últimas grandes obras, *Soi-même comme un autre,* cuyos capítulos centrales, dedicados a la ética, expone de manera muy concisa. Ricoeur quiere destacar la primacía de la reflexividad sobre la posición inmediata del sujeto tal como se expresa en el «yo pienso» cartesiano, por cuanto el *Cogito* así alcanzado no sería sino un *cogito abortado:* es preciso que la inmediatez de la captación de sí por sí mismo venga mediada por una doble hermenéutica de la *sospecha* y de la *escucha,* atendiendo tanto a las determinaciones arqueológicas provenientes del inconsciente (tal como trató de hacerlo en su estudio sobre Freud[61]) como a las intenciones culturales en las que los hombres se objetivan y tratan de decir e instaurar su humanidad. Por lo que el rechazo de la filosofía de la reflexión no mediada, del cartesianismo podríamos decir, por parte de la hermenéutica tampoco quiere conformarse con la simple bancarrota de esa filosofía, tal como se expresaría en «el *Cogito* quebrado» nietzscheano. El problema de la identidad personal exige diferentes acercamientos, varios rodeos o «navegaciones» que se extienden desde las consideraciones a extraer de las filosofías analíticas del lenguaje y de la acción hasta la discusión ontológica de los grandes géneros de lo Mismo y lo Otro –ya abordada en los diálogos metafísicos de Platón–, pasando por la dialéctica entre *mismidad* e *ipseidad* a la que nos abre el concepto de identidad narrativa, mediador entre la descripción y la prescripción y ejemplificado principalmente en el hecho de la atestación y del mantenimiento de las promesas. Es en ese contexto en el que Ricoeur aborda, en los capítulos séptimo a noveno de *Sí mismo como otro*, el estudio de los problemas ético-morales, que nos llevan a preguntar no sólo por *quién* es el *locutor*, el *agente* de la acción o el *personaje* de la narración, sino *a quién se imputa* la acción cuando es considerada desde la perspectiva de los predicados de lo «bueno» y «lo obligatorio». En discusión con buena parte de la filosofía moral contemporánea (también con autores de la tradición fenomenológica como E. Lévinas[62]), Ricoeur defiende la primacía de la ética (en cuanto aspiración a la vida buena) sobre la moral (a la que reserva el campo de lo obligatorio), procurando una dialéctica de tradiciones teleológicas y deontológicas –esto es, las que arrancan, respectivamente, de Aristóteles y Kant–: la defendida primacía de la aspiración a la vida buena ha de pasar forzosamente por el tamiz de la norma y los problemas de la universalidad, si bien, en el caso de conflictos para los que no se encuentre una salida normada, es preciso recurrir a una *sabiduría práctica,* que retoma, en este tercer nivel, lo que en la aspiración ética correspondía a la singularidad de las situaciones. Una *phrónesis,* no ingenua, sino crítica, mediada por la *Moralität* kantiana –esto es, por la región del deber que impide todo lo que atente contra él– y por la *Sittlichkeit* hegeliana, es decir, el campo de la eticidad, pero reducido a la modestia, de forma que no represente la victoria del Espíritu sobre las contradicciones que éste se suscita a sí mismo, sino tan sólo el ámbito donde se forma un juicio moral, a resguardo tanto de la anomia como de la receta codificada[63].

Esa sabiduría práctica, para la que la convicción es más decisiva que la propia regla, habría, pues, de mediar entre principios difícilmente jerarquizables y cuya aspiración a la universalidad choca con los problemas suscitados por el diálogo intercultural: es éste el que habrá de arbitrar entre las diversas pretensiones de universalidad sustentadas por los que, un tanto paradójicamente quizá, cabría llamar «universales contextuales» –incoativos, potenciales–, buscando, pese a todo, con esa noción, un «equilibrio reflexivo» capaz de afrontar los problemas generados por la tensión entre *universalidad* e *historicidad*.

El texto de MICHEL FOUCAULT (1926-1984) es el único de los aquí recogidos que reproduce una entrevista, publicada en su obra póstuma *Dits et écrits* (París, Gallimard, 1994). Traducidos al castellano como *Obras esenciales*[64], son en buena medida contemporáneos de la redacción de la *Historia de la sexualidad,* con la que se dan evidentes paralelismos. En unos y otra, los temas del sujeto y de la ética, un tanto postergados aparentemente en la anterior producción de Foucault, cobran un importante relieve. Hasta tal punto es ello así que uno de los objetos de debate es el de la posible unidad o ruptura de su obra, o el de las posibles fases de evolución o desarrollo, debate al que no es ajeno el propio Foucault, que en diversas ocasiones ofreció miradas retrospectivas, no siempre concordes. Y uno de los aspectos más interesantes del texto reproducido en esta antología es que permite, a través de las reconstrucciones que ofrece, un acercamiento de conjunto a la obra de Foucault. Quizá ésta pudiera abordarse, como propone Jorge Álvarez, a través de la perspectiva de una *historia política de la verdad,* obligada a estudiar el específico enlace de la investigación foucaultiana entre verdad, poder y sujeto. En todo caso, si sus primeras investigaciones (así, la *Historia de la locura en la época clásica,* 1961) se centran en el análisis del poder, en contraste con el marxismo economicista, con el juridicismo y con la concepción puramente represiva –frente a la que Foucault destaca su carácter productivo, su capacidad no sólo de *sujetar* a los individuos, sino de producirlos como una forma determinada de *sujeto* (lo que, por otra parte, le lleva a diferenciar entre «relaciones de poder» y «estados de dominación»)–, una segunda etapa (*Las palabras y las cosas,* 1966; *La arqueología del saber,* 1969) se centraría en las relaciones entre saber y poder, dentro de una filiación nietzscheana, crítica con la concepción antropológica de la historia, basada en las categorías de sujeto, origen y finalidad, frente a las que prima una consideración de las prácticas, de los dispositivos que están en la base de la formación de los poderes. En oposición, tanto al idealismo alemán, y su concepción de la subjetividad como un proceso de autoconstrucción reflexiva, como al marxismo, para el que vendría a ser una derivación reificada de las relaciones de producción, Foucault mantiene una noción política de la verdad, y de los saberes por los que se constituye, que quiere recoger los efectos de poder de la verdad, de los saberes, en la producción de los individuos.

Pero, con todo ello, no se ha dejado de señalar, como lo ha hecho por ejemplo Habermas, que el enfoque exteriorista adoptado por Foucault, al tratar la construcción de la subjetividad, del «alma», desde el cuerpo y los mecanismos disciplinarios a que éste es sometido (por ejemplo en *Vigilar y castigar,* 1975), deja sin explicar los fenómenos de resistencia, para los que haría falta algún momento de asunción reflexiva, cierta autonomía que permitiera reobrar sobre el poder conformador. Y será precisamente a partir de *Historia de la sexualidad* (tomos I y II, 1976; tomo III, 1984) donde Foucault modulará ese mecanicismo, con la noción nuclear de *prácticas de sí,* entendidas como formas de subjetivación desde una problematización moral. Esas prácticas de sí serán integradas, con el cristianismo, al ejercicio de un *poder pastoral,* que en la Modernidad toma la forma de un saber científico-educativo, en el que el gobierno de sí es una pieza sofisticada de un poder no limitado a disposiciones administrativas o normativas generales, sino atento a los individuos, tratando de ligarlos, por el examen de sí, la confesión de sí, la ascesis..., a su propia «verdad». A lo que apunta toda esa crítica es a discutir nuestra relación con los códigos impuestos, no para establecer la verdad de cada uno y pretender fundar de nuevo en otra forma de saber-poder nuestras futuras actuaciones —lo que significaría seguir en la senda de la hermenéutica de sí—, sino para ser de otra manera: no se trata de decir la verdad, sino de estetizar la propia vida; el fin no es descubrirse, sino inventarse, hacer de sí mismo una obra de arte, «una obra que presenta ciertos valores estéticos y responde a ciertos criterios de estilo»[65].

Aunque Foucault pretende que «el polo subjetividad y verdad ha sido siempre mi problema», lo cierto es que se da una cierta ruptura o, al menos, desplazamiento, por el que frente a la anterior prevalencia de la idea de un sujeto todo él colonizado por resortes de poder, se otorga ahora una mayor autonomía a esos sujetos inscritos en las redes de los poderes y se realza la categoría de libertad como lo más propiamente definitorio del sujeto, lo que, pese a las diferencias con Sartre respecto a la concepción del poder, le acerca a él —según testimonian los párrafos finales de esta entrevista—, si bien la herencia kantiana (el elegir, mejor o peor justificado, a toda la humanidad al elegirse) parece más acentuada en Sartre que en Foucault, pues con razón se le ha preguntado a éste por la relación entre libertad y ética. La observación primera de Foucault, como podrá leerse, es que «la libertad es la condición ontológica de la ética. Pero la ética es la forma reflexiva que adopta la libertad». Esta respuesta es un simple recordatorio de la declaración que efectúa Kant en la primera nota a pie de página de la *Crítica de la razón práctica,* al hablar de la libertad como *ratio essendi* de la moral, y de la moral como *ratio cognoscendi* de la libertad. Ahora bien, esa relación entre libertad y moral articula la vivencia moral, pero no la funda; la libertad es condición inexcusable de la vida moral, mas no todo ejercicio de la libertad es un «buen» ejercicio de la misma. Y así, aunque, como hemos procurado mostrar, el último Foucault se acerca notablemente a las nociones de autonomía y libertad del sujeto, centrales para la ética, quizá no baste con ellas.

El cuidado de sí ¿es siempre ético? Los conflictos entre intereses propios y ajenos recorren la historia de las relaciones humanas, sin que la apelación a ningún *éthos*, a ninguna moralidad implantada socialmente, los solvente; y sin necesidad de oponerlos de manera sistemática, tampoco cabe edulcorar las tensiones entre ellos. ¿No habría que distinguir, como intentaba Ricoeur en su texto, entre diversas esferas de subjetividad[66]? ¿Qué criterios diferenciarían una práctica crítica y emancipatoria como la que Foucault pretende, entroncando de nuevo con el Kant de *Qué es la Ilustración*[67]? Quizá, como él mismo declara, «el movimiento mediante el cual un solo hombre, un grupo, una minoría o un pueblo entero dice: "no obedezco más", y arroja a la cara de un poder que estima injusto el riesgo de su vida –tal movimiento me parece irreductible– [...]. El hombre que se alza carece finalmente de explicación»[68]. Sin embargo, no todo «alzamiento» resulta legítimo (los españoles sabemos algo de eso) y, en vista de ello, no parece que los planteamientos foucaultianos proporcionen la urdimbre necesaria para tratar de resolver los conflictos de las relaciones entre libertad y razón, si es que la ética misma no acaba por disolverse en estética, por heroica que ésta fuere[69].

A precisar algunas de esas cuestiones creo que pueden ayudar las diferencias establecidas por JOSÉ LUIS LÓPEZ

ARANGUREN (1909-1996) entre «moral como estructura», «moral como contenido» y «moral como actitud», que son uno de los núcleos temáticos aquí recogidos de la reflexión arangureniana[70]. El pensamiento de Aranguren se ha vertebrado sobre tres ejes fundamentales: la religión, la ética y la política. Por lo que al primero de ellos se refiere, en un país como el nuestro, en el que la cultura religiosa —o mejor, la incultura— ha dado lugar a un variado espectro de actitudes agavilladas, en muchos casos, por su común simplicidad, Aranguren, de talante profundamente religioso, opuso a unos y otros su cristianismo *heterodoxo,* esto es, de *otra opinión* respecto a las instancias autoritarias —de variado signo—, siempre más ardientes en la respuesta dogmática que en la inquietud de la pregunta. De ahí el recelo suscitado en el ambiente del nacionalcatolicismo por su primera obra, *Catolicismo día tras día* (1955), aun cuando al propio Aranguren le pareció tímida y la rehízo en su *Contralectura del catolicismo* (1978). En todo caso, su apertura al protestantismo, a la teología dialéctica de Karl Barth y, entre nosotros, a Unamuno encuentra su mejor expresión, dentro de esta problemática, en *Catolicismo y protestantismo como formas de existencia* (1952).

Mas, sin abandonar nunca ese interés, su labor, como decíamos, no se redujo a ese campo, sino que se amplió a muchos otros y, por lo pronto y muy principalmente, a la ética. Aranguren supo enraizarse en las sugerencias y elaboraciones que autores como Ortega o Zubiri habían hecho al respecto. Por lo que a Ortega se refiere, escribió, en un momento en que se pretendía condenar sus escritos, un valiente y valioso estudio sobre la ética implícita en ellos, *La ética de Ortega* (1958), que se sumaba a la reivindicación hecha por Julián Marías y Pedro Laín Entralgo. Aranguren también ha reconocido lo que debe al magisterio de Zubiri, cuyos cursos privados pudo seguir. Pero fue él quien tematizó expresamente ese dominio en el pensamiento español. Su *Ética* de 1958 es de inspiración reconocidamente aristotélica, pero con un Aristóteles y un Santo Tomás leídos a la altura de nuestro presente y no simplemente esclerotizados en fórmulas rutinarias. Y junto a ellos se hacía presente la filosofía moderna, bien a través del diálogo crítico con Kant, bien a través del pensamiento de Kierkegaard, Heidegger o Sartre, además de las frecuentes referencias a la ética de los valores de Scheler, a la filosofía analítica (Moore, Wittgenstein, Ayer, Stevenson, Toulmin...) y a la literatura, que tendía un puente entre la *ethica docens,* la ética en cuanto disciplina académica, y la *ethica utens* o moral vivida.

Aunque el influjo de Zubiri le hacía subordinar en esa obra la ética a la metafísica, con posterioridad la impronta kantiana se fue haciendo más patente, de modo que no iba a ser ya la metafísica la que sustentara a la ética, sino que, en todo caso, sería la ética la que podía dar paso a una problemática metafísica y a una apertura a la religión, al menos en forma de pregunta y como horizonte de problemas de los que la ética misma no se podía desentender. El abandono de una fundamentación metafísica no inclinó, pues, la balanza hacia el positivismo ni hacia un escepticismo que no sólo negara la posibilidad de responder, sino incluso la legitimidad del preguntar. Y así, será en la antropología, más que en la metafísica, donde se busque el surgimiento de la moral, en cuanto que la vida humana (a diferencia de la del animal, básicamente acoplado a su entorno) es susceptible de multitud de recreaciones culturales, sin que las disposiciones biológicas nos fuercen estrictamente a ninguna de ellas, excepto la de forzarnos a elegir, que es a lo que se referían Ortega, al entender la vida humana como quehacer, Zubiri, al hablar de la moral como estructura, o Sartre, al pensar que estamos condenados a la libertad. La vida humana es forzosamente moral, en el sentido, al menos, de que, aunque nos ha sido dada, no nos ha sido dada hecha, sino que cada cual ha de hacer la suya, ser el novelista –más o menos original o plagiario– de su propia vida. Desde este punto de vista, la amoralidad es un caso patológico o un concepto vacío. Todos somos necesariamente morales, por cuanto vivir la vida humana requiere no estar bajos de moral, no estar *desmoralizados,* sino con el suficiente ánimo como para acoger y afrontar las posibilidades y resistencias que ella nos ofrece. Claro que uno puede ser, hasta cierto punto al menos, responsable de su propia desmoralización o de su buen tono vital. Pero, en principio, estar alto de moral no equivale todavía a obrar bien. Si en el plano de la *moral como estructura* el término moral se contrapone ante todo a *desmoralizado,* en el plano de la *moral como contenido* moral se contrapone, en cambio, a *inmoral*. Y es que el humano quehacer, estructuralmente moral, puede luego desarrollarse de acuerdo con pautas morales o inmorales, debidas o indebidas. Contenidos de la moral que suelen venir ofrecidos sociohistóricamente por las diversas culturas, religiones o visiones de sentido y que cada cual habrá de elaborar desde su propia perspectiva. Esta dimensión, insoslayablemente individual, de la tarea ética fue progresivamente acentuada por Aranguren, al subrayar (así en su obra *Lo que sabemos de moral,* 1967, reeditada más tarde bajo el título de *Propuestas morales,* 1983), junto a las dimensiones de la moral como estructura y la moral como contenido, la importancia de otra a la que calificó de *moral como actitud,* pivotando sobre la autonomía de la conciencia (no el conciencialismo, ajeno al diálogo crítico consigo mismo y con los demás), todo lo condicionada que se quiera, pero instancia última e irrebasable de la moralidad. Individualismo ético, que no es equivalente, ni mucho menos, para Aranguren, del individualismo posesivo, pues el que nuestras decisiones morales sean, en definitiva, *solitarias* no quiere decir que hayan de ser *insolidarias*.

Precisamente de la dimensión social de la moral se ocuparía Aranguren en otra de sus obras más notables, *Ética y Política* (1963). La ética es siempre individual en el sentido de que el individuo es su base, su agente insustituible. Pero ese individualismo ético sólo puede realizarse en la apertura a los otros, bien sea que se relacione con ellos como otros concretos y personalizados –dando lugar a lo que podría denominarse ética de las relaciones interpersonales–, bien aparezcan en su horizonte como esos otros sin nombre determinado, desconocidos personalmente pero respecto a los que se está obligado en las tareas sociales de las que habría de ocuparse la ética social. El temple de Aranguren era más ético y religioso que político, pero, cada vez más, ese mismo temple le condujo a interesarse por las realidades político-sociales de su tiempo, sin llevar a cabo nunca una actividad propiamente política, mas sin desdeñarla. Aunque las relaciones entre ambas esferas, la ética y la política, no le parecían de fácil armonización, se resistía a escindirlas o a ver necesariamente en ellas una relación *trágica,* frente a la que mantuvo la posibilidad de una tensión *dramática,* rechazando tanto la política carente de principios como la ética del «alma bella», que preserva su pureza a costa de la inoperancia o la evasión.

Sin entrar en todos los desarrollos y propuestas que Aranguren lleva a cabo en esa obra, es preciso poner de relieve que al tema político le dedicó una atención cada vez mayor —de esa época es también su libro *El marxismo como moral,* 1968—, unida al interés por la sociología y las ciencias humanas, los movimientos sociales o la reflexión al hilo de las cambiantes circunstancias de la vida española. Bástenos destacar ahora que, frente a lo que a menudo sucede, Aranguren no escatimó sus críticas a lo que consideraba injusto del sistema social y político que le tocó vivir, no ya cuando carecía de reconocimiento público, sino precisamente cuando lo adquirió. Su radicalización creció con los años en vez de buscar el acomodo a que el peso del tiempo tantas veces incita. Una radicalización que, por lo demás, supo no jactarse de sí, sino que acertó a acompañar la seriedad de sus posiciones con la ironía y el humor que impiden el enrevesamiento.

En todo caso, esa actitud vigilante y crítica no sólo le llevó en 1965 a ser expulsado de su cátedra por la dictadura franquista, sino que también le condujo —tras su exilio americano en la Universidad de California y el posterior retorno a su cátedra española, en los comienzos de la transición democrática– a no darse por contento con la democracia recién inaugurada en nuestro país, sino, aun celebrándola, insistir en la diferencia entre la *democracia establecida* y la *democracia como moral*[1], que es algo a conseguir cada día, sin que sea concebible un estado o situación en el que pudiéramos definitivamente descansar, como sobre algo poseído de una vez por todas. De ahí un impulso utópico al que, en ningún caso, podríamos renunciar sin abdicar a un tiempo de nosotros mismos.

De este modo, más allá del ámbito estrictamente académico, Aranguren ejerció un notable influjo sobre extensos sectores de la sociedad española y encarnó ejemplarmente el papel del intelectual, que él mismo, sin embargo, veía declinar, para dejar paso a lo que denominaba «intelectual colectivo». Aranguren nunca se colocó *au dessus de la mêlée,* sino que supo realizar la tarea –bastante más ardua, como advertía Mairena– de estar *a la altura de las circunstancias;* por no andar de vuelta se permitió el lujo de recorrer y desbrozar un buen trecho de muchos caminos; la ironía y la distancia de sí le acercaron críticamente al mundo.

Esta breve presentación puede dar una idea del inmenso legado que, con su testimonio y su obra, José Luis López Aranguren nos ha dejado. Y, sin mimetismos que él sería el primero en repudiar, es preciso elaborarlo, como en buena medida algunos profesores e instituciones españolas están llevando a cabo. Quizá eso sea un buen síntoma, si significa que el diagnóstico de Ortega, según el cual los españoles no podemos permitir que alguien nuestro destaque, empieza a ser erróneo. Así parece mostrarlo la pluralidad de intereses, ámbitos de trabajo y corrientes que, al menos por lo que a la Ética se refiere, se vienen cultivando en España. De esa pluralidad da buena cuenta la nutrida lista de colaboradores al volumen *Ética día tras día. Homenaje al profesor Aranguren en su ochenta cumpleaños*[72]. Y todo el que, de un modo más o menos directo, se dedica a la Ética en España reconoce su deuda para con Aranguren, tanto más fácil de llevar –aunque eso no quiere decir que sea menos exigente– por cuanto esa deuda, en vez de merma en la propia independencia, incita a ella y a pensar por cuenta propia. Y es que, como en cierta ocasión recordó Javier Muguerza al comentar la pluralidad de corrientes de la ética española actual a la que antes nos referíamos, «en el origen de esas rutas que discurren por suelo firme y entre amenos suburbios urbanizados, no hay que olvidar que estuvo un día una carretera polvorienta por la que apenas nadie osaba aventurarse para cruzar trechos y trechos de desérticas parameras. Que se sepa, Aranguren fue el primero en recorrerla a partir de la década de los cincuenta, teniendo durante mucho tiempo que hacerlo solo. Y con ese largo viaje en solitario nos enseñó el camino a todos»[73].

JAVIER MUGUERZA (n. 1936) no sólo ha sido el discípulo más destacado de Aranguren –aun si nada escolástico, como el desarrollo de su obra muestra–, sino también, como alguna vez se ha dicho, «el motor decisivo en el despegue de la filosofía moral en este país»[74]. Con una sólida formación en Lógica y Filosofía de la Ciencia (realizó su tesis doctoral sobre Gottlob Frege; tradujo el voluminoso e importante estudio del matrimonio Kneale sobre *El desarrollo de la lógica;* fue el introductor en España del teórico de la ciencia Thomas Kuhn, dedicando asimismo a estas cuestiones su ensayo «La teoría de las revoluciones científicas»[75]), consagró los primeros años de su vida universitaria al estudio e implantación en España de la discusión en torno a la filosofía analítica, como lo muestra particularmente su trabajo «Esplendor y miseria de la filosofía analítica», que servía de amplia introducción a una no menos amplia selección de textos de dicha inspiración[76].

Con todo, la insatisfacción ante determinados planteamientos del análisis filósofico (sobre todo en lo que tenían de veto para poder interrogarse sobre otras cuestiones además de las usuales en tales círculos, así como por el peligro de que lo que, en principio, podía haber abierto el horizonte a las cansinas repeticiones de la filosofía del franquismo tardío –que venía a ser la misma que la del franquismo temprano, por haberse instalado en el limbo de la filosofía perenne– amenazaba convertirse en un nuevo tipo de escolástica, no menos clausurante que la primera) le llevó a una distancia crítica, que si ya era perceptible en el citado ensayo a propósito de su esplendor y miseria, lo iba a ser mucho más en la obra de 1977 *La razón sin esperanza,* concebida como una autocrítica de la razón analítica, dado el menguado concepto de razón que ahí se manejaba. En efecto, aunque la filosofía analítica ha querido presentarse a sí misma como heredera de la crítica kantiana del conocimiento realizada con medios lingüísticos, se desentendía, sin embargo, de todos aquellos interrogantes que Kant nunca despachó por la borda, aun cuando no supiera resolverlos o aun cuando, al estimarlos irresolubles dentro del ámbito de la razón teórica, los hiciera objeto de la razón práctica y, por ende, postulados de una esperanza, todo lo racional o razonable que se quiera, pero esperanza al fin y al cabo. Esas insuficiencias llevaron a Javier Muguerza a entablar un prolongado diálogo con otras corrientes filosóficas, como el marxismo frankfurtiano y, por ahí, la hermenéutica; el racionalismo crítico de K. Popper y H. Albert; las ciencias sociales y un largo etcétera, en el que se incluyen las primeras referencias que se hicieron en España a autores después tan debatidos como John Rawls o Ch. Taylor[77].

No obstante, quien creyera ver en ese diálogo las puertas abiertas para, remontando la aridez de la razón analítica, echar las campanas al vuelo –sean campanas eclesiásticas o civiles, se trate de entusiasmos escatológicos o intramundanos– habría pronto de decepcionarse. El inconformismo con la reducción positivista de la razón trataba, ante todo, de hacer prender en ella el fuego de otros problemas teóricos y otras urgencias prácticas, pero, en cuanto a la razón misma, su legítima apertura a cuestiones e intereses sofocados por el ejercicio analítico no era ninguna voz de alerta porque, junto a esos problemas, se avistara también la avenida de esperanza que nos condujera a su solución. Pues, aunque sería consolador pensar, con Bloch, que la razón es expresión de la esperanza, el libro se cierra con la pregunta de si la caracterización de la razón analítica como razón sin esperanza no habría de extenderse a la razón en cuanto tal, que es, sin embargo, «con esperanza, sin esperanza, y aun contra toda esperanza, nuestro único asidero».

De esta forma, sin necesidad de reclamarse kantiano ni kantólogo, la impronta de Kant iba a ser cada vez más acentuada en el pensamiento de Javier Muguerza, al menos en lo que se refiere a los problemas que él legó a la reflexión posterior, entre los cuales la relación de la ética y la religión o, si se quiere, entre la razón práctica y los postulados de esperanza no ha sido desatendida, si bien, para Muguerza, esos postulados (a diferencia del de la libertad, que resulta imprescindible) no añaden un ápice a lo más característico de la ética kantiana, es decir, la categoricidad del deber que para nada requiere, según él, de ninguna teleología, por lo que la ética kantiana seguiría siendo la que es tanto si hubiera algo como si no hubiera nada que esperar[78]. Y aunque ello no niega necesariamente la posible apertura a una visión de esperanza, Muguerza se encuentra aquí más cerca de la nostalgia y el anhelo de Horkheimer que de la confianza blochiana en la llegada a una «patria de la identidad», que, teológica o secularizada, nadie estaría en condiciones de asegurar[79]. Ello no significa restar a la ética su ímpetu utópico, sólo que éste (al que gusta denominar «utopía vertical») se caracteriza más por la exigencia que por el resultado, más por renovar en medio del curso de la historia la distancia entre el ser y el deber-ser que por la confianza en que ambos puedan alguna vez confluir en un estado de cosas cumplidamente apaciguador.

Estas y muchas otras cuestiones son abordadas en su densa y extensa obra *Desde la perplejidad (Ensayos sobre la ética, la razón y el diálogo)*[80], de la que aquí no cabe hacer ni siquiera un breve resumen. (Algunos de los principales debates en ella abordados se recogen precisamente en el artículo incluido en esta antología, «La obediencia al derecho y el imperativo de la disidencia».) No obstante, y por apuntar tan sólo a uno de los hilos que atraviesan aquella obra y se plantean en este artículo, cabría decir que las tensiones entre universalidad y autonomía de los principios éticos –que es uno de los problemas heredados por la reflexión filosófica de los planteamientos kantianos y al cual, como vimos, han pretendido hacer frente, entre otras, las éticas discursivas– llevan a Muguerza a recoger el aliento emancipatorio que en ellas anima, sin necesidad de plegarse a las propuestas de un K. O. Apel o de J. Habermas. Por referirnos sólo a éste, Muguerza recela de los ribetes cognoscitivistas de la ética habermasiana y del supuesto de que la discusión acerca de la corrección de las normas que hayan de regirnos tenga necesariamente que desembocar en un consenso entre todos los afectados. Pues la inevitable presuposición –contenida en toda argumentación– de poder llegar a entender al otro no implica que hayamos de llegar a un entendimiento con él, pudiendo el diálogo desembocar asimismo en un pacto o compromiso –no necesariamente engañoso–, que canalizaría la violencia sin uniformizar puntos de vista irrecusablemente plurales.

De acuerdo con ello, más que en la primera de las formulaciones del imperativo categórico kantiano –la que se podría denominar el imperativo de la universalizabilidad, que es la que han tratado ante todo de trasponer dialógicamente las éticas discursivas–, Javier Muguerza ha puesto el énfasis en la segunda de esas formulaciones, aquella que todavía no nos dice cómo hemos de obrar, pero sí al menos cómo no hemos de hacerlo, a saber, tratando al otro como un simple medio para nuestros intereses en el olvido de que todo ser humano es al mismo tiempo un fin en sí. Formulación a la que Muguerza propone denominar *imperativo de la disidencia,* porque, sin necesidad de rechazar la regla de las mayorías como procedimiento de decisión política, impediría que cualquier mayoría, por abrumadora que fuere, pudiera alzarse por encima de la conciencia de cada cual. Ese imperativo, pues, no legitima a un individuo para imponer sus propios puntos de vista a una colectividad, pero sí para desobedecer cualquier acuerdo o decisión colectiva que vaya en contra de sus principios, los cuales no pueden ser sometidos a referéndum.

Con una visión más positiva de la libertad negativa y más negativa de la libertad positiva que la que Habermas mantiene, la crítica de Mugerza insiste en que, si bien de acuerdo con el giro lingüístico de la filosofía el trayecto de la ética contemporánea podría dejarse definir como el que va de la conciencia al discurso, quizá tal viaje sea un viaje de ida y vuelta, pues, por múltiplemente condicionada que se encuentre, la conciencia es instancia irreductible de la ética[81].

Individualismo ético (a no confundir con el individualismo ontológico ni metodológico) que posibilitaría una fundamentación disensual de los derechos humanos —como la que Muguerza ha tratado de mantener en su trabajo *La alternativa del disenso*[82]–, así como corregir los excesos comunitaristas de los que piensan estamos últimamente referidos al medio social o étnico que nos haya tocado en suerte vivir, por cuanto, sin olvidar los peligros de abstracción del proclamado universalismo ético, la atención o el enraizamiento en el contexto no tiene por qué atarnos a él. De ahí, en fin, que en la tensión entre universalidad y autonomía, de la que comenzamos hablando, sea *la autonomía la que alcanza el primado,* mientras que la universalidad, más que un punto de partida que idealiza nuestra realidad, sería la realización (si es que alguna vez se realiza) de un ideal[83].

En diálogo con muchos de los problemas cardinales de nuestro tiempo –no sólo en sus versiones europeas y norteamericanas, sino asimismo con las propuestas en España y otros países latinoamericanos[84]–, la andadura filosófica de Javier Muguerza testimonia la vitalidad de la discusión ética y filosófica en nuestro país.

A ese diálogo y problematización es al que esta antología de algunos de los textos fundamentales de la Ética en el siglo XX quiere asimismo contribuir. Y si, como al principio comentaba, el propio carácter de la obra pone en apuros al antólogo que selecciona, descarta y privilegia, estructura y ordena los textos, postergando, muy a su pesar, otros textos y otros autores, también soy consciente de que, más que cualquier otra obra, una antología ha de estar sometida a una medida, sin la cual no podría cumplir su función. Si la presente la cumple o no, serán los lectores los que habrán de decirlo, pero, por lo que a mí respecta, no puedo sino indicar que, pese a esos límites en los que he debido moverme y el aprieto en el que ellos me ponían, la esperanza de que pudiera ser útil en los sentidos apuntados al comienzo de esta introducción me ha ilusionado lo suficiente como para que esos aprietos se convirtieran en fuente de estímulo y trocaran, a la postre, los apuros en muy llevaderos y la tarea en francamente grata.

Santa Marta de Ortigueira, A Coruña,
agosto de 2000

*

Por diversos avatares, en cuya consideración no merece ahora entrar, la publicación de este texto se ha dilatado algo más de lo previsto. En el momento de corregir pruebas, sólo quiero reseñar, por referirse a los textos mismos, la reedición de la *Ética* de Scheler (Madrid, Caparrós, 2001, ed. lit. de J. M. Palacios), pero el resto lo dejo tal como fue redactado, incluso en las notas bibliográficas, pese a que entretanto han aparecido algunos libros de interés sobre los temas aquí tratados, ya que si, como decía Aristóteles, «una golondrina no hace verano», tampoco los estudios de un año, sin desmerecer su importancia, varían lo sustancial de la mirada sobre un siglo.

Madrid, mayo de 2002

Notas

1. R. Rorty, *El giro lingüístico,* trad. e introducción de G. Bello, Barcelona, Paidós, 1990.
2. Con independencia de las indicaciones bibliográficas posteriores, el lector puede remitirse, para el desarrollo de esas grandes tendencias filosóficas y éticas del siglo XX, a muchas obras de carácter general, en alguna de las cuales encontrará

además un tratamiento más o menos pormenorizado de algunos de los autores recogidos en esta antología. Entre otras, cf. R. Bubner, *La filosofía alemana contemporánea,* trad. de F. Rodríguez Martín, Madrid, Cátedra, 1984; V. Camps (ed.), *Historia de la ética, III,* Barcelona, Crítica, 1989; V. Camps, O. Guariglia y F. Salmerón (eds.), *Concepciones de la ética,* Madrid, Trotta, 1992; P. Cerezo y J. Muguerza (eds.), *La filosofía hoy,* Barcelona, Crítica (en prensa); C. Delacampagne, *Historia de la Filosofía en el siglo XX,* trad. de G. Mayos, Barcelona, Península, 1999; V. Descombes, *Lo mismo y lo otro. Cuarenta y cinco años de filosofía francesa (1933-1978),* trad. de E. Benarroch, Madrid, Cátedra, 1982; J. Russ, *La pensée éthique contemporaine,* París, PUF, 2.ª rev., 1995.

3. J. J. Acero, *Filosofía y análisis del lenguaje,* prólogo de J. Mosterín, Madrid, Pedagógicas, 1994; E. Bustos, *Filosofía del lenguaje,* Madrid, UNED, 1999; J. Hierro, *Principios de Filosofía del lenguaje,* 2 vols., Madrid, Alianza, 1980-1982. Dos excelentes antologías de textos en J. Muguerza, *La concepción analítica de la filosofía,* 2 vols., Madrid, Alianza, 1974; L. M. Valdés Villanueva (ed.), *La búsqueda del significado,* Madrid, Tecnos, 1991.

4. D. Hume, *Investigación sobre el conocimiento humano,* trad. e introducción de J. de Salas, Madrid, Alianza, 1980, 190-192.

5. W. Quine, «Dos dogmas del empirismo», en L. M. Valdés Villanueva (ed.), *La búsqueda del significado,* cit., 1991, 220-243.

6. Th. S. Kuhn, *La estructura de las revoluciones científicas,* trad. de A. Contin, México, FCE, 1971. Sobre el tema pueden consultarse, entre otros, J. Muguerza, «La teoría de las revoluciones científicas. Una revolución en la teoría contemporánea de la ciencia», en *La crítica y el desarrollo del conocimiento,* Barcelona, Grijalbo, 1975, 13-80; C. Solís, *Razones e intereses. La historia de la ciencia después de Kuhn,* Barcelona, Paidós, 1994.

7. Cf., entre otros estudios, W. D. Hudson, *La filosofía moral contemporánea,* trad. de J. Hierro S. Pescador, Madrid, Alianza, 1974; J. Sádaba, *La filosofía moral analítica de Wittgenstein a Tugendhat,* Madrid, Mondadori, 1989; M. Warnock, *Ética contemporánea,* trad. de C. López-Noguera, Barcelona, Labor, 1968.

8. G. E. Moore, *Principia Ethica*, 2.ª. ed. rev., ed. e introd. de T. Baldwin, trad. de A. García Díaz, México, UNAM, 1997. Sobre Moore, cf. P. Levy, *Moore. G. E. Moore and the Cambridge apostles,* N. York, Rinehart and Winston, 1980; J. Muguerza, «Prólogo» a G. E. Moore, *Defensa del sentido común y otros ensayos,* trad. cast. de C. Solís, Madrid, Taurus, 1972; E. Rabossi y F. Salmerón (eds.), *Ética y análisis, I,* introducciones y selección de textos de los editores, México, UNAM, 1985 (incluye, además de Moore, a Flew, Foot, Hare, Searle, Stevenson, Strawson, etc.). J. Sádaba, «Ética analítica», en V. Camps (ed.), *Historia de la ética, III,* cit., 163-220; F. Salmerón, «Intuición y análisis. Los orígenes de la filosofía moral analítica a partir de Moore y Wittgenstein», en V. Camps, O. Guariglia y F. Salmerón (eds.), *Concepciones de la ética,* cit., 153-175.
9. D. Hume, *Tratado de la naturaleza humana,* ed. de F. Duque, Madrid, Tecnos, 1988, III, parte 1.ª, sección 1, 633-634.
10. Una visión crítica de esos problemas en J. Muguerza, *La razón sin esperanza,* Madrid, Taurus, 1977 (2.ª ed., 1986).
11. G. E. Moore, *Principia Ethica,* cit., IX.
12. G. E. Moore, *Ética,* trad. de M. Cardenal, Barcelona, Labor, 1989.
13. G. H. Moore, *Principia Ethica,* cit., 178.
14. J. Sádaba, *Lenguaje, Magia y Metafísica: el otro Wittgenstein,* Madrid, Libertarias, 1992, 21. Sobre Wittgenstein, cf. asimismo, entre muchos otros: M. Cruz, «De lo que no se puede hacer, mejor es hablar», en «Introducción» a L. Wittgenstein, *Conferencia sobre ética. Con dos comentarios sobre la teoría del valor,* Barcelona, Paidós, 1989, 9-29; J. Ferrater Mora, «Wittgenstein o la destrucción», en Varios, *Las filosofías de L. Wittgenstein,* trad. de R. Jordana, Vilassar de Mar, Oikos-Tau, 1966; A. Janik y S. Toulmin, *La Viena de Wittgenstein,* trad. de I. Gómez de Liaño, Madrid, Taurus, 1974; A. Kenny, *Wittgenstein,* trad. de A. Deaño, Madrid, Revista de Occidente, 1974 (hay reed. en Alianza); J. Muguerza, «Las voces éticas del silencio», en C. Castilla del Pino (ed.), *El silencio,* Madrid, Alianza, 1992, 125-163; J. Muñoz, «Después de Wittgenstein», en *Lecturas de filosofía contemporánea,* Barcelona, Ariel, 1984, 9-24; I. Reguera, *El feliz absurdo de la ética. (El Wittgenstein místico),* Madrid, Tecnos, 1994.

15. M. Cruz, «De lo que no se puede hacer, lo mejor es hablar», cit., 26.
16. L. Wittgenstein, *Diario filosófico (1914-1916)*, trad. de J. Muñoz e I. Reguera, Barcelona, Ariel, 1982.
17. Cit. en A. Janik y S. Toulmin, *La Viena de Wittgenstein*, cit., 243.
18. J. Muguerza, «Las voces éticas del silencio», cit., 138.
19. M. Cruz, «De lo que no se puede hacer, lo mejor es hablar», cit., en especial, 21-25. De todos modos, en la misma obra se pueden encontrar declaraciones de distinto tenor, como ha recordado J. Muguerza, «Las voces éticas del silencio», cit., 143.
20. Cit. en N. Malcolm, «Recuerdo de Ludwig Wittgenstein», en Varios, *Las filosofías de Ludwig Wittgenstein*, cit., 95.
21. Sin embargo, al hablar de las manifestaciones religiosas, dice ahí: «el lenguaje no es una jaula». Cf. F. Waismann, «Notas acerca de las conversaciones con Wittgenstein», en L. Wittgenstein, *Conferencia sobre ética. Con dos comentarios sobre la teoría del valor*, cit., 50.
22. Ibíd., 46.
23. Respecto a la cuestión ética en Husserl, puede consultarse J. San Martín, «Ética, antropología y filosofía de la historia. Las *Lecciones de Introducción a la ética* de Husserl del semestre de verano de 1920», *Isegoría*, 5 (1992), 43-77.
24. M. Scheler, *Ética. Nuevo ensayo de fundamentación de un personalismo ético*, trad. de H. Rodríguez Sanz, Madrid, Revista de Occidente, 2 vols., 1941-1942. Sobre Scheler, cf. F. Gomá, «Scheler y la ética de los valores», en V. Camps (ed.), *Historia de la ética, III*, cit., 296-326; J. Llambías de Azevedo, *Max Scheler. Exposición sistemática y evolutiva de su filosofía, con algunas críticas y anticríticas*, B. Aires, Nova, 1966; R. Maliandi, «Axiología y fenomenología», en V. Camps, O. Guariglia y F. Salmerón (eds.), *Concepciones de la ética*, Madrid, Trotta, 1992, 73-103; J. Ortega y Gasset, «¿Qué son los valores? Iniciación a una estimativa», en *Obras completas, 6*, Madrid, Alianza, 1983, 315-335; ibíd., «Max Scheler. Un embriagado de esencias», en *O. C., IV*, cit. 507-512; M. Suances, *Max Scheler*, Barcelona, Herder.
25. C. Amorós, «Introducción» a J.-P. Sartre, *Verdad y existencia*, Barcelona, Paidós, 1996, 9-39, cit. 10. Sobre Sartre, cf. también: C. Amorós, «Sartre», en V. Camps, *Historia de la ética*,

III, Barcelona, Crítica, 1989, 327-385; W. Biemel, *Sartre,* trad. de R. P. Blanco, Barcelona, Salvat, 1985; P. Fontán Jubero, *Los existencialismos: claves para su comprensión,* Madrid, Cincel, 1985; P. Foulquié, *El existencialismo,* trad. de E. Pruenca, Barcelona, Oikos-Tau, 1973; A. Gorri Goñi, *Jean-Paul Sartre. Un compromiso histórico,* Barcelona, Anthropos, 1986; F. Jeanson, *Le problème moral et la pensée de Sartre,* prólogo de J.-P. Sartre, París, Seuil, 1965; J. Martínez Contreras, *Sartre. La filosofía del hombre,* México, Siglo XXI, 1980; A. Renaut, *Sartre, le dernier philosophe,* París, Librairie Générale Française, 2000.
26. M. Heidegger, *Carta sobre el humanismo,* trad. de H. Cortés y A. Leyte, Madrid, Alianza, 2000.
27. C. Amorós, «Sartre», cit., 337.
28. F. Nietzsche, *Así habló Zaratustra,* trad. de A. Sánchez Pascual, 1972, 132.
29. L. Kolakowski, *Si Dios no existe...,* trad. de M. Sansigre, Madrid, Tecnos, 1985, 214.
30. En general, las elegidas por Sartre –¿en un guiño a los comunistas de la época, anterior al famoso diálogo cristiano-marxista?– no parecen desde luego las mejores, de la señorita Mercier al «notable» jesuita (fracasado, pueril y hábil en su autoengaño) y todos aquellos cristianos desesperados que, de mala fe, proyectan en los existencialistas su propia desesperación, con los que concluye la conferencia. Me ocupé de algunas de esas cuestiones en C. Gómez Sánchez, «Tensiones entre ética y religión», en *Freud, crítico de la Ilustración. (Ensayos sobre psicoanálisis, religión y ética),* Barcelona, Crítica, 1988, cap. IV.
31. F. Nietzsche, *El gay saber,* trad. de L. Jiménez Moreno, Madrid, Narcea, 1973, especialmente parágrafos 125 y 343. El sentido de estos pasajes está sujeto a una amplia controversia. Entre otros estudios pueden consultarse al respecto: E. Fink, *La filosofía de Nietzsche,* trad. de A. Sánchez Pacual, Madrid, Alianza, 1966; M. Heidegger, «La frase de Nietzsche "Dios ha muerto"», en *Caminos del bosque,* trad. de H. Cortés y A. Leyte, Madrid, Alianza, 1998, 157-198; O. Reboul, *Nietzsche, crítico de Kant,* trad. de J. Quesada y J. Lasaga, Barcelona, Anthropos, 1993; P. Valadier, *Nietzsche y la crítica del cristianismo,* trad. de E. Rodríguez Navarro, Madrid,

Cristiandad, 1982; G. Vattimo, *Introducción a Nietzsche,* trad. de J. Binaghi, Barcelona, Península, 1987.
32. K.-O. Apel, «El *a priori* de la comunidad de comunicación y los fundamentos de la ética», en *La transformación de la filosofía, II,* trad. cast. de A. Cortina, J. Chamorro y J. Conill, Madrid, Taurus, 1985, 341-413, cit. 351.
33. Pueden verse al respecto, entre otros, L. Kolakowski, *Las principales corrientes del marxismo,* 3 vols., trad. de J. Vigil, Madrid, Alianza, 1980-1983; para la relación con la ética, cf. V. Zapatero (ed.), *Socialismo y ética: textos para un debate,* Madrid, Debate, 1980.
34. E. Bloch, *Das Prinzip Hoffnung,* Frankfurt, Suhrkamp, 1959 (trad. cast. de F. González Vicén, Madrid, Aguilar, 1977-1980). Sobre Bloch pueden consultarse: J. A. Gimbernat, *Ernst Bloch. Utopía y esperanza,* Madrid, Cátedra, 1983; J. Gómez Caffarena y otros, *En favor de Bloch,* Madrid, Taurus, 1979; J. M.ª Gómez-Heras, *Sociedad y utopía en E. Bloch,* Salamanca, Sígueme, 1977; J. Habermas, «Un Schelling marxista», en *Perfiles filosófico-políticos,* trad. de M. Jiménez Redondo, Madrid, Taurus, 1984, 127-143; J. Pérez del Corral, *El marxismo cálido: E. Bloch,* Madrid, Mañana, 1977; V. Ramos Centeno, *Utopía y razón práctica en E. Bloch,* prólogo de J. Muguerza, Madrid, Endymion, 1992; P. Zudeick, *E. Bloch: vida y obra,* trad. de J. Monter, Valencia, Alfons el Magnànim, 1992. Los números 146-147 (coordinados por J. M.ª Gómez-Heras) y el núm. 41 de los «Suplementos» de la revista *Anthropos,* ambos de 1993, están íntegramente dedicados a E. Bloch.
35. De las relaciones entre Freud y Bloch me he ocupado en «Psicoanálisis, ética, utopía», en C. Gómez Sánchez, *Freud, crítico de la Ilustración. (Ensayos sobre psicoanálisis, religión y ética),* Barcelona, Crítica, 1998, cap. 3.
36. E. Bloch, *El principio esperanza,* cit., III, 286.
37. Ibíd., III, 501.
38. E. Bloch, *Derecho natural y dignidad humana,* trad. de F. González Vicén, Madrid, Aguilar, 1980, 280.
39. L. Kolakowski, *El mito de la autoidentidad humana,* trad. de J. Álvarez, Valencia, Teorema, 1976. La objeción ha sido recogida, como tendremos ocasión de ver, por J. Muguerza, sobre todo en los capítulos VIII («Razón, utopía, disutopía») y

IX («Un colofón teológico-político») de *Desde la perplejidad (Ensayos sobre la ética, la razón y el diálogo)*, Madrid, FCE, 1990 (3.ª ed., 1996).
40. E. Bloch, *Subjekt-Objekt. Erläuterungen zu Hegel*, Frankfurt, Suhrkamp, 1962 (ed. ampliada de la versión original de 1949; trad. cast. de W. Roces, J. M.ª Ripalda, G. Hirata y J. Pérez del Corral, México, FCE, 1982, 414-417). Cf. también: A. Pérez Quintana, «Lo posible por libertad en la *Crítica de la razón práctica*. (Bloch ante Hegel y Kant)», en J. Muguerza y R. R. Aramayo (eds.), *Kant después de Kant*, Madrid, Tecnos, 1989, 530-553; A. Valcárcel, *Hegel y la ética. Sobre la superación de la «mera moral»*, prólogo de J. Muguerza, Barcelona, Anthropos, 1988.
41. J. Moltmann, *Theologie der Hoffnung*, Múnich, Kaiser, 1966 (trad. cast. de A. P. Sánchez Pascual, Salamanca, Sígueme, 1968). La confrontación entre Bloch, la Escuela de Frankfurt y Moltmann la abordé en C. Gómez Sánchez, *Identidad y relevancia del cristianismo. Introducción al pensamiento de J. Moltmann*, Madrid, UNED, 1987. Desde este punto de vista pueden también consultarse, entre otros, J. M.ª Mardones, *Teología e Ideología*, Bilbao, Universidad de Deusto, 1979; J. J. Tamayo Acosta, *Religión, razón y esperanza*, Estella, EVD, 1992.
42. Un estudio de conjunto lo realicé en C. Gómez Sánchez, «La Escuela de Frankfurt: Jürgen Habermas», en F. Vallespín (ed.), *Historia de la teoría política, VI*, Madrid, Alianza, 1995, 219-258. Entre las diversas obras que cabe recordar, la clásica es la de M. Jay, *The dialectical Imagination*, Boston, Little Brown, 1973 (trad. cast. de J. C. Curutchet, Madrid, Taurus, 1974); más reciente es el balance de D. Held, *Introduction to Critical Theory*, Berkeley, Univ. of California Press, 1980. Cf., asimismo, A. Cortina, *Crítica y utopía: la Escuela de Frankfurt*, prólogo de J. Muguerza, Madrid, Cincel, 1985; F. Colom, *Las caras del Leviatán. Una lectura política de la teoría crítica*, Barcelona, Anthropos, 1992; J. Muñoz, «La Escuela de Frankfurt y los usos de la utopía», en *Lecturas de filosofía contemporánea*, Barcelona, Ariel, 1984, 143-204; C. Thiebaut, «La Escuela de Frankfurt», en V. Camps (ed.), *Historia de la ética, III*, cit., 441-480.
43. M. Horkheimer, Th. W. Adorno, *Dialéctica de la Ilustración*, trad. e introducción de J. J. Sánchez, Madrid, Trotta, 1994.

44. M. Horkheimer, «La nostalgia por lo totalmente Otro», en *Anhelo de justicia. Contra la lógica de la historia,* trad. e introducción de J. J. Sánchez, Madrid, Trotta, 2000.
45. Además de las obras referentes a la Escuela de Frankfurt antes citadas (muchas de las cuales incluyen estudios sobre Habermas), pueden consultarse sobre éste, entre otras, las siguientes: el mejor estudio de conjunto (que, en el epílogo a la edición española, incluye un artículo sobre la *Teoría de la acción comunicativa)* es el de Th. McCarthy, *La teoría crítica de J. Habermas,* trad. de M. Jiménez Redondo, Madrid, Tecnos, 1987. Otros trabajos a los que puede acudirse son: M. Boladeras, *Comunicación, ética y política: Habermas y sus críticos,* Madrid, Tecnos, 1966; A. Guiddens y otros, *Habermas y la modernidad,* introducción de R. Berstein, trad. de F. Rodríguez, Madrid, Cátedra, 2.ª ed., 1991; Th. McCarthy, *Ideales e ilusiones. Reconstrucción y deconstrucción en la teoría crítica contemporánea,* trad. de A. Rivero, Madrid, Tecnos, 1992; J. Muguerza, «Más allá del contrato social (Venturas y desventuras de la ética comunicativa)», en *Desde la perplejidad,* cit., cap. VII; J. C. Velasco, *Para leer a Habermas,* Madrid, Alianza, 2000; A. Wellmer, *Ética y diálogo. Elementos del juicio moral en Kant y en la ética del discurso,* prólogo de M.ª Pía Lara, trad. de F. Morales, Barcelona, Anthropos, 1994.
46. J. Habermas, «Ética del discurso. Notas sobre un programa de fundamentación», en *Conciencia moral y acción comunicativa,* trad. de R. García Cotarelo, Barcelona, Península, 1985, 57-134.
47. J. Habermas, *Die Einbeziehung des Anderen,* Frankfurt, Suhrkamp, 1996 (trad. cast. de J. C. Velasco y G. Vilar, *La inclusión del otro,* Barcelona, Paidós, 1999).
48. Th. McCarthy, *La teoría crítica de Jürgen Habermas,* cit., 377. La referencia de Habermas a la formulación de McCarthy en «Ética del discurso», cit., 88.
49. J. Habermas, «Ética del discurso», cit., 129.
50. J. Habermas, *La inclusión del otro,* cit. 24.
51. J. Habermas, *Nachmetaphysisches Denken,* Frankfurt, Suhrkamp, 1988 (trad. cast. de M. Jiménez Redondo, *Pensamiento postmetafísico,* Madrid, Taurus, 1990).
52. La mayor parte de ellos están recogidos en J. Habermas, *Fragmentos filosófico-teológicos. De la impresión sensible a la*

expresión simbólica, trad. de J. C. Velasco, Madrid, Trotta, 1999; ibíd., *Israel o Atenas. Ensayos sobre religión, teología y racionalidad,* ed. de E. Mendieta, trad. de E. Mendieta y J. C. Velasco, Madrid, Trotta, 2000. Cf. asimismo: J. M.ª Mardones, *El discurso religioso de la modernidad. Habermas y la religión,* Barcelona, Anthropos, 1998.
53. J. Habermas, «Los usos pragmáticos, éticos y morales de la razón práctica», en *Erläuterungen zur Diskursethik,* Frankfurt, Suhrkamp, 1991 (trad. cast. de J. Mardomingo, *Aclaraciones a la ética del discurso,* Madrid, Trotta, 2000). Previamente había aparecido, en trad. de Hans Sättele, en M. Herrera (coord.), *Jürgen Habermas: moralidad, ética y política. Propuestas y críticas,* México, Alianza, 1993, 59-78.
54. Cf. K. O. Apel, *Transformation der Philosophie,* Frankfurt, Suhrkamp, 1972-1973 (trad. cast. de A. Cortina, J. Chamorro y J. Conill, Madrid, Taurus, 1985); *Estudios éticos,* trad. de C. de Santiago, Barcelona, Alfa, 1986. Sobre K. O. Apel, el mejor estudio de conjunto en castellano es el de A. Cortina, *Razón comunicativa y responsabilidad solidaria. Ética y política en K. O. Apel,* epílogo de K. O. Apel, Salamanca, Sígueme, 1985; cf. también J. Muguerza, «De la intrascendentalidad de la razón», en *Desde la perplejidad,* cit., cap. III.
55. J. Rawls, *A Theory of Justice,* Cambridge, Mass., Harvard Univ. Press, 1971 (trad. cast. de M.ª D. González, México, FCE, 1979); *Political Liberalism,* Nueva York, Columbia Univ. Press, 1993 (trad. cast. de A. Domènech, Barcelona, Crítica, 1996). Sobre Rawls pueden consultarse: M.ª J. Agra, *Rawls: el sentido de justicia en una sociedad democrática,* Universidad de Santiago, 1985; V. Camps, *La imaginación ética,* Barcelona, Seix Barral, 1983; A. Cortina, *Ética mínima,* Madrid, Tecnos, 1986; J. Muguerza, «Entre el liberalismo y el libertarismo. (Reflexiones desde la ética)», en *Desde la perplejidad,* cit., cap. V; J. Rubio Carracedo, *Paradigmas de la política. Del Estado justo al Estado legítimo (Platón, Marx, Rawls, Nozick),* Barcelona, Anthropos, 1993; F. Vallespín, *Nuevas teorías del contrato social: J. Rawls, R. Nozick y J. Buchanam,* Madrid, Alianza, 1985; F. Vallespín, *Para leer a Rawls,* Madrid, Alianza, 2000; VV. AA., «J. Rawls: Le politique», *Revue de Metaphysique et de Morale,* 93/1 (1988); VV. AA., *Individu et justice sociales: Autour de J. Rawls,* París, Seuil, 1988.

56. J. Rawls, *Justicia como equidad. Materiales para una teoría de la justicia*, trad. y presentación de M. A. Rodilla, Madrid, Tecnos, 1986, 91-92.
57. J. Rawls, *El liberalismo político*, cit., especialmente caps. VI («La idea de una razón pública») y VIII («Los límites impuestos por la razón pública»).
58. Cf. J. Habermas y J. Rawls, *Debate sobre el liberalismo político*, introd. de F. Vallespín, trad. de G. Vilar, Barcelona, Paidós, 1998; cf. también, J. Rawls, «El derecho de gentes», *Isegoría*, 16 (1997), 5-36.
59. Ch. Taylor, *Fuentes del yo*, trad. de A. Lizón, Barcelona, Paidós, 1997; ibíd., *La ética de la autenticidad*, trad. de P. Carbajosa, introducción de C. Thiebaut, Barcelona, Paidós, 1994. Cf. también «Atomism», en *Philosophy and the Human Sciences. Philosophical Papers, 2*, Cambridge, Cambridge Univ. Press, 1985, 187-210; ibíd., «The Politics of Recognition», en A. Gutnam (comp.), *Multiculturalism,* Princenton, Princenton Univ. Press, 1994, 25-73.

Sobre ese debate, además de las obras referidas al hablar de Habermas y Rawls, pueden consultarse: R. Dworkin, *Ética privada e igualitarismo político*, trad. de A. Domènech, introducción de F. Vallespín, Barcelona, Paidós, 1993; W. Kymlicka, *Ciudadanía multicultural*, trad. de C. Castells, Barcelona, Paidós, 1996; A. Macintyre, *Tras la virtud*, trad. de A. Valcárcel, Barcelona, Crítica, 1987; ibíd., *Tres versiones rivales de la ética*, trad. de R. Rovira, Madrid, Rialp, 1992; ibíd., *Justicia y racionalidad*, trad. de G. Sisón, Madrid, Eiunsa, 1994; M. Sandel, *Liberalism ant the Limitsof Justice*, Cambridge, Cambridge Univ. Press, 1982; M. Walzer, *Esferas de la justicia*, México, FCE, 1993.

Los mejores estudios de conjunto realizados sobre el tema en España son los de C. Thiebaut *Los límites de la comunidad* (Madrid, Centro de Estudios Constitucionales, 1992) y *Vindicación del ciudadano. Un sujeto reflexivo en una sociedad compleja* (Barcelona, Paidós, 1998). A propósito de ellos mantuve con C. Thiebaut dos conversaciones que han sido publicadas en *Revista internacional de Filosofía Política*, 3 (1994), 167-175 («Universalidad, pluralismo cultural e identidad, moral»), y en *Laguna,* 6 (1999), 303-314 («Cosmopolitismo multicultural y sujeto reflexivo»).

Cf. también: J. Álvarez, *Individuo, libertad y comunidad. Liberalismo y republicanismo, dos modos de entender la ciudadanía*, La Coruña, Ludus, 2000; V. Camps, *Virtudes públicas*, Madrid, Espasa, 1990; A. Cortina, *Ética sin moral*, Madrid, Tecnos, 1990; A. Domènech, *De la ética a la política*, Barcelona, Crítica, 1989; J. Muguerza, «Los peldaños del cosmopolitismo», en R. R. Aramayo, J. Muguerza y C. Roldán (eds.), *La paz y el ideal cosmopolita de la Ilustración*, Madrid, Tecnos, 1996, 347-374; J. Rubio Carracedo, *Educación moral, postmodernidad y democracia. Más allá del liberalismo y del comunitarismo*, Madrid, Trotta, 1996.

60. P. Ricoeur, *Soi-même comme un autre,* París, Seuil, 1990 (trad. cast. de A. Neira, Madrid, Siglo XXI, 1996, 317). Sobre P. Ricoeur pueden consultarse: R. Ávila y T. Calvo, *Paul Ricouer: los caminos de la interpretación*, Barcelona, Anthropos, 1991; J. Greisch y R. Kearney (eds.), *P. Ricoeur: Les métamorphoses de la raison herméneutique,* París, Cerf, 1991; M. Maceiras y J. Trebolle, *La hermenéutica contemporánea*, Madrid, Cincel, 1990; M. Peñalver, *La búsqueda del sentido en el pensamiento de P. Ricoeur,* Universidad de Sevilla, 1978; el núm. 181 de la revista *Anthropos* está dedicado íntegramente a P. Ricoeur.

61. P. Ricoeur, *De l'interprétation. Essai sur Freud,* París, Seuil, 1965 (trad. cast. de A. Suárez, *Freud. Una interpretación de la cultura,* Madrid, Siglo XXI, 1970).

62. Para la discusión con Lévinas, sólo implícita en el texto que presentamos, puede acudirse a *Sí mismo como otro,* cit., especialmente 373- 379, así como a P. Ricoeur, *Autrement,* París, PUF, 1991 (trad. cast. de A. Sucasas, *De otro modo. Lectura de De otro modo que ser o más allá de la esencia de Emmanuel Lévinas,* presentación de M. Maceiras, Barcelona, Anthropos, 1991). Frente a la primacía de la alteridad absoluta defendida por Lévinas, Ricoeur insiste (más allá de las críticas al lenguaje excesivo, kerigmático e hiperbólico de Lévinas) en que una respuesta responsable a la llamada del otro ha de presuponer «una capacidad de acogida, de discriminación y de reconocimiento, que proviene, en mi opinión, de una filosofía del Mismo distinta de aquella a la que replica la filosofía del Otro» (*Sí mismo como otro,* cit., 377), pues, como se apunta en el texto de esta antología, «decir sí no es decir yo.

El sí implica ya lo otro, si es que se puede decir de alguien que se estima a sí mismo como a otro. En realidad, sólo por abstracción se ha podido hablar de la estima de sí sin ponerla en relación con una demanda de reciprocidad». Es preciso, por tanto, superar la hipérbole de la separación, del lado del Mismo, a la que responde la hipérbole de la epifanía, del lado del Otro: «En efecto, si la interioridad sólo estuviese determinada por la voluntad de repliegue y de cierre, ¿cómo entendería nunca una palabra que le sería tan extraña que sería como nada para una existencia insular? Hay que reconocer al sí una capacidad de acogida que resulta de una estructura reflexiva, definida mejor por su poder de reasunción sobre objetivaciones previas que por una separación inicial. Más aún, ¿no hay que unir a esta capacidad de acogida una capacidad de discernimiento? [...], ¿no es necesario que el lenguaje aporte sus recursos de comunicación, por tanto de reciprocidad? [...]. En una palabra, ¿no es preciso que una dialógica superponga la relación a la distancia supuestamente absoluta entre el yo separado y el Otro que enseña?» *(Sí mismo como otro,* cit., 377-378).

63. Ibíd., 320.
64. M. Foucault, «La ética del cuidado de sí como práctica de la libertad», en *Estética, ética y hermenéutica. Obras esenciales, III,* trad. e introducción de A. Gabilondo, Barcelona, Paidós, 1999, 393-416. Sobre M. Foucault, cf. J. Álvarez, *M. Foucault: verdad, poder, subjetividad. La modernidad cuestionada,* Madrid, Edics. Pedagógicas, 1995; F. Álvarez-Uría y J. Varela, «Prólogo» a M. Foucault, *Saber y verdad,* Madrid, La Piqueta, 1985, 7-30; H. L. Dreyfus y P. Rabinow, *M. Foucault. Beyond Structuralism and Hermeneutics,* Univ. of Chicago Press, 1982; G. Deleuze, *Foucault,* París, Minuit, 1986 (trad. cast. de J. Vázquez, Barcelona, Paidós, 1987); Á. Gabilondo, *El discurso en acción,* Barcelona, Anthropos, 1990; J. Habermas, «Foucault: desenmascaramiento de las ciencias humanas en términos de crítica a la razón», en *El discurso filosófico de la Modernidad,* trad. de M. Jiménez Redondo, Madrid, Taurus, 1989, 285-318; F. J. Martínez, *Las ontologías de M. Foucault,* Madrid, FIM, 1994; M. Morey, *Lectura de Foucault,* Madrid, Taurus, 1983; J. Sauquillo, *M. Foucault: una filosofía de la acción,* Madrid, Centro de Estudios Constitucionales, 1989;

ibíd., «El discurso crítico de la modernidad: M. Foucault», en F. Vallespín (ed.), *Historia de la teoría política, VI,* cit., 259-305; P. Veyne, «Le dernier Foucault et sa morale», *Critique,* 471-472 (1986), 933-941

65. M. Foucault, *Historia de la sexualidad, 2. El uso de los placeres,* trad. de M. Soler, Madrid, Siglo XXI, 1987, 14.
66. También Ch. Taylor ha criticado las ambigüedades del proceso de «subjetivación» y ha puesto de relieve, relacionando actitudes éticas y estéticas, la necesidad de distinguir, en esa evolución, entre la *manera* y el *contenido* de la acción. Cf. *La ética de la autenticidad,* cit., especialmente caps. VI y VIII.
67. M. Foucault, «¿Qué es la Ilustración?», en *Estética, ética, hermenéutica,* cit., 335-352.
68. M. Foucault, «¿Es inútil sublevarse?», en *Estética, ética y hermenéutica,* cit., 203-207, cit. 203.
69. Para las relaciones de ética y estética puede consultarse A. Valcárcel, *Ética contra estética,* Barcelona, Crítica.
70. J. L. L. Aranguren, *Obras Completas,* 6 vols., ed. de F. Blázquez, Madrid, Trotta, 1994-1996. Una bibliografía muy completa sobre Aranguren, preparada por F. Blázquez, se encuentra en el número homenaje que le dedicó, con motivo de su fallecimiento, la revista *Isegoría* (núm. 15, 1997), en el que se recogen numerosos testimonios, estudios y una amplia entrevista con él mantenida en 1992 por Javier Mugerza. Una presentación general de su obra la realicé en C. Gómez Sánchez, «El plural legado filosófico de Aranguren», *Éndoxa,* 12 (2000). Cf. también, entre muchos otros: J. L. Abellán, *El pensamiento español: de Séneca a nuestros días,* Madrid, Espasa-Calpe, 1996; E. Bonete, *Aranguren: la ética entre la religión y la política,* prólogo de J. Muguerza, Madrid, Tecnos, 1989; F. Gracia, J. Muguerza, V. Sánchez de Zavala, *Teoría y sociedad. (Homenaje al profesor Aranguren con motivo de su sesenta cumpleaños),* Barcelona, Ariel, 1970; A. Guy, *Historia de la filosofía española,* trad. de A. Sánchez, Barcelona, Anthropos, 1985; C. Hermida del Llano, *La filosofía moral y jurídico-política de J. L. L. Aranguren,* Madrid, UAM, 1998; J. Muguerza F. Quesada y R. R. Aramayo, *Ética día tras día. (Homenaje al profesor Aranguren en su ochenta cumpleaños),* Madrid, Trotta, 1991.
71. Cf. J. L. L. Aranguren, *La democracia establecida: una crítica intelectual,* Madrid, Taurus, 1979.

72. J. Muguerza, F. Quesada y R. R. Aramayo, *Ética día tras día,* cit. En él, además de los editores, colaboramos: Saturnino Álvarez Turienzo, Feliciano Blázquez, Gabriel Bello, Domingo Blanco, Victoria Camps, Adela Cortina, Elías Díaz, Eusebio Fernández, Manuel Fraijó, Antonio García-Santesmases, José Gómez Caffarena, José María Gómez Heras, Carlos Gómez Sánchez, José María González García, José Jiménez, Emilio Lledó, Ana Lucas, Manuel Reyes Mate, José Montoya, José Enrique Rodríguez Ibáñez, Xavier Rubert de Ventós, José Rubio Carracedo, Javier Sádaba, Fernando Savater, Carlos Thiebaut, Amelia Valcárcel, José María Valverde y Gerard Vilar.
73. J. Muguerza, «El largo viaje ético de Aranguren», *El País,* 4 de marzo de 1995, 9-10.
74. V. Camps, «La obstinada perplejidad de J. Muguerza», *Isegoría,* 4 (1991), 208-212, cit. 208. Realicé un estudio de conjunto, algo más amplio de lo que aquí es posible, de la obra de J. Muguerza en C. Gómez Sánchez, «La esperanza en la razón. (Sobre la trayectoria filosófica de Javier Muguerza, 1975-2000)», en F. Álvarez y R. R. Aramayo (eds.), *A veinte años de «La razón sin esperanza»* (en prensa), en el que asimismo colaboran: V. Camps, M. Cruz, A. Domènech, M. Fraijó, J. M.ª González, E. Pérez Sedeño, P. Ródenas, C. Thiebaut, A. Valcárcel y A. Valdecantos. Sobre J. Muguerza pueden consultarse también: G. Díaz, *Hombres y documentos de la Filosofía española,* Madrid, vol. V, 1994; A. Guy, *Historia de la Filosofía española,* cit.; M. A. Quintanilla (ed.), *Filosofía y necesidad* (en prensa), además de los numerosos comentarios, en revistas especializadas, suscitados por su obra *Desde la perplejidad,* cit.
75. J. Muguerza, «La teoría de las revoluciones científicas. (Una revolución en la teoría contemporánea de la ciencia)», en *La crítica y el desarrollo del conocimiento,* Barcelona, Grijalbo, 1975, 13-80. Cf. también F. Zamora Baño, «La recepción de Th. S. Kuhn en España», en C. Solís (ed.), *Ensayos en homenaje a Th. S. Kuhn, Éndoxa,* 9 (1997), 187-210; J. Muguerza, «La introducción de Kuhn en España. (Una visión retrospectiva)», en C. Solís (ed.), *Alta tensión. Historia, filosofía y sociología de la ciencia. Ensayos en homenaje a Th. S. Kuhn,* Barcelona, Paidós, 1998, 75-93.
76. J. Muguerza, «Esplendor y miseria del análisis filosófico», en *La concepción analítica de la filosofía. 1,* Madrid, Alianza, 1974, 15-138.

77. J. Muguerza, *La razón sin esperanza. (Siete trabajos y un problema de ética)*, Madrid, Taurus, 1977 (2.ª ed., 1986).
78. J. Muguerza, «Kant y el sueño de la razón», en C. Thiebaut (ed.), *La herencia ética de la Ilustración*, Barcelona, Crítica, 1991, 9-36. Entre nosotros el principal defensor de una visión de conjunto diferente es J. Gómez Caffarena, sobre todo en *El teísmo moral de Kant*, Madrid, Cristiandad, 1983. Un comentario, a la vez elogioso y crítico, de la postura de Caffarena por parte de J. Muguerza se encuentra en «Las razones de Kant», en *Desde la perplejidad*, cit., 591-610. Sobre estas cuestiones puede verse también J. Muguerza y R. R. Aramayo (eds.), *Kant después de Kant*, cit.
79. El tratamiento de temas próximos a la filosofía de la religión no ha sido descuidado por J. Muguerza. Al respecto pueden consultarse, entre otros: «Teología filosófica y lenguaje religioso», en Varios, *Convicción de fe y crítica racional*, Salamanca, Sígueme, 1973, 261-276; «La profesión de fe del increyente: un esbozo de (anti)teodicea», en M. Fraijó y J. Masiá (eds.), *Cristianismo e Ilustración. Homenaje al profesor José Gómez Caffarena en su setenta cumpleaños*, Madrid, Universidad Pontificia de Comillas, 1995, 185-213, así como el cap. IX («Un colofón teológico-político») de *Desde la perplejidad*, cit. Sobre estos y otros asuntos he mantenido con él dos entrevistas: «La ética de nunca acabar» *(Disenso*, 2, 1993, 10-12) y «*Etsi Deus daretur:* interrogantes religiosos de un planteamiento ético» (en prensa).
80. J. Muguerza, *Desde la perplejidad. (Ensayos sobre la ética, la razón y el diálogo)*, Madrid, FCE, 1990 (3.ª ed., 1996). Algunos textos que podrían considerarse «borradores» han sido traducidos al alemán con el título de *Ethik der Ungewissheit*, Friburgo-Múnich, Karl Alber, 1991. Una edición abreviada en trad. inglesa, *Value Inquiry, Book Series*, Atlanta-Amsterdam (en prensa).
81. J. Muguerza, «De la conciencia al discurso: ¿un viaje de ida y vuelta?», en J. A. Gimbernat (ed.), *La filosofía moral y política de J. Habermas*, Madrid, Biblioteca Nueva, 1997, 63-110. El libro recoge las ponencias presentadas en el curso «La recepción de Habermas en España», celebrado en El Escorial en 1994. A las intervenciones de J. A. Gimbernat y J. Muguerza se sumaron las del propio Habermas, C. Lafont, Th. McCarthy, I. Sotelo, F. Vallespín, A. Wellmer y L. Wingert. Cf. asimis-

mo, del propio J. Muguerza, «El tribunal de la conciencia y la conciencia del tribunal. (Una reflexión ético-jurídica sobre la ley y la conciencia)», *Doxa,* 15-16 (1994), 535-559. De alguna de estas cuestiones me ocupé en C. Gómez Sánchez, «Conciencia moral», en A. Cortina (ed.), *Diez palabras clave en Ética,* Estella, EVD, 1994, 17-70.

82. «La alternativa del disenso», en J. Muguerza y otros, *El fundamento de los derechos humanos,* ed. de G. Peces-Barba, Madrid, Debate, 1989, 19-56. (La edición inglesa se encuentra en «The Alternative of Dissent», ed. G. B. Peterson, *The Tanner Lectures on Human Values,* vol. X, Cambridge, 1987.)

83. Se podrá observar aquí, pese a las diferentes orientaciones de conjunto, la coincidencia con las tesis mantenidas al respecto por P. Ricoeur en el artículo «Ética y moral». Cf. de J. Muguerza, «Primado de la autonomía. (¿Quiénes trazan las lindes del "coto vedado"?)», en R. R. Aramayo, J. Muguerza y A. Valdecantos (eds.), *El individuo y la historia. Antinomias de la herencia moderna,* Barcelona, Paidós, 1995, 133-154. Se encuentra recogido, junto a «La alternativa del disenso», en *Ética, disenso y derechos humanos. (En conversación con E. Garzón Valdés),* Madrid, Argés, 1998. Cf., asimismo: *El puesto del hombre en la cosmópolis,* Madrid, UNED, 1998, y *Ética pública y Estado de derecho,* Madrid, Fundación Juan March, 2000, en el que también colaboran E. Díaz, A. García-Santesmases, F. Laporta y C. Thiebaut.

84. De esa labor dan buena cuenta, entre otros trabajos, *Ethik aus Unbehagen. 25 Jahre etische Diskussion in Spanien,* Friburgo-Múnich, Karl Alber, 1991; «Philosophische Reflexion zum Standart der Wahrheit in der Erziehung», en E. Garzón Valdés y R. Zimmerling (eds.), *Facetten der Wahrheit,* Friburgo-Múnich, Karl Alber, 1996, 111-141; *Isegoría. Revista de filosofía moral y política,* dirigida por Javier Muguerza y publicada por el Instituto de Filosofía del CSIC, del que fue primer director, así como el impulso dado a la *Enciclopedia Iberoamericana de Filosofía* (dirigida por M. Reyes Mate) desde su comité académico, proyecto este en el que colaboran el Instituto de Investigaciones Filosóficas de la Universidad Nacional Autónoma de México, el Centro de Investigaciones Filosóficas de Buenos Aires y el propio Instituto de Filosofía del CSIC (Madrid), dirigido hoy por José M.ª González.

Doce textos de Ética

I. La filosofía analítica

1. George E. Moore:
El tema de la ética*

1. Es muy fácil señalar algunos de nuestros juicios cotidianos, cuya verdad concierne indudablemente a la ética. Cuando decimos «Fulano es un buen hombre» o «Mengano es un malvado», cuando preguntamos «¿qué debo hacer?» o «¿es malo que haga algo así?», o cuando hacemos observaciones tales como «la temperancia es una virtud y el alcoholismo un vicio», toca indudablemente a la ética examinar tales preguntas y afirmaciones, argüir acerca de cuál sea la verdadera respuesta cuando preguntamos qué es correcto hacer y ofrecer razones para opinar que nuestros asertos, sobre el carácter de las personas o la moralidad de sus acciones, son verdaderos o falsos. Casi en todos los casos, cuando formamos pro-

---

* G. E. Moore, *Principia Ethica*, 2.ª ed. rev., ed. e introd. de Th. Baldwin, trad. de A. García Díaz, México, UNAM, 1997, cap. 1, apdos. 1-13, pp. 77-93.

posiciones que encierran términos como «virtud», «vicio», «deber», «correcto», «debe», «bueno», «malo», estamos haciendo juicios éticos; y, si deseamos examinar su verdad, estaremos examinando un tema de la ética.

Esto no se discute; pero está muy lejos de definir el ámbito de la ética. Ese ámbito puede, sin duda, definirse como la verdad íntegra acerca de lo que al mismo tiempo es común a todos estos juicios y peculiar de ellos. Pero aún tenemos que plantear la pregunta: ¿Qué es, pues, eso que es común y peculiar? Y ésta es una pregunta a la que filósofos de la ética de reconocido prestigio han dado respuestas muy diferentes, aunque tal vez ninguna sea completamente satisfactoria.

2. Si atendemos a ejemplos como los dados más atrás, no estaremos muy errados al decir que a todos ellos concierne el problema de la «conducta» —el problema de qué sea bueno y qué malo, qué recto y qué errado en nuestra conducta de seres humanos—. Pues, cuando decimos que un hombre es bueno, estamos comúnmente dando a entender que obra rectamente, y cuando decimos que el alcoholismo es un vicio, estamos, por lo común, dando a entender que entregarse a él es una acción errónea o malvada. Y es con este examen de la conducta humana con lo que el nombre «ética» está más íntimamente asociado. Asociado así por derivación; y la conducta indudablemente es con mucho el más común, más general e interesante objeto de los juicios éticos.

En consecuencia, encontramos que muchos moralistas están dispuestos a aceptar, como definición adecuada de «ética», la afirmación de que se ocupa del problema de lo que es bueno o malo en la conducta humana. Ellos sostienen que sus investigaciones están confinadas propiamente al campo de la «conducta» o de la «práctica»; sostienen que la «filosofía práctica» abarca toda la temática con que tiene que ver. Ahora bien, sin entrar en la discusión del sentido propio de la palabra (ya que los problemas verbales se dejan adecuadamente en manos de los lexicógrafos y demás personas interesadas en la literatura, y a la filosofía –como ya veremos– no le conciernen), puedo decir que me propongo usar «ética» para abarcar más que esto; un uso respaldado, según me parece, por suficiente y bastante autoridad. La usaré para abarcar una investigación para la que no se cuenta, de cualquier modo, con otra palabra: la investigación general de qué sea bueno.

A la ética concierne, sin duda alguna, el problema de saber qué es la conducta buena; pero, concerniéndole, obviamente no comenzará por el principio a menos que esté ya en disposición de decirnos qué es bueno y qué es la conducta. Pues «buena conducta» es una noción compleja; no toda conducta es buena, ya que algunas son ciertamente malas y otras pueden ser indiferentes. Por otra parte, además de la conducta, otras cosas pueden ser buenas y, si lo son, entonces «bueno» denota cierta propiedad que es común a ellas y a la conducta. Y si examinamos sólo la conducta buena, con exclusión de las cosas buenas, estaremos en riesgo de confundir dicha propiedad con alguna otra de la que no participan aquellas cosas; nos habremos, pues, equivocado por lo que toca a la ética, así sea en este limitado sentido, dado que no habremos conocido lo que es realmente la conducta buena. Ésta es una equivocación que de hecho han cometido muchos tratadistas, por limitar sus investigaciones a la conducta. Por ende, trataré de evitarla llevando a primer término la consideración de lo que es bueno en general, con la esperanza de que, si podemos obtener alguna certeza por lo que toca a esto, sea mucho más fácil plantear la pregunta acerca de la buena conducta; ya que todos conocemos bastante bien lo que es la «conducta». Nuestra primera pregunta es, pues, ¿qué es bueno y qué malo? Y al examen de esta pregunta (o preguntas) le doy el nombre de «ética», puesto que tal ciencia debe incluirla siempre.

3. Pero ésta es una pregunta que puede tener muchos sentidos. Por ejemplo, si alguien dijera «Ahora estoy actuando bien» o «Cené bien ayer», cada una de estas proposiciones sería alguna respuesta a nuestra pregunta, aunque quizá fuera falsa. Así, de la misma manera, cuando A pregunta a B en qué escuela debe inscribir a su hijo, la respuesta de B será, ciertamente, un juicio ético. Y de manera similar, toda adjudicación de alabanzas o censuras a cualquier persona o cosa que haya existido, exista o llegue a existir, da una cierta respuesta a la pregunta «¿Qué es bueno?». En todos estos casos se juzga una cosa particular como si fuera buena o mala; la pregunta «¿qué?» se responde con un «esto». Pero ése no es el sentido en que la ética científica plantea la cuestión. Ninguna de las miles y miles de respuestas de esta clase, que deben ser verdaderas, puede formar parte de un sistema de ética; si bien esta ciencia debe contener razones y principios suficientes para decidir acerca de la verdad de todas ellas. Hay demasiadas personas, cosas y sucesos en el mundo, en el pasado, el presente o el porvenir, para

que el examen de sus méritos individuales sea abarcable por cualquier ciencia. La ética, con todo, no se ocupa en absoluto con hechos de esta naturaleza, con hechos que son únicos, individuales, absolutamente particulares, con hechos a que están compelidos a tratar, al menos en parte, estudios como la historia, la geografía o la astronomía. Por esta razón no es asunto del filósofo de la ética hacer advertencias o exhortaciones personales.

4. Pero puede darse un segundo sentido a la pregunta «¿qué es bueno?». «Los libros son buenos» sería una respuesta, si bien una respuesta obviamente falsa; pues algunos libros son en verdad muy malos. Y los juicios éticos de esta clase pertenecen ciertamente a la ética, aunque no me ocuparé de muchos de ellos. Tal es el juicio «el placer es bueno»; un juicio cuya verdad debería examinar la ética, aunque no sea tan importante como otros juicios de los que luego nos ocuparemos bastante, como «*sólo* el placer es bueno». Juicios de esta índole son los que se hacen en libros sobre ética, en cuanto contienen una lista de «virtudes» –la *Ética* de Aristóteles, por ejemplo–. Pero son juicios de esta misma clase precisamente los que forman la sustancia de lo que comúnmente se supone que es un estudio diferente de la ética, y mucho menos respetable: el estudio de la casuística. Se nos podrá decir que la casuística difiere de la ética en que la primera es mucho más detallada y particular y la segunda más general. Pero es muy importante advertir que la casuística no se ocupa con nada que sea absolutamente particular –particular en el único sentido en que puede trazarse una perfecta y precisa línea entre lo particular y lo general–. No particular en el sentido que se

acaba de ver, en el sentido en que este libro es particular y la advertencia de B particular. La casuística puede, con seguridad, ser *más* particular y la ética *más* general; pero eso significa que difieren sólo en grado y no en género. Y esto es universalmente verdadero por lo que toca a lo «particular» y a lo «general», cuando se usan en este común, pero impreciso sentido. En tanto que la ética se permita dar listas de virtudes o incluso nombrar elementos constitutivos de lo ideal, es indistinguible de la casuística. Ambas se ocupan de la misma manera de lo general, en el sentido en que la física y la química se ocupan de lo general. Al igual que la química trata de descubrir cuáles son las propiedades del oxígeno *dondequiera que éste se dé,* y no sólo las de tal o cual espécimen de oxígeno particular, así la casuística trata de descubrir cuáles acciones son buenas *siempre que ocurran*. Bajo este aspecto, la ética y la casuística, a la vez, tienen que ser agrupadas junto a aquellas ciencias como la física, la química y la fisiología, y ser distinguidas absolutamente de aquellas otras de las que son ejemplos la historia y la geografía. Y hay que advertir que, gracias a su naturaleza detallada, las investigaciones casuísticas están realmente más próximas de la física y la química que las investigaciones que usualmente se adscriben a la ética. Pues al igual que la física, que no se contenta con descubrir que la luz se propaga en las ondas de éter, sino que debe proseguir al descubrimiento de la naturaleza particular de las ondas de éter que corresponden a cada color, así la casuística, no contenta con la ley general de que la caridad es una virtud, debe tratar de descubrir los méritos relativos de toda forma distinta de caridad. La casuística, por lo tanto, forma parte del ideal de la ciencia ética; sin ella la ética no puede estar completa. Los defectos de la casuística no son defectos de principio; no puede enderezarse ninguna objeción contra su meta y objeto. Su falla obedece únicamente a que es un tema muy difícil de tratar adecuadamente en nuestro estado actual de saber. La casuística ha sido incapaz de distinguir, en los casos en que interviene, aquellos elementos de que depende su valor. En consecuencia, a menudo considera iguales dos casos por lo que toca al valor, cuando en realidad sólo son iguales en algún otro aspecto. A errores de este género se debe la perniciosa influencia de tales investigaciones. Ya que la casuística es la meta de la investigación ética, no puede intentarse alcanzarla con seguridad al comienzo de nuestros estudios, sino sólo hasta el final.

5. Pero nuestra pregunta «¿qué es bueno?» puede tener aún otro sentido. En tercer lugar, tal vez estemos queriendo preguntar no qué cosa o cosas son buenas, sino cómo hay que definir «bueno». Ésta es una investigación que pertenece sólo a la ética, no a la casuística, y de la que nos ocuparemos en primer término. Es una investigación a la que debe dirigirse la más especial atención, puesto que la interrogante acerca de cómo definir «lo bueno» es la más fundamental de toda la ética. Lo que se entiende por «lo bueno» es, de hecho, exceptuando su opuesto «malo», el *único y simple objeto del pensamiento* que es peculiar de la ética. Su definición es, por ende, punto esencial en la definición de la ética; y, además, un error en esta definición implica un mayor número de juicios éticos errados que cualquier otro. A menos que esta primera pregunta se entienda plenamente y se

reconozca su respuesta correcta, de modo claro, el resto de la ética será inútil, desde la perspectiva del conocimiento sistemático. Aquellos que conozcan la respuesta a esta pregunta, tanto como los que no, pueden ciertamente hacer juicios éticos verdaderos de las dos clases últimas a que nos hemos referido, y no es menester decir que estos dos tipos de personas pueden llevar igualmente una vida buena. Pero es extremadamente improbable que los juicios éticos *más generales* sean igualmente válidos en ausencia de una respuesta correcta a esta pregunta. Luego trataré de mostrar que los más graves errores se deben, en gran medida, a que se cree en una respuesta falsa. En todo caso, es imposible, hasta que ella se conozca, que alguien pueda saber *en qué consiste la evidencia* de cualquier juicio ético. Pero el principal objeto de la ética, en cuanto ciencia sistemática, es ofrecer *razones* correctas para opinar que esto o aquello es bueno, y, a menos de responder esta pregunta, no podrán darse esas razones. Por lo tanto, aun haciendo a un lado el hecho de que una respuesta falsa conduce a conclusiones falsas, la presente investigación es la parte más necesaria e importante de la ciencia de la ética.

6. ¿Qué es, entonces, «bueno»? ¿Cómo hay que definirlo? Podría pensarse que ésta es una pregunta meramente verbal. Una definición intenta a menudo expresar el significado de una palabra mediante otras palabras. Pero ésta no es la clase de definición que busco. Una definición semejante no puede tener una importancia fundamental en ningún estudio, excepto en el lexicográfico. Si buscara esta clase de definición, tendría que considerar, en primer término, cómo se usa generalmente la pa-

labra «bueno»; pero no me importa su uso propio, tal como lo ha establecido la costumbre. Sin duda tendría que ser un insensato si tratara de usarla para algo que ordinariamente no denota: si indicara, por ejemplo, que siempre que uso la palabra «bueno», debe entenderse que estoy pensando en ese objeto que ordinariamente se denota con la palabra «mesa». Por consiguiente, usaré «bueno» en el sentido en que pienso que se usa habitualmente; pero, al mismo tiempo, no estoy ansioso por examinar si estoy en lo cierto al pensar que así se usa. Mi interés se dirige únicamente a ese objeto o idea que, correcta o erróneamente, sostengo que se representa generalmente con esta palabra. Lo que trato de descubrir es la naturaleza de tal objeto o idea y, en relación con esto, me preocupa extremadamente llegar a un acuerdo.

Pero si entendemos la pregunta en este sentido, mi respuesta a ella puede parecer muy decepcionante. Si se me pregunta «¿qué es bueno?», mi respuesta es que bueno es bueno, y ahí acaba el asunto. O si se me pregunta «¿cómo hay que definir bueno?», mi respuesta es que no puede definirse, y eso es todo lo que puedo decir acerca de esto. Pero por decepcionantes que puedan parecer, estas respuestas son de fundamental importancia. A los lectores que están familiarizados con la terminología filosófica podría mostrarles su importancia diciendo que llega hasta lo siguiente: que las proposiciones sobre lo bueno son todas sintéticas y nunca analíticas; cosa que no es trivial ciertamente. Y lo mismo puede expresarse en términos más comunes diciendo que, si estoy en lo cierto, nadie puede imponernos fraudulentamente un axioma como «sólo el placer es bueno» o como «lo bueno es lo deseado», con la pretensión de que ése sea el «verdadero significado de la palabra».

7. Consideremos, pues, esta posición. Mi tesis es que «bueno» es una noción simple, así como lo es «amarillo»; que, en la misma manera en que no se puede explicar a nadie, por los medios y formas que sean, qué es lo amarillo si no se lo conoce, tampoco se le puede explicar qué es lo bueno. Definiciones de la clase que busco, definiciones que describan la naturaleza del objeto o noción denotados por una palabra, y que no nos digan simplemente qué es lo que usualmente significa la palabra, sólo son posibles cuando el objeto o noción de que se trate sea algo complejo. Puede darse una definición de un caballo, porque un caballo tiene múltiples propiedades diferentes, todas las cuales pueden enumerarse. Pero una vez enumeradas, cuando se haya reducido el caballo a sus más simples términos, entonces, no se podrá ya definir a éstos. Son simplemente algo que se piensa o percibe, y a quien no pueda pensarlos o percibirlos no se le podrá nunca, por medio de definición alguna, dar a conocer su naturaleza. A esto tal vez podría objetarse que somos capaces de describir, a los demás, objetos que nunca han visto o pensado. Por ejemplo, podemos hacer entender a un hombre lo que es una quimera, aunque nunca haya oído hablar de una o la haya visto. Puede decírsele que es un animal con cabeza y cuerpo de leona, con una cabeza de cabra que le crece en medio de la espalda y una serpiente en lugar de cola. Pero ocurre que el objeto descrito es complejo; está en su totalidad compuesto de partes, con las que estamos perfectamente familiarizados: una serpiente, una cabra, una

leona, y conocemos también la forma de reunirlas, dado que conocemos lo que significa estar en la mitad de la espalda de una leona y dónde acostumbra crecer su cola. Y lo mismo pasa con todos los objetos no conocidos previamente que somos capaces de definir: todos son complejos; todos están compuestos de partes que pueden tener, originalmente, una definición similar; pero que deben ser reducibles, por último, a partes más simples que ya no pueden definirse. Pero amarillo y bueno, como decimos, no son complejos; son nociones de esa clase simple, a partir de las que se componen las definiciones y de las que ya no es posible dar una definición ulterior.

8. Cuando decimos, como el *Webster*, que «la definición de caballo es "cuadrúpedo ungulado del género *equus*"», podemos, de hecho, estar dando a entender tres cosas diferentes: (1) «Cuando digo "caballo" debe entenderse que me refiero a un cuadrúpedo ungulado del género *equus*». Ésta podría llamarse una definición verbal arbitraria, y no pretendo que bueno sea indefinible en este sentido. (2) Podemos dar a entender, como hace el *Webster*, que «cuando la mayoría de la gente dice "caballo", da a entender un cuadrúpedo ungulado del género *equus*». Ésta puede llamarse la definición verbal propiamente, y no afirmo que bueno sea tampoco indefinible en este sentido; pues es ciertamente posible describir cómo la gente usa tal palabra, porque de otra manera no podríamos saber nunca que «bueno» puede traducirse con *gut*, en alemán, y con *bon*, en francés. Pero (3) al definir caballo podemos dar a entender algo mucho más importante. Dar a entender que un cierto objeto, que todos conocemos, está compuesto de una

forma determinada: que tiene cuatro pies, una cabeza, un corazón, un hígado, etc., etc., dispuestos todos en relaciones definidas unos con otros. Es en este sentido en el que niego que bueno sea definible. Afirmo que no está compuesto de partes con las que podamos sustituirlo en nuestra mente cuando pensamos en él. Nos sería posible, de un modo igualmente claro y correcto, pensar en un caballo si pensamos en todas sus partes y en su disposición en lugar de pensarlo como un todo; podríamos –afirmo– pensar igualmente bien en qué difiere un caballo de un burro, aunque no de un modo tan fácil. Pero no hay nada que de tal manera sirva de sustituto para bueno, y es lo que quiero decir cuando afirmo que bueno es indefinible.

9. Pero me temo que no he logrado desvanecer aún la principal dificultad que puede impedir aceptar la proposición acerca de que bueno es indefinible. No pretendo decir que *lo* bueno, que lo que es bueno, sea, de esta manera, indefinible; si lo pretendiera no escribiría acerca de la ética, ya que mi finalidad principal es ayudar a descubrir esa definición. Es precisamente a causa de que pienso que habrá menos riesgo de errar en la búsqueda de una definición de «lo bueno» por lo que insisto aquí en que *bueno* es indefinible. Debo tratar de explicar en qué consiste la diferencia entre los dos. Doy por supuesto que se acepta que «bueno» es un adjetivo. Entonces, «lo bueno», «lo que es bueno», debe ser, por lo tanto, el sustantivo al que se aplica el adjetivo «bueno»; debe ser la totalidad de aquello a que se aplica el adjetivo, y éste debe aplicársele *siempre* verdaderamente. Pero si es aquello a que el adjetivo se aplica, debe ser algo diferen-

te del adjetivo mismo, y la totalidad de este algo diferente, sea lo que fuere, constituirá nuestra definición de *lo* bueno. Ahora bien, puede ser que le sean aplicables a este algo otros adjetivos, además de «bueno». Por ejemplo, puede ser enteramente placentero, inteligente, y si estos adjetivos forman parte de su definición, entonces será cierto que el placer y la inteligencia son buenos. Muchos parecen pensar que, si decimos «el placer y la inteligencia son buenos» o «sólo el placer y la inteligencia son buenos», estamos definiendo «bueno». De acuerdo. No puedo negar que proposiciones de esta naturaleza puedan, en ocasiones, ser llamadas definiciones. Aún no conozco suficientemente bien cómo suele usarse esa palabra para poder zanjar la cuestión. Deseo únicamente que se sepa que esto no es lo que doy a entender cuando digo que no hay definición posible de bueno, ni cuando use esta palabra otra vez. Estoy plenamente convencido de que es posible encontrar alguna proposición verdadera de la forma «la inteligencia es buena y sólo ella»; pues si no se pudiera encontrar ninguna, nuestra definición de *lo* bueno sería imposible. En cuanto es así, creo que *lo* bueno es definible, y, con todo, afirmo que bueno mismo es indefinible.

10. «Bueno», pues, si con eso damos a entender esa cualidad que aseguramos posee una cosa cuando decimos que la cosa es buena, no puede definirse en el más importante sentido de la palabra. El más importante sentido de «definición» es aquel en que una definición establece cuáles son las partes de que invariablemente se compone un cierto todo, y en este sentido «bueno» no tiene definición, porque es simple y sin partes. Es uno de

aquellos innumerables objetos de reflexión que no son definibles, por ser términos últimos en relación con los que todo lo que es susceptible de ser definido debe definirse. Que debe haber un sinnúmero de semejantes términos es obvio, si se reflexiona en eso. En efecto, no podemos definir nada a no ser mediante el análisis, que, cuando se realiza exhaustivamente, nos pone en relación con algo que es absolutamente diferente de cualquier otra cosa y que explica, por esta diferencia última, lo que le es peculiar al todo que estamos definiendo; pues cualquier todo contiene algunas partes que son comunes también a otros todos. Por ende, no hay ninguna dificultad intrínseca en la tesis de que «bueno» denota una cualidad simple e indefinible. Hay muchos otros ejemplos de cualidades similares.

Consideremos «amarillo», por ejemplo. Podemos tratar de definirlo describiendo sus equivalentes físicos; enunciar qué clase de vibraciones lumínicas deben estimular el ojo normal a fin de que podamos percibirlo. Pero una breve reflexión es suficiente para mostrar que esas vibraciones no son lo que damos a entender con amarillo. *Éstas* no son lo que percibimos. En verdad, nunca hubiéramos sido capaces de descubrir su existencia de no haber sido impresionados por la patente diferencia cualitativa que se establece entre colores distintos. Lo más que estamos autorizados a decir de tales vibraciones es que son lo que corresponde, en el espacio, al amarillo que percibimos realmente.

Con todo, comúnmente se cometen errores de esta clase por lo que toca a «bueno». Puede ser verdad que todas las cosas que son buenas son *también* algo más, tal como es verdad que todas las cosas amarillas producen una cierta clase de vibración lumínica. Y es un hecho que la ética pretende descubrir cuáles son aquellas otras propiedades que pertenecen a todas las cosas buenas. Pero un enorme número de filósofos ha pensado que, cuando nombran esas otras propiedades, están definiendo «bueno» realmente, y que no son, de hecho, «otras» sino absoluta y enteramente iguales a la bondad. A esta posición propongo que se la llame «falacia naturalista», y me esforzaré ahora en ponerle fin.

11. Consideremos qué es lo que dicen tales filósofos. Lo primero que hay que advertir es que no están de acuerdo entre sí. No sólo afirman que están en lo cierto con respecto a qué es bueno, sino que se esfuerzan en probar que aquellos que dicen que es otra cosa están errados. Por ejemplo, uno asegurará que bueno es el placer; otro, tal vez, que bueno es lo deseado; y cada uno argüirá calurosamente que el otro está errado. Pero ¿cómo es posible esto? Uno dice que bueno no es sino el objeto de deseo y trata de probar, al mismo tiempo, que no es el placer. Pero de su primera aseveración acerca de que bueno significa precisamente el objeto de deseo, debe seguirse una de estas dos cosas, por lo que se refiere a su prueba:

(1) Puede estar tratando de probar que el objeto de deseo no es el placer. Pero si esto es todo, ¿cuál es su ética? La posición que sostiene es puramente psicológica. El deseo es algo que sucede dentro de nuestra mente y el placer también; y lo que meramente sostiene nuestro pretendido filósofo de la ética es que el último no es objeto del primero. Pero ¿qué tiene esto que ver con el

asunto en disputa? Su oponente sostiene la proposición ética acerca de que el placer es lo bueno, y aunque demostrara miles y miles de veces la proposición psicológica de que el placer no es objeto de deseo, no estaría por eso más cerca de haber probado que su oponente está en un error. El caso es parecido a este otro: Alguien dice que el triángulo es un círculo; otro replica: «Un triángulo es una línea recta y voy a probar que estoy en lo cierto; *pues* [éste es el único argumento] una línea recta no es círculo». «Es muy cierto –dirá el primero–, pero, sin embargo, un triángulo es un círculo, y usted no ha dicho nada que pruebe lo contrario. Lo que ha demostrado es que uno de los dos erramos, ya que estamos de acuerdo en que un triángulo no puede ser a la vez un círculo y una línea recta; pero no hay medios en la tierra para probar quién está en un error, puesto que usted define el triángulo como línea recta y yo como círculo.» Cierto, ésta es una alternativa que debe encarar toda ética naturalista; si bueno se *define* como algo distinto, es entonces imposible probar que cualquiera otra definición es incorrecta o incluso es imposible negarla.

(2) La otra alternativa difícilmente puede ser acogida mejor. Según ésta, la discusión es, después de todo, verbal. Cuando A dice «bueno significa placentero» y B dice «bueno significa deseado», podrían estar queriendo afirmar simplemente que la mayoría de la gente ha usado la palabra para lo que es placentero y para lo que es deseado respectivamente. Éste es, con mucho, un asunto de discusión interesante; sólo que de discusión ética no tiene ni una pizca más que la anterior. Ni pienso que cualquier exponente de la ética naturalista quisiera ad-

mitir que esto es todo lo que se propone. Éstos tratan de persuadirnos a toda costa de que lo que llaman bueno es lo que realmente debemos hacer. «Háganlo –ruegan–, actúen así, porque la palabra "bueno" se usa generalmente para demostrar acciones de esta naturaleza.» Tal sería, en esta perspectiva, el meollo de su enseñanza, y, en tanto que nos dicen cómo debemos actuar, su enseñanza es, en verdad, ética, como pretenden que lo sea. ¡Pero qué absurda es la razón que dan! «Tiene que hacer esto, porque la mayoría de la gente usa cierta palabra para denotar un comportamiento semejante.» Un argumento tan bueno sería: «Tiene que decir lo que no es, porque mucha gente llama a esto mentir». Señores, lo que les pido, en cuanto maestros de ética, no es saber cómo usa la gente una palabra, ni tampoco qué clase de acciones aprueban que el uso de la palabra «bueno» pueda ciertamente implicar; lo que quiero es conocer simplemente qué *es* bueno. Podemos, por supuesto, estar de acuerdo en que lo que la mayoría de la gente piensa que es bueno lo es realmente. De todos modos nos agradaría conocer sus opiniones; pero cuando expresamos sus opiniones acerca de lo que *es* bueno, entendemos qué decimos; no nos importa si llaman *gut, bon* o $\gamma\alpha\vartheta\acute{o}\varsigma$ a esas cosas que dan a entender con «caballo», «mesa» o «silla»; lo que deseamos saber es por qué las llaman así. Cuando dicen que «el placer es bueno», no creemos que meramente den a entender que «el placer es placer» y nada más.

12. Supóngase que alguien dice «me place», y supóngase que esto no es una mentira o un error, sino la verdad. Bien, si es verdad, ¿qué significa? Significa que su

mente, que una mente definida, que se distingue de otra por ciertos rasgos definidos, tiene en este momento cierto sentimiento definido llamado placer. «Me place» no *significa* sino tener placer, y aunque pudiéramos estar más o menos complacidos e incluso –admitámoslo por ahora– tener una u otra clase de placer, sin embargo, en cuanto es placer lo que tenemos, sea mucho o poco, de una clase o de otra, lo que tenemos es una cosa determinada, absolutamente indefinible, una cosa que es la misma dentro de toda su variedad de grados y bajo todas sus posibles clases. Debemos ser capaces de decir cómo está relacionada con otras cosas; por ejemplo, decir que está en la mente, que causa deseo, que somos conscientes de ella, etc. Podemos, digo, describir sus relaciones con otras cosas, pero no podemos definirla. Y si alguien trata de definir el placer como si se tratara de algún objeto natural, si alguien dijera, por ejemplo, que placer *significa* la sensación de rojo y procediera a deducir de ahí que el placer es un color, tendríamos derecho a reírnos de él y a desconfiar de sus futuras afirmaciones acerca del placer. Bien; ésta sería la misma falacia que he denominado falacia naturalista. Que «me place» no significa «tengo una sensación de rojo» o algo semejante, no nos impide entender lo que significa. Nos basta saber que «me place» significa «tengo la sensación de placer» y, aunque el placer es absolutamente indefinible, aunque es placer y nada más, no experimentamos, con todo, dificultad en decir que nos place. La razón es, obviamente, que cuando digo «me place» *no* doy a entender que «yo» soy lo mismo que «tengo placer». Asimismo, no es preciso que tropecemos con dificultad alguna en mi afirmación acerca de que «el placer es bueno» no significa, con todo, que «placer» sea lo mismo que «bueno», que placer *signifique* bueno y bueno *signifique* placer. Si creyera que, cuando digo «me place», doy a entender que soy exactamente lo mismo que «place», no debería en verdad denominar a esto falacia naturalista, aunque sería la misma que he llamado naturalista en relación con la ética. La razón es suficientemente obvia. Cuando alguien confunde entre sí dos objetos naturales, definiendo el uno en lugar del otro, por ejemplo, si se confunde a sí mismo –un objeto natural– con «place» o «placer» –que son otros objetos naturales–, no hay entonces razón para denominar a esto falacia naturalista. Pero si confunde «bueno», que no es, en el mismo sentido, un objeto natural, con cualquier objeto natural, hay razón entonces para llamar a esto falacia naturalista; el que se dé con relación a «bueno» la señala como algo muy específico, y este error específico requiere un nombre por ser tan habitual. En cuanto a las razones de por qué no deba considerarse que «bueno» es un objeto natural, deben guardarse para examinarlas en otro sitio. Pero, por ahora, basta señalar que aun si fuera un objeto natural, esto no alteraría la naturaleza de la falacia ni disminuiría en un ápice su importancia. Todo lo dicho sobre ella permanecería igualmente cierto; sólo que el nombre que le he dado no sería ya tan apropiado como creo. No me preocupa el nombre; lo que me preocupa es la falacia. No importa cómo la llamemos, con tal de que la reconozcamos al encontrarla. Tropezamos con ella en casi todo libro de ética y, con todo, no se la reconoce. Por eso es necesario multiplicar sus ejemplos y darle un nombre. Es una falacia ciertamente muy simple. Cuando decimos que una naranja es amarilla, no pensamos que nuestra afirmación nos constriña a sostener que «naranja» no significa sino «amarilla» o que nada puede ser amarillo sino una naranja. Supóngase que la naranja es además dulce. ¿Nos obliga esto a decir que «dulce» es exactamente lo mismo que «amarilla», que «dulce» debe definirse como «amarilla»? Y supóngase que se admita que «amarilla» sólo significa «amarilla» y nada más, ¿torna esto más difícil sostener que las naranjas son amarillas? Ciertamente no; por el contrario, no tendría ningún sentido en absoluto decir que las naranjas son amarillas, a menos que amarillo significara en último término «amarillo» y nada más, esto es, a menos que fuera absolutamente indefinible. No obtendríamos ninguna noción bien clara acerca de las cosas amarillas, no iríamos muy lejos con nuestra ciencia, si estuviéramos constreñidos a sostener que todo aquello que es amarillo significa exactamente lo mismo que amarillo. Sería lo mismo que sostener que una naranja es exactamente lo mismo que un taburete, un pedazo de papel, un limón o lo que se quiera. Podríamos probar cualquier número de absurdos, pero ¿estaríamos más cerca de la verdad? ¿Por qué, entonces, tendría que pasar algo distinto con respecto a «bueno»? ¿Por qué, si bueno es bueno e indefinible, tendría que negar que el placer es bueno? ¿Hay alguna dificultad en sostener ambas cosas a la vez? Por el contrario. No tiene sentido decir que el placer es bueno, a menos que bueno sea algo distinto de placer. Es inútil en absoluto probar, por lo que concierne a la ética –como lo trata de hacer Spencer–, que el incremento del placer coincide con el incre-

1. El tema de la ética

mento de la vida, a menos que bueno *signifique* algo diferente de la vida o el placer. Igualmente podría tratar de probar que una naranja es amarilla mostrando que siempre está envuelta en papel.

13. De hecho, si «bueno» no denota algo simple e indefinible, quedan sólo dos alternativas: o es algo complejo, un todo dado, acerca de cuyo correcto análisis puede haber desacuerdos; o no significa nada en absoluto y no hay algo así como la ética. Sin embargo, los moralistas, en general, han tratado de definir bueno sin caer en la cuenta de lo que un intento tal debe significar. De hecho, usan argumentos que implican uno de los absurdos considerados en el parágrafo 11, o ambos. Por ende, estamos en lo cierto al concluir que el intento de definir «bueno» se debe principalmente a la falta de claridad sobre la posible naturaleza de la definición. En realidad, hay que considerar sólo dos alternativas para fundamentar la conclusión de que «bueno» denota una noción simple e indefinible. Podría denotar posiblemente una noción compleja, al igual que «caballo», o podría no tener ningún sentido. Con todo, ninguna de estas posibilidades ha sido concebida con claridad, ni sostenida en cuanto tal, por aquellos que pretenden definir «bueno», y basta apelar a los hechos para desecharlas.

(1) Puede verse muy fácilmente que es errónea la hipótesis acerca de que el desacuerdo sobre el significado de bueno sea un desacuerdo respecto al análisis correcto de un todo dado, si consideramos el hecho de que, sea cual fuere la definición ofrecida, se podrá siempre preguntar si el complejo, así definido, es él mismo bueno. Tomando como ejemplo una de las definiciones propuestas más

plausibles –por ser más complicadas–, puede pensarse fácilmente, a primera vista, que ser bueno significa ser aquello que deseamos desear. Así pues, si aplicamos esta definición a un ejemplo particular y luego decimos «cuando pienso que A es bueno, estoy pensando que A es una de aquellas cosas que deseamos desear», tal proposición puede parecer bastante razonable. Pero si llevamos la investigación adelante y nos preguntamos «¿es bueno desear desear A?», es patente, por poco que reflexionemos sobre esto, que esta interrogante es en sí misma tan inteligible como la originaria «¿A es bueno?» y que estamos, de hecho, preguntando ahora exactamente por lo mismo acerca del deseo de desear A que cuando preguntábamos anteriormente por A mismo. Pero, además, es patente que el significado de esta segunda pregunta no puede analizarse correctamente por medio de «¿es el desear desear A una de las cosas que deseamos desear?». No tenemos aquí nada tan complicado como «¿deseamos desear desear desear A?». Más aún, cualquiera puede convencerse fácilmente, con sólo examinarlo, de que el predicado de esta proposición («bueno») es positivamente diferente de la noción de «desear desear» que funge como su sujeto. «Que deseáramos desear A es bueno» *no* equivale simplemente a «que A fuera bueno es bueno». Sin duda, puede ser verdad que lo que deseamos desear sea invariablemente también bueno; incluso, tal vez, lo contrario puede serlo; pero es muy dudoso que así sea, y el mero hecho de que entendamos lo que significa esa duda muestra claramente que nos las habemos con dos nociones diferentes.

(2) Basta la misma consideración para desmentir la hipótesis acerca de que «bueno» no tiene ningún sentido.

1. El tema de la ética

Es muy natural caer en el error de suponer que lo que es universalmente verdadero es de tal naturaleza que su negación es autocontradictoria. La importancia que se ha asignado a las proposiciones analíticas en la historia de la filosofía muestra cuán fácil es cometer semejante error. Por consiguiente, es muy fácil concluir que lo que parece ser un principio ético universal es, de hecho, una proposición de identidad. Por ejemplo, si cualquier cosa que es llamada «buena» parece ser placentera, la proposición «el placer es lo bueno» no afirma una conexión entre estas dos nociones distintas, sino que implica sólo una, la del placer, que se reconoce fácilmente como una entidad distinta. Pero quien quiera meditar atentamente sobre qué es lo que entiende cuando pregunta «¿es el placer (o lo que sea) después de todo bueno?» puede quedar satisfecho de que no está meramente poniendo en duda si el placer es placentero. Y si pone a prueba este experimento tomando, una tras otra, cada una de las definiciones señaladas, puede llegar a ser lo suficientemente diestro en reconocer que –en cada caso– tiene ante sí un objeto único que, con respecto a su conexión con otro objeto, plantea una interrogante distinta. Cualquiera entiende, de hecho, la pregunta «¿es esto bueno?». Reflexionando en ella, sus pensamientos son de distinta índole que cuando se pregunta «¿es esto placentero, o deseado, o admitido?». La última tiene un significado distinto para él, aun cuando no pueda saber en qué aspecto es distinta. Siempre que piensa en el «valor intrínseco» o «importancia intrínseca», o siempre que dice que una cosa «debe ser», tiene ante sí un objeto único –una propiedad única de las cosas– que doy a entender con «bueno». Todos se percatan constantemente de esta noción, aunque no lleguen a percatarse del todo de que es diferente de otras nociones de las que también tienen una idea. Pero, para el razonamiento ético correcto, es extremadamente importante que pueda caer en la cuenta de esto, y tan pronto como se entienda claramente la naturaleza del problema habrá poca dificultad para avanzar hasta ese punto en el análisis.

2. Ludwig Wittgenstein:
Conferencia sobre Ética*

Antes de entrar en materia, permítanme hacer unas consideraciones preliminares. Soy consciente de que tendré grandes dificultades para comunicarles mis pensamientos y considero que algunas de ellas disminuirán si las menciono de antemano. La primera, que casi no necesito citar, es que el inglés no es mi lengua materna. Por esta razón mi expresión a menudo carece de la elegancia y precisión que resultaría deseable en quien diserta sobre un tema difícil. Todo lo que puedo hacer es pedirles que me faciliten la tarea tratando de entender lo que quiero decir, a pesar de las faltas que contra la gramática inglesa voy a cometer continuamente. La segunda dificultad que citaré es que quizá muchos de ustedes se hayan acercado a mi conferencia con falsas expectativas. Para aclararles

* Ludwig Wittgenstein, *Conferencia sobre ética,* trad. de Fina Birulés, Barcelona, Paidós, 1989, pp. 33-43. Versión íntegra.

este punto diré unas pocas palabras acerca de la razón por la cual he elegido el tema. Cuando su anterior secretario me honró pidiéndome que leyera una comunicación en su sociedad, mi primera idea, por supuesto, fue aceptar, y la segunda, hablar acerca de algo que me interesara comunicarles. Dado que tenía la oportunidad de dirigirme a ustedes, no iba a desaprovecharla dándoles una conferencia sobre lógica, por ejemplo. Considero que esto sería perder el tiempo, ya que explicarles una materia científica requeriría un curso de conferencias y no una comunicación de una hora. Otra alternativa hubiera sido darles lo que se denomina una conferencia de divulgación científica, esto es, una conferencia que pretendiera hacerles creer que entienden algo que realmente no entienden y satisfacer así lo que considero uno de los más bajos deseos de la gente moderna, es decir, la curiosidad superficial acerca de los últimos descubrimientos de la ciencia. Rechacé estas alternativas y decidí hablarles sobre un tema, en mi opinión, de importancia general, con la esperanza de que ello les ayude a aclarar sus ideas acerca de él (incluso en el caso de que estén en total desacuerdo con lo que voy a decirles). Mi tercera y última dificultad es, de hecho, propia de casi todas las largas conferencias filosóficas: el oyente es incapaz de ver tanto el camino por el que le llevan como el término al que éste conduce. Esto es, o bien piensa: «Entiendo todo lo que dice menos ¿adónde demonios quiere llegar?», o bien: «Veo hacia dónde se encamina, pero ¿cómo demonios va a llegar allí?». Una vez más, todo lo que puedo hacer es pedirles que sean pacientes, y esperar que, al final, vean tanto el camino como su término.

2. Conferencia sobre Ética

Empecemos. Mi tema, como saben, es la ética y adoptaré la explicación que de este término ha dado el profesor Moore en su libro *Principia Ethica:* «La ética es la investigación general sobre lo bueno». Ahora voy a usar la palabra ética en un sentido un poco más amplio, que incluye, de hecho, la parte más genuina, a mi entender, de lo que generalmente se denomina estética. Y para que vean de la forma más clara posible lo que considero el objeto de la ética voy a presentarles varias expresiones más o menos sinónimas, cada una de las cuales podría sustituirse por la definición anterior, y al enumerarlas pretendo conseguir el mismo tipo de efecto que logró Galton al tomar en la misma placa varias fotografías de rostros diferentes con el fin de obtener la imagen de los rasgos típicos que todos ellos compartían. Mostrándoles esta fotografía colectiva podré hacerles ver cuál es el típico –digamos– rostro chino; de este modo, si ustedes miran a través de la gama de sinónimos que les voy a presentar, espero que serán capaces de ver los rasgos característicos de la ética. En lugar de decir que la ética es la investigación sobre lo bueno, podría haber dicho que la ética es la investigación sobre lo valioso o lo que realmente importa, o podría haber dicho que la ética es la investigación acerca del significado de la vida, o de aquello que hace que la vida merezca vivirse, o de la manera correcta de vivir. Creo que si tienen en consideración todas estas frases, se harán una idea aproximada de lo que se ocupa la ética. La primera cosa que nos llama la atención de estas expresiones es que cada una de ellas se usa, de hecho, en dos sentidos muy distintos. Los denominaré, por una parte, el sentido trivial o relativo y, por otra, el sentido ético o absoluto. Por ejemplo, si digo que ésta es una *buena* silla, significa que esta silla sirve para un propósito predeterminado, y la palabra «bueno» aquí sólo tiene significado en la medida en que tal propósito haya sido previamente fijado. De hecho, la palabra «bueno» en sentido relativo significa simplemente que satisface un cierto estándar predeterminado. Así, cuando afirmamos que este hombre es un buen pianista queremos decir que puede tocar piezas de un cierto grado de dificultad con un cierto grado de habilidad. Igualmente, si afirmo que para mí es *importante* no resfriarme, quiero decir que coger un resfriado produce en mi vida ciertos trastornos descriptibles, y si digo que ésta es la carretera *correcta,* me refiero a que es la carretera correcta en relación con cierta meta. Usadas de esta forma, tales expresiones no presentan dificultad o problema profundo algunos. Pero éste no es el uso que de ellas hace la ética. Supongamos que yo supiera jugar al tenis y uno de ustedes, al verme, dijera: «Juega usted bastante mal», y yo contestara: «Lo sé, estoy jugando mal, pero no quiero hacerlo mejor», todo lo que podría decir mi interlocutor sería: «Ah, entonces, de acuerdo». Pero supongamos que yo le contara a uno de ustedes una mentira escandalosa y él viniera y me dijera: «Se está usted comportando como un animal», y yo contestara: «Sé que mi conducta es mala, pero no quiero comportarme mejor», ¿podría decir: «Ah, entonces, de acuerdo»? Ciertamente no; afirmaría: «Bien, usted debería desear comportarse mejor». Aquí tienen un juicio de valor absoluto, mientras que el primer caso era un juicio relativo. En esencia, la diferencia parece obviamente ésta: cada juicio de valor relativo

2. Conferencia sobre Ética

es un mero enunciado de hechos y, por tanto, puede expresarse de tal forma que pierda toda apariencia de juicio de valor. En lugar de decir: «Ésta es la carretera correcta hacia Granchester», podría decirse perfectamente: «Ésta es la carretera correcta que debes tomar si quieres llegar a Granchester en el menor tiempo posible». «Este hombre es un buen corredor» significa simplemente que corre un cierto número de kilómetros en cierto número de minutos; etc. Lo que ahora deseo sostener es que, a pesar de que se pueda mostrar que todos los juicios de valor relativos son meros enunciados de hechos, ningún enunciado de hecho puede nunca ser ni implicar un juicio de valor absoluto. Permítanme explicarlo: supongan que uno de ustedes fuera una persona omnisciente y, por consiguiente, conociera los movimientos de todos los cuerpos animados o inanimados del mundo y conociera también los estados mentales de todos los seres que han vivido. Supongan además que este hombre escribiera su saber en un gran libro; tal libro contendría la descripción total del mundo. Lo que quiero decir es que este libro no incluiría nada que pudiéramos llamar juicio ético ni nada que pudiera implicar lógicamente tal juicio. Por supuesto contendría todos los juicios de valor relativo y todas las proposiciones verdaderas que pueden formularse. Pero tanto todos los hechos descritos como todas las proposiciones estarían en el mismo nivel. No hay proposiciones que, en ningún sentido absoluto, sean sublimes, importantes o triviales. Quizás ahora alguno de ustedes estará de acuerdo y ello le evocará las palabras de Hamlet: «Nada hay bueno ni malo, si el pensamiento no lo hace tal». Pero esto podría llevar de nuevo a un malentendido. Lo que Hamlet dice parece implicar que lo bueno y lo malo, aunque no sean cualidades del mundo externo, son atributos de nuestros estados mentales. Pero lo que quiero decir es que mientras entendamos un estado mental como un hecho descriptible, éste no es bueno ni malo en sentido ético. Por ejemplo, si en nuestro libro del mundo leemos la descripción de un asesinato con todos los detalles físicos y psicológicos, la mera descripción de estos hechos no encerrará nada que podamos denominar una proposición *ética*. El asesinato estará en el mismo nivel que cualquier otro acontecimiento como, por ejemplo, la caída de una piedra. Ciertamente, la lectura de esta descripción puede causarnos dolor o rabia o cualquier otra emoción; también podríamos leer acerca del dolor o la rabia que este asesinato ha suscitado entre otra gente que tuvo conocimiento de él, pero serían simplemente hechos, hechos y hechos, y no ética. Debo decir que si ahora considerara lo que la ética debiera ser realmente –si existiera tal ciencia–, este resultado sería bastante obvio. Me parece evidente que nada de lo que somos capaces de pensar o de decir puede constituir *el* objeto (la ética). No podemos escribir un libro científico cuya materia alcance a ser intrínsecamente sublime y de nivel superior a las restantes materias. Sólo puedo describir mi sentimiento a este propósito mediante la siguiente metáfora: si un hombre pudiera escribir un libro de ética que realmente fuera un libro de ética, este libro destruiría, como una explosión, todos los demás libros del mundo. Nuestras palabras, usadas tal como lo hacemos en la ciencia, son recipientes capaces solamente de contener y transmitir significado y sentido,

2. Conferencia sobre Ética

significado y sentido *naturales*. La ética, de ser algo, es sobrenatural y nuestras palabras sólo expresan hechos, del mismo modo que una taza de té sólo podrá contener el volumen de agua propio de una taza de té por más que se vierta un litro en ella. He dicho que, en la medida en que nos refiramos a hechos y proposiciones, sólo hay valor relativo y, por tanto, corrección y bondad relativas. Permítanme, antes de proseguir, ilustrar esto con un ejemplo más obvio todavía. La carretera correcta es aquella que conduce a una meta arbitrariamente determinada, y a todos nos parece claro que carece de sentido hablar de la carretera correcta independientemente de un motivo predeterminado. Veamos ahora lo que posiblemente queremos decir con la expresión «la carretera absolutamente correcta». Creo que sería aquella que, al verla, *todo el mundo* debería tomar por *necesidad lógica,* o avergonzarse de no hacerlo. Del mismo modo, *el bien absoluto,* si es un estado de cosas descriptible, sería aquel que todo el mundo, independientemente de sus gustos e inclinaciones, realizaría *necesariamente* o se sentiría culpable de no hacerlo. En mi opinión, tal estado de cosas es una quimera. Ningún estado de cosas tiene, en sí, lo que me gustaría denominar el poder coactivo de un juez absoluto. Entonces, ¿qué es lo que tenemos en la mente y qué tratamos de expresar aquellos que, como yo, sentimos la tentación de usar expresiones como «bien absoluto», «valor absoluto», etcétera? Siempre que intento aclarar esto es natural que recurra a casos en los que sin duda usaría tales expresiones, con lo que me encuentro en la misma situación en la que se hallarían ustedes si, por ejemplo, yo les diera una conferencia sobre psicología del placer. En este caso, lo que harían sería tratar de evocar algunas situaciones típicas en las que han sentido placer. Con esta situación en la mente, llegaría a hacerse concreto y, de alguna manera, controlable todo lo que yo pudiera decirles. Alguien podría elegir como ejemplo-tipo la sensación de pasear en un día soleado de verano. Cuando trato de concentrarme en lo que entiendo por valor absoluto o ético, me encuentro en una situación semejante. En mi caso, me ocurre siempre que la idea de una particular experiencia se me presenta como si, en cierto sentido, fuera, y de hecho lo es, mi experiencia *par excellence*. Por este motivo, al dirigirme ahora a ustedes, usaré esta experiencia como mi primer y principal ejemplo (como ya he dicho, esto es una cuestión totalmente personal y otros podrían hallar ejemplos más llamativos). En la medida de lo posible, voy a describir esta experiencia de manera que les haga evocar experiencias idénticas o similares a fin de poder disponer de una base común para nuestra investigación. Creo que la mejor forma de describirla es decir que cuando la tengo *me asombro ante la existencia del mundo*. Me siento entonces inclinado a usar frases tales como «Qué extraordinario que las cosas existan» o «Qué extraordinario que el mundo exista». Mencionaré a continuación otra experiencia que conozco y que a alguno de ustedes le resultará familiar: se trata de lo que podríamos llamar la vivencia de sentirse *absolutamente* seguro. Me refiero a aquel estado anímico en el que nos sentimos inclinados a decir: «Estoy seguro, pase lo que pase, nada puede dañarme». Permítanme ahora considerar estas experiencias dado que, según creo, muestran las características que tratamos de aclarar. Y he aquí lo primero que tengo que decir: la expresión verbal que damos a estas experiencias carece de sentido. Si afirmo: «Me asombro ante la existencia del mundo», estoy usando mal el lenguaje. Me explicaré: tiene perfecto y claro sentido decir que me asombra que algo sea como es. Todos entendemos lo que significa que me asombre el tamaño de un perro que sea mayor a cualquiera de los vistos antes, o de cualquier cosa que, en el sentido ordinario del término, sea extraordinaria. En todos los casos de este tipo me asombro de que algo sea como es, cuando yo podría concebir que no fuera como es. Me asombro del tamaño de este perro puesto que podría concebir un perro de otro tamaño, esto es, de tamaño normal, del cual no me asombraría. Decir: «Me asombro de que tal y tal cosa sea como es» sólo tiene sentido si puedo imaginármelo no siendo como es. Así, podemos asombrarnos, por ejemplo, de la existencia de una casa cuando la vemos después de largo tiempo de no visitarla y hemos imaginado que entretanto ha sido demolida. Pero carece de sentido decir que me asombro de la existencia del mundo porque no puedo representármelo no siendo. Naturalmente, podría asombrarme de que el mundo que me rodea sea como es. Si mientras miro el cielo azul yo tuviera esta experiencia, podría asombrarme de que el cielo sea azul y que, por el contrario, no esté nublado. Pero no es a esto a lo que ahora me refiero. Me asombro del cielo *sea cual sea* su apariencia. Podríamos sentirnos inclinados a decir, que me estoy asombrando de una tautología, es decir de que el cielo sea o no sea azul. Pero precisamente no tiene sentido afirmar que alguien se está asombrando de una tautología. Esto mismo puede aplicarse a la otra experiencia mencionada, la experiencia de la seguridad absoluta. Todos sabemos qué quiere decir en la vida ordinaria estar seguro. Me siento seguro en mi habitación, ya que no puede atropellarme un autobús. Me siento seguro si he tenido la tos ferina y, por tanto, ya no puedo tenerla de nuevo. En esencia, sentirse seguro significa que es físicamente imposible que ciertas cosas puedan ocurrirme y, por consiguiente, carece de sentido decir que me siento seguro *pase lo que pase*. Una vez más, se trata de un mal uso de la palabra «seguro», del mismo modo que el otro ejemplo era un mal uso de la palabra «existencia» o «asombrarse». Quiero convencerles ahora de que un característico mal uso de nuestro lenguaje subyace en *todas* las expresiones éticas y religiosas. Todas ellas *parecen, prima facie,* ser sólo *símiles*. Así, parece que cuando usamos, en un sentido ético, la palabra *correcto,* si bien lo que queremos decir no es correcto en su sentido trivial, es algo similar. Cuando decimos: «Es una buena persona», aunque la palabra «buena» aquí no significa lo mismo que en la frase: «Éste es un buen jugador de fútbol», parece haber alguna similitud. Cuando decimos: «La vida de este hombre era valiosa», no lo entendemos en el mismo sentido que si habláramos de alguna joya valiosa, pero parece haber algún tipo de analogía. De este modo, todos los términos religiosos parecen utilizarse como símiles o alegorías. Cuando hablamos de Dios y de que lo ve todo, y cuando nos arrodillamos y le oramos, todos nuestros términos y acciones se asemejan a partes de una gran y compleja alegoría que le representa como un ser humano de enorme poder cuya gracia tratamos de ganarnos, etc., etc. Pero esta alegoría describe también la experiencia a la que acabo de aludir. Porque la primera de ellas es, según creo, exactamente aquello a lo que la gente se refiere cuando dice que Dios ha creado el mundo; y la experiencia de la absoluta seguridad ha sido descrita diciendo que nos sentimos seguros en las manos de Dios. Una tercera vivencia de este tipo es la de sentirse culpable y queda también descrita por la frase: Dios condena nuestra conducta. De esta forma parece que, en el lenguaje ético y religioso, constantemente usemos símiles. Pero un símil debe ser símil de algo. Y si puedo describir un hecho mediante un símil, debo ser también capaz de abandonarlo y describir los hechos sin su ayuda. En nuestro caso, tan pronto como intentamos dejar a un lado el símil y enunciar directamente los hechos que están detrás de él, nos encontramos con que no hay tales hechos. Así, aquello que en un primer momento pareció ser un símil, se manifiesta ahora un mero sinsentido. Quizá para aquellos –por ejemplo, yo– que han vivido las tres experiencias que he mencionado (y podría añadir otras) éstas les parezcan tener todavía, en algún sentido, un valor intrínseco y absoluto. Pero desde el momento en que digo que son experiencias, ciertamente son hechos; han ocurrido en un lugar y han durado cierto tiempo y, por consiguiente, son descriptibles. A partir de esto y de lo dicho hace unos minutos, debo admitir que carece de sentido afirmar que tienen un valor absoluto. Precisaré mi argumentación diciendo: es una paradoja que una experiencia, un hecho, parezca tener un valor sobrenatural. Hay una vía por la que me siento tentado a solucionar esta paradoja. Permítanme reconsiderar, en primer lugar, nuestra primera experiencia de asombro ante la existencia del mundo describiéndola de una forma ligeramente diferente; todos sabemos lo que en la vida cotidiana podría denominarse un milagro. Evidentemente, es un acontecimiento de tal naturaleza que nunca hemos visto nada parecido a él. Supongan que este acontecimiento ha tenido lugar. Piensen en el caso de que a uno de ustedes le crezca una cabeza de león y empiece a rugir. Ciertamente esto sería una de las cosas más extraordinarias que soy capaz de imaginar. Tan pronto como nos hubiéramos repuesto de la sorpresa, lo que yo sugeriría sería buscar un médico e investigar científicamente el caso y, si no fuera porque ello le produciría sufrimiento, le haría practicar una vivisección. ¿Dónde estaría entonces el milagro? Está claro que, en el momento en que miráramos las cosas así, todo lo milagroso habría desaparecido; a menos que entendamos por este término simplemente un hecho que todavía no ha sido explicado por la ciencia, cosa que a su vez significa que no hemos conseguido agrupar este hecho junto con otros en un sistema científico. Esto muestra que es absurdo decir que la ciencia ha probado que no hay milagros. La verdad es que el modo científico de ver un hecho no es el de verlo como un milagro. Pueden ustedes imaginar el hecho que quieran y éste no será en sí milagroso en el sentido absoluto del término. Ahora nos damos cuenta de que hemos estado utilizando la palabra «milagro» tanto en el sentido absoluto como en el relativo. Voy a describir la experiencia de asombro ante la existencia del mundo diciendo: es la experiencia de ver el mundo como un milagro. Me siento inclinado a decir que la expresión lingüística correcta del milagro de la existencia del mundo –a pesar de no ser una proposición *en* el lenguaje– es la existencia del lenguaje mismo. Pero entonces, ¿qué significa tener conciencia de este milagro en ciertos momentos y en otros no? Todo lo que he dicho al trasladar la expresión de lo milagroso de una expresión *por medio del lenguaje* a la expresión *por la existencia* del lenguaje, todo lo que he dicho con ello es, una vez más, que no podemos expresar lo que queremos expresar y que todo lo que *decimos* sobre lo absolutamente milagroso sigue careciendo de sentido. A muchos de ustedes la respuesta les parecerá clara. Dirán: bien, si ciertas experiencias nos incitan constantemente a atribuirles una cualidad que denominamos importancia o valor absoluto o ético, esto sólo muestra que a lo que nos referimos con tales palabras *no es* un sinsentido. Después de todo, a lo que nos referimos al decir que una experiencia tiene un valor absoluto *es simplemente a un hecho como cualquier otro* y todo se reduce a esto: todavía no hemos dado con el análisis lógico correcto de lo que queremos decir con nuestras expresiones éticas y religiosas. Siempre que se me echa esto en cara, de repente veo con claridad, como si se tratara de un fogonazo, no sólo que ninguna descripción que pueda imaginar sería apta para describir lo que entiendo por valor absoluto, sino que rechazaría *ab initio* cualquier descripción significativa que alguien pudiera posiblemente sugerir por razón de su significación. Es decir: veo ahora que estas expresiones carentes de sentido no carecían de sentido por no haber hallado aún las expresiones correctas, sino que era su falta de sentido lo que constituía su mismísima esencia. Porque lo único que yo pretendía con ellas era, precisamente, *ir más allá* del mundo, lo cual es lo mismo que ir más allá del lenguaje significativo. Mi único propósito –y creo que el de todos aquellos que han tratado alguna vez de escribir o hablar de ética o religión– es arremeter contra los límites del lenguaje. Este arremeter contra las paredes de nuestra jaula es perfecta y absolutamente desesperanzado. La ética, en la medida en que surge del deseo de decir algo sobre el sentido último de la vida, sobre lo absolutamente bueno, lo absolutamente valioso, no puede ser una ciencia. Lo que dice la ética no añade nada, en ningún sentido, a nuestro conocimiento. Pero es un testimonio de una tendencia del espíritu humano que yo personalmente no puedo sino respetar profundamente y que por nada del mundo ridiculizaría.

II. La corriente fenomenológico-existencialista

3. Max Scheler:
Relaciones de los valores «bueno» y «malo» con los restantes valores y con los bienes*

Nos planteamos el problema de la particularidad que poseen los valores «bueno» y «malo» frente a los restantes valores, y el modo como se hallan vinculados esencialmente a estos otros valores.

Distingue Kant con razón lo «bueno» y «malo» de todos los otros valores y tanto más de los bienes y de los males. Dice: «La lengua alemana tiene la suerte de poseer expresiones que no dejan pasar por alto esta distinción. Para lo que los latinos sólo podían nombrar con una palabra, tiene dos conceptos muy distintos y también expresiones igualmente distintas. Para *bonum, Gut* y *Wohl;* para *malum, Böse* y *Übel. Gut* y *Böse* significan,

---

* M. Scheler, *El formalismo en ética y la ética material de los valores* (trad. de H. Rodríguez Sanz, *Ética. Nuevo ensayo de fundamentación de un personalismo ético,* Madrid, Revista de Occidente, 2 vols., 1941-1942), parte primera, sección primera, cap. II. Se han suprimido las notas a pie de página.

a su vez, una "referencia a la voluntad en cuanto ésta es determinada por la ley de la razón a hacerse de algo su objeto"» *(Crítica de la razón práctica,* primera parte, primer libro, segundo capítulo). Pero ni es válido su ensayo de negar la naturaleza de valor a lo «bueno» y «malo», para sustituirles por «legal» e «ilegal», ni tampoco puede admitirse aquella total carencia de referencias en que coloca Kant lo «bueno» y «malo» para con los *restantes valores.* Desde luego, si los valores fueran simplemente la *consecuencia de efectos que las cosas* producen sobre nuestros estados sensibles de sentimiento, entonces no podrían ser «bueno» y «malo» valores, y el derecho de llamar «bueno» o «malo» a algo no estaría tampoco condicionado por la relación de estos dos valores con los otros restantes. Al ser los valores dependientes de la existencia de un ser afectivo *sensible,* no habría, en general, valores para un ser constituido por la razón, para Dios; y, como es natural, no habría tampoco valores «más altos» ni «más bajos». Y si no se quiere ir a parar a la tesis de que «bueno» y «malo» son valores meramente técnicos para el valor de lo agradable sensible, debería afirmarse que la voluntad *nunca* puede hacerse moralmente buena o mala por el simple hecho de que tienda a realizar este o aquel valor material, bien sea positivo, bien sea negativo. En este caso, el ser bueno o ser malo sería enteramente independiente de toda realización material de valores. Y ésta es, en efecto, la afirmación de Kant. Para la bondad o la maldad de la voluntad es totalmente indiferente –según Kant– que intentemos realizar lo noble o lo vulgar, el bienestar o el dolor, el provecho o el daño; pues la significación de las palabras «bueno» y «malo» se agota íntegramente en la *forma legal o ilegal* conforme a la cual articulamos la posición de una materia de valor en otras.

Dejemos a un lado lo extraordinario de estas afirmaciones que se olvidan de que los fines del diablo no son menos «sistemáticos» que los fines de Dios. Aparte de esto, es un *primer* error de Kant el negar que «bueno» y «malo» son valores materiales. Son, en efecto –no intentamos hacer construcciones intelectuales–, valores materiales *perceptibles claramente* por el sentimiento y de índole propia. Naturalmente, no hay aquí nada susceptible de definición, igual que ocurre en todos los fenómenos últimos de valor. Podemos únicamente exigir la corrección de nuestra mirada hacia lo que vivimos inmediatamente cuando sentimos algo bueno y malo. Pero podemos preguntar muy bien por las condiciones de la manifestación de estos valores materiales últimos; igualmente por sus depositarios esenciales y por su rango; y también por la índole peculiar de la reacción que experimentamos cuando nos son dados aquellos valores.

Hagamos objeto de análisis estas cuestiones.

Pues seguramente es exacto lo que dice Kant, a saber: que la realización de un valor material determinado no es nunca en sí misma buena o mala. Habría que admitir esto en el caso de que no hubiera una *jerarquía* entre los valores materiales que se hallara fundada en la *esencia* misma de esos valores –no en las cosas que son sus depositarios de un modo fortuito–. Pero el caso es que existe tal jerarquía. Y existiendo ya esta jerarquía, aparécenos con toda claridad la referencia que dicen, en general, «bueno» y «malo» a los restantes valores. Entonces el valor «bueno» –en sentido absoluto– es aquel valor que se manifiesta, conforme a una ley de su esencia, en el acto *de la realización* de aquel otro valor que es el más alto (según el grado de conocimiento del ser que lo realiza); en cambio, el valor «malo» es el que se manifiesta en el acto de la realización del valor más bajo. Por el contrario, relativamente «bueno» y «malo» es el valor que se manifiesta en el acto dirigido a la realización de un valor *más alto o más bajo* –considerados desde el punto respectivo de partida en los valores–. Siéndonos dada la superioridad de un valor en el acto del «preferir» y la inferioridad del mismo valor en el acto del «postergar», quiere esto decir que es moralmente bueno el acto realizador de valores que coincide, con arreglo a su materia de valor intentada, con el valor que ha sido «preferido», y se opone al que ha sido «postergado». En cambio, es moralmente malo el acto que, con arreglo a su materia de valor intentada, se opone al valor que ha sido «preferido» y coincide con el valor que ha sido «postergado». No es que *consista* lo «bueno» y «malo» en esa coincidencia o en esa oposición; pero éstos son criterios esenciales y forzosos del ser de lo bueno y malo.

En segundo término, el valor «bueno» es aquel que va vinculado al acto realizador que ejecuta un valor *positivo,* dentro del grado más alto de valores (o, respectivamente, dentro del supremo grado), a diferencia de los valores *negativos;* y el valor «malo» es el que va vinculado al acto realizador de un valor negativo.

Existe, pues, la conexión de lo «bueno» y «malo» con los restantes valores, aunque haya sido negada por Kant. Con ello subsiste también la posibilidad de una ética material que, en virtud de la jerarquía de los otros valores, puede determinar la clase de realizaciones de valor que constituyen lo «bueno» y «malo». Hay una ética material plenamente determinada para cada esfera material de valores de que dispone el conocimiento de un ser; ética en la que han de mostrarse las leyes de preferencia objetivas que existen entre los valores materiales.

Esa ética va cimentada en los siguientes axiomas.

I. 1. La existencia de un valor positivo es, ella misma, un valor positivo.
   2. La no existencia de un valor positivo es, ella misma, un valor negativo.
   3. La existencia de un valor negativo es, ella misma, un valor negativo.
   4. La no existencia de un valor negativo es, ella misma, un valor positivo.

II. 1. En la esfera de la voluntad es bueno el valor que va vinculado a la realización de un valor positivo.
   2. En la esfera de la voluntad es malo el valor que va vinculado a la realización de un valor negativo.
   3. En la esfera de la voluntad es bueno el valor que va vinculado a la realización de un valor más alto (o el más alto).
   4. En la esfera de la voluntad es malo el valor que va vinculado a la realización de un valor más bajo.

III. En esta esfera el criterio de lo «bueno» y «malo» consiste en la coincidencia del valor intentado en la realización con el valor que ha sido preferido, o, respectivamente, en la oposición al valor que ha sido postergado.

No obstante, tiene razón en un punto Kant. Es imposible, según una ley de esencias, que las materias de valor «bueno» y «malo» se conviertan en materias del acto realizador («voluntad»). Por ejemplo, el que no quiere hacer bien a su prójimo –pero, sin embargo, le interesa la realización de ese bien– y toma sólo la ocasión «para ser bueno» o «hacer el bien» en ese acto no *es bueno* ni *hace* verdaderamente el «bien», sino que en realidad es un espécimen de fariseo que quiere solamente *aparecer* «bien» ante sí mismo. El valor «bueno» se manifiesta cuando realizamos el valor positivo superior (dado en el preferir); manifiéstase precisamente en el acto voluntario. Por esto mismo no puede ser nunca materia de ese acto voluntario. Hállase justamente –y esto de un modo forzoso y esencial– «a la espalda» de aquel acto voluntario; por consiguiente, tampoco puede ser intentado nunca en aquel acto. En cuanto Kant por una parte niega la existencia de un bien material, que pudiera ser también *materia* de la voluntad, tiene toda la razón; una tal materia es siempre y de un modo necesario un valor extramoral. Mas en cuanto que por otra parte quiere encajar lo «bueno» en el concepto de deber y de lo que es debido, afirmando, no obstante, que para ser bueno se debe hacer el «bien» por amor del bien mismo, por consiguiente, el deber se ha de hacer también «por deber», en toda esta afirmación viene a caer él mismo en el fariseísmo apuntado. Kant piensa encontrar una prueba para su afirmación de que «bueno» y «malo» no son valores materiales en que estos valores son enteramente distintos de los bienes y males. Pero si se distinguen las cualidades de valor y los bienes y los males –tal como nosotros lo hemos hecho–, cae por tierra esa prueba. Bueno y malo son valores materiales; empero –como dice Kant acertadamente– se distinguen esencialmente de las *cosas* valiosas. Únicamente se hallan en conexión bueno y malo con bienes y males en las cualidades valiosas extramorales, penetrándolas; pero aun aquí de un modo fáctico. Todo lo «bueno» y «malo» va unido forzosamente a los actos de la realización que siguen a posibles actos de preferencias. Pero no están forzosamente unidos bueno y malo al acto mismo de la elección, pues esto supondría –cosa que no es exacta– que la voluntad no puede ser buena o mala sin que tenga lugar la «elección», es decir, sin que se halle dirigida a más de una de las materias valiosas que ofrecen los actos conativos, materias dadas y perceptibles sentimentalmente en una pluralidad. Por el contrario, el bien más *puro e inmediato,* e igualmente el mal más puro también, están dados en el acto del querer, que se sitúa tras la preferencia de un modo enteramente inmediato y *sin* una elección precedente. Incluso cuando tiene lugar la elección puede ocurrir el fenómeno del «poder querer de otro modo», exclusivamente, sin una elección. Por consiguiente, el acto voluntario que acaece sin una elección previa no es un mero impulso instintivo (que sólo tiene lugar cuando falta el acto del preferir). Empero, un acto realizador de un valor no es nunca una cosa valiosa –cualquiera que sea el ser que lo realice–. Así, pues, exclúyense sencillamente «bueno» y «malo», y cosas valiosas.

Hay que rechazar decididamente la tesis de Kant de que «bueno» y «malo» van vinculados *primitivamente* a los actos voluntarios tan sólo. Antes bien, lo que podemos llamar primitivamente «bueno» y «malo», es decir, lo que lleva en sí el valor material «bueno» y «malo» independientemente y con anterioridad a todos los actos particulares, es la «persona»: el *ser* mismo de la persona; de modo que desde el punto de vista de los depositarios, podemos hacer esta precisa definición: «bueno» y «malo» son valores *personales*. Así resulta claro, por una parte, que toda reducción de «bueno» y «malo» al cumplimiento de una mera legalidad del deber torna imposible de suyo aquella evidencia. Pues no tiene sentido alguno decir que el ser de la persona constituya un «cumplimiento de una legalidad» o «algo normativo», ni que sea algo «justo» o «injusto». Si Kant considera al acto voluntario como el depositario primitivo de lo bueno y lo malo, esto es debido a que él no concede a bueno y malo la categoría de valores materiales, y además, a que intenta reducir esos valores bueno y malo a la *legalidad* (o ilegalidad) de un acto. Para Kant la persona es una esencia *x*, a causa de que constituye el realizador de una actividad racional impersonal y, en primer lugar, de una actividad práctica. De aquí que, para él, el valor de la persona se define únicamente por el valor de su voluntad, mas no éste por el valor de la persona.

En segundo término, tampoco son los actos individuales y concretos de la persona los depositarios de los valores específicamente morales, sino que lo son las *direcciones* del poder moral de esa persona. Poder que se refiere a la capacidad de realización de los dominios del deber ideal, diferenciados por las clases últimas de cualidades valiosas. Y aquellas direcciones consideradas como afectadas por los valores morales se llaman «virtudes» y «vicios». Pero este *«poder» precede a toda* idea de deber como condición de su posibilidad (ese poder no tiene nada ver con las aptitudes simplemente disposicionales, para cuyas direcciones específicas existen a su vez «disposiciones» y «aptitudes», «hábitos» de las facultades, etcétera). Lo que no reside dentro de la esfera del *poder* de un ser puede desde luego recaer en él como exigencia del de*ber ideal;* pero nunca podrá ser un «imperativo» para aquel ser ni llamarse tampoco su «obligación».

Sólo en *tercer* lugar son los *actos* de una persona depositarios de lo «bueno» y «malo», actos entre los que contamos también los del querer y el obrar. Más tarde hablaremos del obrar como depositario peculiar de los valores morales. Aquí hacemos destacar tan sólo que es una parcialidad sin fundamento alguno de la ideología kantiana el que nombre exclusivamente entre los actos los de la voluntad. Porque hay una multitud de actos que no son de ningún modo actos de la voluntad; mas, no obstante, son depositarios de valores morales. Tales son, por ejemplo, el perdonar, el ordenar, el obedecer, el renunciar y mil otros.

Después de lo que va dicho, queda marcada con toda rigurosidad la distinción de esencia que existe entre «bueno» y «malo» y los otros valores materiales que puedan residir en los «bienes» y los «males». Porque la *persona* no es en sí misma una cosa ni lleva en sí la esencia de la cosidad, como es esencial a todas las cosas valiosas. Como unidad concreta de todos los actos aún posibles se *contrapone* a toda la esfera de los posibles «objetos» (sean éstos los objetos de la percepción interior o externa, es decir, trátese de objetos psíquicos o físicos); y tanto más se contrapone a la esfera íntegra de las cosas, la cual constituye una parte de la esfera de los objetos. La persona existe exclusivamente en la realización de sus actos.

También puede verse por lo que va dicho cuán totalmente infundada resulta la alternativa que Kant ha creído deber aceptar respecto a la significación de las palabras «bueno» y «malo». «Si el concepto de bien no es deducido de una ley práctica precedente, sino que más bien debe servirle de fundamento, entonces puede ser únicamente el concepto de algo cuya existencia promete placer, y así determina la causalidad del sujeto a la producción de este mismo, es decir, a la facultad de apetecer. Y puesto que no es posible distinguir *a priori* qué representación vendrá acompañada de placer y cuál, por el contrario, será acompañada de displacer, sería sencillamente función de la experiencia el determinar lo que es inmediatamente bueno o malo» (*Crítica de la razón práctica,* primera parte, primer libro, segundo capítulo).

La posición de esta alternativa es posible únicamente con la hipótesis totalmente infundada de que todos los valores *materiales* se reducen a *referencias causales de las cosas* hacia *nuestros estados sensibles de sentimiento* (como demostrará lo que sigue). Y esta hipótesis es la que únicamente le ha llevado a Kant a su «paradoja del método»: «A saber: que el concepto de lo bueno y lo malo no puede ser determinado antes de la ley moral (a la que debería fundamentar en apariencia), mas sólo después de la misma y por la misma».

4. Jean-Paul Sartre:
El existencialismo es un humanismo*

Quisiera defender aquí al existencialismo de una serie de reproches que se le han dirigido.

En primer lugar, se le ha reprochado invitar a la gente a permanecer en un quietismo de desesperación, porque si todas las soluciones están cerradas, habría que considerar que la acción en este mundo es totalmente imposible, y también desembocar finalmente en una filosofía contemplativa, lo que además, dado que la contemplación es un lujo, nos conduce a una filosofía burguesa. Éstos son sobre todo los reproches de los comunistas.

Se nos ha reprochado, por otra parte, hacer hincapié en la ignominia humana, de mostrar en todas las cosas lo sórdido, lo turbio, lo viscoso, y de desatender un cierto número de alegres esplendores, el lado luminoso de la

---

* J.-P. Sartre, *El existencialismo es un humanismo,* trad. de Victoria Praci de Fernández, Barcelona, Edhasa, 1999. Versión íntegra.

naturaleza humana; por ejemplo, según Mlle. Mercier, crítica católica, hemos olvidado la sonrisa del niño. Los unos y los otros nos reprochan haber faltado a la solidaridad humana, considerar que el hombre está aislado, en gran parte, además, porque partimos –dicen los comunistas– de la subjetividad pura, es decir del *yo pienso* cartesiano, y más aún del momento en que el hombre se capta en su soledad, lo que, en consecuencia, nos haría incapaces de volver a la solidaridad con los hombres que están fuera del yo, y que no puedo captar en el *cogito*.

Y del lado cristiano, se nos reprocha que negamos la realidad y la seriedad de las empresas humanas, puesto que si suprimimos los mandamientos de Dios y los valores inscritos en la eternidad, sólo queda la estricta gratuidad, pudiendo cada uno hacer lo que quiere y siendo incapaz, desde su punto de vista, de condenar los puntos de vista y los actos de los demás.

A estos diferentes reproches trato de responder hoy; por eso he titulado esta pequeña exposición: El existencialismo es un humanismo. Muchos podrán extrañarse de que se hable aquí de humanismo. Trataremos de ver en qué sentido lo entendemos. En todo caso, lo que podemos decir desde el principio es que entendemos por existencialismo una doctrina que hace posible la vida humana y que, por otra parte, declara que toda verdad y toda acción implican un medio y una subjetividad humana.

El reproche esencial que se nos hace, como se sabe, es que ponemos el acento en el lado malo de la vida humana. Una señora de la que me han hablado recientemente, cuando por nerviosismo deja escapar una palabra vulgar, dice, excusándose: «Creo que me estoy volviendo existencialista». En consecuencia, se asimila fealdad a existencialismo; por eso se declara que somos naturalistas; y si lo somos, resulta extraño que asustemos, que escandalicemos mucho más de lo que el naturalismo propiamente dicho asusta e indigna hoy día. Hay quien soporta perfectamente una novela de Zola como *La tierra,* y se desalienta al leer una novela existencialista; hay quien utiliza la moral corriente –que es bien mediocre– y nos encuentra a nosotros más mediocres todavía. Sin embargo, qué más decepcionante que decir, por ejemplo, «la caridad bien entendida empieza por uno mismo», o bien «unge al villano y él se quejará, trátalo con dureza y él te ungirá». Conocemos los lugares comunes que se pueden utilizar en este punto y que muestran siempre la misma cosa: no hay que luchar contra los poderes establecidos, no hay que luchar contra la fuerza, no hay que intentar elevarse por encima de la propia condición, toda acción que no se inserta en una tradición es un romanticismo, toda tentativa que no se apoya en una experiencia probada está condenada al fracaso; y la experiencia muestra que los hombres tienden siempre hacia lo bajo, que se necesitan cuerpos sólidos para dominarlos: si no, es la anarquía. Sin embargo, es la gente que repite estos lamentables proverbios, la gente que dice: «qué humano» cada vez que se les muestra un acto más o menos repugnante, la gente que se alimenta de canciones realistas, es ésa la gente que reprocha al existencialismo ser demasiado sombrío, y hasta tal punto que me pregunto si lo que le reprochan es su optimismo y no su pesimismo. En el fondo, lo que asusta de la doctrina que voy a tratar de exponer ¿no es el hecho de que deja una posibilidad de elección al hombre? Para saberlo, es necesario que volvamos a examinar la cuestión en un plano estrictamente filosófico. ¿A qué se le llama existencialismo?

La mayor parte de la gente que utiliza esta palabra se sentiría muy incómoda si tuviera que justificar su empleo, y puesto que hoy día se ha convertido en una moda, se declara de buen grado que tal músico o tal pintor es existencialista. Un redactor de noticias de Clartés firma *l'Existentialiste;* y en el fondo la palabra ha tomado hoy tal amplitud y tal extensión que ya no significa absolutamente nada. Parece que, a falta de una doctrina de vanguardia análoga al surrealismo, la gente ávida de escándalo y de movimiento se dirige a esta filosofía, que no les puede aportar nada por otra parte en este dominio; en realidad es la doctrina menos escandalosa, la más austera; está destinada estrictamente a los técnicos y a los filósofos. Sin embargo, se puede definir fácilmente. Lo que complica las cosas es que hay dos especies de existencialistas: los primeros, que son cristianos, entre los cuales yo colocaría a Jaspers y a Gabriel Marcel, de confesión católica; y, por otra parte, los existencialistas ateos, entre los cuales hay que colocar a Heidegger[1], y también a los existencialistas franceses y a mí mismo. Lo que ellos tienen en común es simplemente el hecho de considerar que la existencia precede a la esencia, o, si se prefiere, que hay que partir de la subjetividad. ¿Qué significa esto exactamente?

---

1. El propio Heidegger rechaza esta afirmación en su *Carta sobre el humanismo* (1946); en ella hace algunas alusiones a *El existencialismo es un humanismo*.

4. El existencialismo es un humanismo

Consideremos un objeto fabricado, por ejemplo un libro o un abrecartas. Este objeto ha sido fabricado por un artesano que se ha inspirado en un concepto; se ha referido al concepto de abrecartas, e igualmente a una técnica de producción previa que forma parte del concepto, y que en el fondo es una fórmula. Así, el abrecartas es a la vez un objeto que se produce de cierta manera y que, por otra parte, tiene una utilidad definida, y es impensable que un hombre produzca un abrecartas sin saber para qué va a servir ese objeto. Diríamos entonces que en el caso del abrecartas, la esencia –es decir, el conjunto de fórmulas y de cualidades que permiten producirlo y definirlo– precede a la existencia; y así está determinada la presencia frente a mí de tal o cual abrecartas, de tal o cual libro. Tenemos aquí, pues, una visión técnica del mundo, en la cual se puede decir que la producción precede a la existencia.

Cuando concebimos un Dios creador, ese Dios se asimila la mayoría de las veces a un artesano superior; y cualquiera que sea la doctrina que consideremos, trátese de una doctrina como la de Descartes o como la de Leibniz, admitimos siempre que la voluntad sigue más o menos al entendimiento, o por lo menos lo acompaña, y que Dios, cuando crea, sabe con precisión lo que crea. Así el concepto de hombre en el espíritu de Dios es asimilable al concepto de abrecartas en el espíritu del industrial; y Dios produce al hombre siguiendo técnicas y una concepción, exactamente como el artesano fabrica un abrecartas siguiendo una definición y una técnica. Así el hombre individual realiza cierto concepto que está en el entendimiento divino. En el siglo XVIII, en el ateísmo de los filósofos, la noción de Dios es suprimida, pero no pasa lo mismo con la idea de que la esencia precede a la existencia. Esta idea la encontramos un poco en todas partes: la encontramos en Diderot, en Voltaire y aun en Kant. El hombre es poseedor de una naturaleza humana; esta naturaleza humana, que es el concepto humano, se encuentra en todos los hombres, lo que significa que cada hombre es un ejemplo particular de un concepto universal, el hombre; en Kant resulta de esta universalidad que tanto el hombre de los bosques, el hombre de la naturaleza, como el burgués están sujetos a la misma definición y poseen las mismas cualidades básicas. Así, pues, aquí también la esencia del hombre precede a esa existencia histórica que encontramos en la naturaleza.

El existencialismo ateo que yo represento es más coherente. Declara que si Dios no existe, hay por lo menos un ser en el que la existencia precede a la esencia, un ser que existe antes de poder ser definido por ningún concepto, y que este ser es el hombre o, como dice Heidegger, la realidad humana. ¿Qué significa aquí que la existencia precede a la esencia? Significa que el hombre empieza por existir, se encuentra, surge en el mundo, y que después se define. El hombre, tal como lo concibe el existencialista, si no es definible, es porque empieza por no ser nada. Sólo será después, y será tal como se haya hecho. Así pues, no hay naturaleza humana, porque no hay Dios para concebirla. El hombre es el único que no sólo es tal como él se concibe, sino tal como él se quiere, y como él se concibe después de la existencia, como él se quiere después de este impulso hacia la existencia; el hombre no es otra cosa que lo que él se hace. Éste es el primer principio del existencialismo. Es también lo que se llama la subjetividad, que se nos echa en cara bajo ese mismo nombre. Pero ¿qué queremos decir con esto sino que el hombre tiene una dignidad mayor que la piedra o la mesa? Porque queremos decir que el hombre empieza por existir, es decir, que empieza por ser algo que se lanza hacia un porvenir, y que es consciente de proyectarse hacia el porvenir. El hombre es ante todo un proyecto que se vive subjetivamente, en lugar de ser un musgo, una podredumbre o una coliflor; nada existe previamente a este proyecto; nada hay en el cielo inteligible, y el hombre será ante todo lo que haya proyectado ser. No lo que quiera ser. Porque lo que entendemos ordinariamente por querer es una decisión consciente, que para la mayoría de nosotros es posterior a que el hombre se haya hecho a sí mismo. Yo puedo querer adherirme a un partido, escribir un libro, casarme; todo esto no es más que la manifestación de una elección más original, más espontánea que lo que se llama voluntad. Pero si verdaderamente la existencia precede a la esencia, el hombre es responsable de lo que es. Así, el primer paso del existencialismo es poner a todo hombre en posesión de lo que es, y hacer recaer sobre él la responsabilidad total de su existencia. Y cuando decimos que el hombre es responsable de sí mismo, no queremos decir que el hombre es responsable de su estricta individualidad, sino que es responsable de todos los hombres. Hay dos sentidos de la palabra subjetivismo, y nuestros adversarios juegan con los dos sentidos. Subjetivismo, por una parte, quiere decir elección del sujeto individual por sí mismo, y por otra, imposibilidad del hombre de sobrepasar la subjetividad humana. El segundo sentido es el sentido profundo del existencialismo. Cuando decimos que el hombre se elige, entendemos que cada uno de nosotros se elige, pero también queremos decir con esto que al elegirse elige a todos los hombres. En efecto, no hay ninguno de nuestros actos que, al crear al hombre que queremos ser, no cree al mismo tiempo una imagen del hombre tal como consideramos que debe ser. Elegir ser esto o aquello es afirmar al mismo tiempo el valor de lo que elegimos, porque nunca podemos elegir el mal; lo que elegimos es siempre el bien, y nada puede ser bueno para nosotros sin serlo para todos. Si, por otra parte, la existencia precede a la esencia y nosotros queremos existir al mismo tiempo que formamos nuestra imagen, esta imagen es valedera para todos y para nuestra época entera. Así, nuestra responsabilidad es mucho mayor de lo que podríamos suponer, porque compromete a toda la humanidad. Si soy obrero y elijo adherirme a un sindicato cristiano antes que ser comunista, si con esta adhesión quiero indicar que la resignación es en el fondo la solución que conviene al hombre, que el reino del hombre no está sobre la tierra, no comprometo solamente mi caso: quiero resignarme para todos; en consecuencia, mi acto ha comprometido a toda la humanidad. Y si quiero –hecho más individual– casarme, tener hijos, aun si mi casamiento depende únicamente de mi situación, o de mi pasión o de mi deseo, con esto no me encamino yo solamente, sino que encamino a la humanidad entera en la vía de la monogamia.

Así soy responsable por mí mismo y por todos, y creo una cierta imagen del hombre que yo elijo; eligiéndome, elijo al hombre. Esto permite comprender lo que se oculta bajo palabras un tanto grandilocuentes como angustia, desamparo, desesperación. Como verán ustedes, es sumamente sencillo. Ante todo, ¿qué se entiende por angustia? El existencialista suele declarar que el hombre es angustia. Esto significa que el hombre que se compromete y que se da cuenta de que es no sólo el que elige ser, sino también un legislador, que al mismo tiempo que a sí mismo elige a toda la humanidad, no podría escapar al sentimiento de su total y profunda responsabilidad. Ciertamente hay muchos que no están angustiados; pero nosotros afirmamos que se enmascaran su propia angustia, que huyen de ella; en verdad, muchos creen que al obrar sólo se comprometen a sí mismos, y cuando se les dice: «Pero ¿y si todo el mundo procediera así?», se encogen de hombros y contestan: «No todo el mundo procede así». Pero en verdad hay que preguntarse siempre: ¿qué sucedería si todo el mundo hiciera lo mismo? Y no se escapa uno de este pensamiento inquieto sino por una especie de mala fe. El que miente y se excusa declarando: «todo el mundo no procede así», es alguien que no está bien con su conciencia, pues el hecho de mentir implica un valor universal atribuido a la mentira. Aun cuando la angustia se enmascara, aparece. Es esta angustia la que Kierkegaard llamaba la angustia de Abraham. Conocen ustedes la historia: un ángel ha ordenado a Abraham sacrificar a su hijo; todo anda bien si es verdaderamente un ángel el que ha venido y le ha dicho: «Tú eres Abraham, sacrificarás a tu hijo». Pero cada cual puede preguntarse: ante todo, ¿es en verdad un ángel, y yo soy en verdad Abraham? ¿Quién me lo prueba? Había una loca que tenía alucinaciones: le hablaban por teléfono y le daban órdenes. El médico le preguntó: «Pero ¿quién le habla?». Ella contestó: «Dice que es Dios». ¿Y qué le probaba que, en efecto, era Dios? Si un ángel viene a mí, ¿qué es lo que prueba que es un ángel? Y si oigo voces, ¿qué es lo que prueba que vienen del cielo y no del infierno, o del subconsciente, o de un estado patológico? ¿Quién prueba que se dirigen a mí? ¿Quién prueba que soy yo el realmente señalado para imponer mi concepción del hombre y mi elección a la humanidad? No encontraré jamás ninguna prueba, ningún signo para convencerme de ello. Si una voz se dirige a mí, siempre seré yo quien decida que esta voz es la voz del ángel; si considero que tal o cual acto es bueno, soy yo el que elegiré decir que este acto es bueno y no malo. Nadie me designa para ser Abraham, y, sin embargo, estoy obligado a cada instante a realizar actos ejemplares. Todo ocurre como si, para todo hombre, toda la humanidad tuviera los ojos fijos en lo que él hace y se ajustara a lo que él hace. Y cada hombre debe decirse: ¿soy yo quien tiene el derecho a obrar de tal manera que la humanidad se rija según mis actos? Y si no se dice esto es porque se enmascara su angustia. No se trata aquí de una angustia que conduciría al quietismo, a la inacción. Se trata de una angustia simple, que conocen todos aquellos que han tenido responsabilidades. Cuando, por ejemplo, un jefe militar asume la responsabilidad de un ataque y envía cierto número de hombres a la muerte, él elige hacerlo y en el fondo elige él solo. Sin duda hay órdenes superiores, pero son demasiado amplias y se impone una interpretación que proviene de él, y de esta interpretación depende la vida de catorce o veinte hombres. No puede dejar de haber, en la decisión que toma, cierta angustia. Todos los jefes conocen esta angustia. Esto no les impide actuar: al contrario, es la condición misma de su acción; porque esto supone que enfrentan una pluralidad de posibilidades, y cuando eligen una, se dan cuenta de que sólo tiene valor porque ha sido elegida. Y esta especie de angustia, que es la que describe el existencialismo, veremos que se explica además por una responsabilidad directa frente a los otros hombres que compromete. No es una cortina que nos separa de la acción, sino que forma parte de la acción misma.

Y cuando se habla de desamparo, expresión cara a Heidegger, queremos decir solamente que Dios no existe, y que de esto hay que sacar las últimas consecuencias. El existencialista se opone decididamente a cierto tipo de moral laica que quisiera suprimir a Dios con el menor esfuerzo posible. Cuando hacia 1880 algunos profesores franceses trataron de constituir una moral laica, dijeron más o menos esto: Dios es una hipótesis inútil y costosa, nosotros la suprimimos; pero es necesario, sin embargo, para que haya una moral, una sociedad, un mundo vigilado, que algunos valores se tomen en serio y se consideren como existentes *a priori;* es necesario que sea obligatorio *a priori* ser honesto, no mentir, no pegar a la esposa, tener hijos, etc., etc. Haremos por lo tanto un pequeño trabajo que permitirá demostrar que estos valores existen, a pesar de todo, inscritos en un cielo inteligible, aunque, por otra parte, Dios no existe. Dicho en otra forma —y es, según creo, la tendencia de todo lo que se llama en Francia el radicalismo—, nada cambiará si Dios no existe;

encontraremos las mismas normas de honradez, de progreso, de humanismo, y habremos hecho de Dios una hipótesis superada que morirá tranquilamente y por sí misma. El existencialista, por el contrario, piensa que es muy incómodo que Dios no exista, porque con él desaparece toda posibilidad de encontrar valores en un cielo inteligible; ya no se puede tener el bien *a priori*, porque no hay más conciencia infinita y perfecta para pensarlo; no está escrito en ninguna parte que el bien exista, que haya que ser honesto, que no haya que mentir; puesto que precisamente estamos en un plano donde solamente hay hombres. Dostoievski había escrito: «Si Dios no existiera, todo estaría permitido». Éste es el punto de partida del existencialismo. En efecto, todo está permitido si Dios no existe y en consecuencia el hombre está abandonado, porque no encuentra ni en sí ni fuera de sí una posibilidad de aferrarse. No encuentra, ante todo, excusas. Si en efecto la existencia precede a la esencia, no se podrá jamás explicar por referencia a una naturaleza humana dada y fija; dicho de otro modo, no hay determinismo, el hombre es libre, el hombre es libertad. Si, por otra parte, Dios no existe, no encontramos frente a nosotros valores u órdenes que legitimen nuestra conducta. Así, no tenemos ni detrás ni delante de nosotros, en el dominio luminoso de los valores, ni justificaciones ni excusas. Estamos solos, sin excusas. Es lo que expresaré al decir que el hombre está condenado a ser libre. Condenado, porque no se ha creado a sí mismo y, sin embargo, por otro lado, libre, porque una vez arrojado al mundo es responsable de todo lo que hace. El existencialista no cree en el poder de la pasión. No pensará nunca que una bella pasión es un torrente devastador que conduce fatalmente al hombre a ciertos actos y que por tanto es una excusa; piensa que el hombre es responsable de su pasión. El existencialista tampoco pensará que el hombre puede encontrar socorro en un signo dado, en la tierra, que lo orientará, porque piensa que el hombre descifra por sí mismo el signo como prefiere. Piensa, pues, que el hombre, sin ningún apoyo ni socorro, está condenado a cada instante a inventar al hombre. Ponge ha dicho, en un artículo muy hermoso: «El hombre es el porvenir del hombre»[2]. Es perfectamente exacto. Sólo que si se entiende por esto que ese porvenir está inscrito en el cielo, que Dios lo ve, entonces es falso, pues ya no sería ni siquiera un porvenir. Si se entiende que, sea cual fuere el hombre que aparece, hay un porvenir por hacer, un porvenir virgen que lo espera, entonces es exacto. Pero en tal caso está uno desamparado. Para dar un ejemplo que permita comprender mejor lo que es el desamparo, citaré el caso de uno de mis alumnos, que me vino a ver en las siguientes circunstancias: su padre se había peleado con su madre y tendía al colaboracionismo; su hermano mayor había muerto en la ofensiva alemana de 1940, y este joven, con sentimientos un poco primitivos pero generosos, quería vengarlo. Su madre vivía sola con él, muy afligida por la semitraición del padre y por la muerte del hijo mayor, y su único consuelo era él. Este joven tenía, en ese momento, la elección de partir para Inglaterra y entrar en las Fuerzas

2. Véase «Notes premières de l'homme» en *Les Temps Modernes*, núm. 1, octubre 1945.

Francesas Libres —es decir, abandonar a su madre— o bien permanecer al lado de su madre, y ayudarla a vivir. Se daba perfecta cuenta de que esta mujer sólo vivía para él y que su desaparición —y tal vez su muerte— la hundiría en la desesperación. También se daba cuenta de que en el fondo, concretamente, cada acto que llevaba a cabo con respecto a su madre tenía otro correspondiente en el sentido de que la ayudaba a vivir, mientras que cada acto que llevaba a cabo para partir y combatir era un acto ambiguo que podía perderse en la arena, sin servir para nada: por ejemplo, al partir para Inglaterra, pasando por España, podía permanecer indefinidamente en un campo español; podía llegar a Inglaterra o a Argelia y acabar en un despacho redactando documentos. En consecuencia, se encontraba frente a dos tipos de acción muy diferentes: una concreta, inmediata, pero que se dirigía a un solo individuo; y otra que se dirigía a un conjunto infinitamente más vasto, a una colectividad nacional, pero que por eso mismo era ambigua, y que podía ser interrumpida en el camino. Al mismo tiempo dudaba entre dos tipos de moral. Por una parte, una moral de simpatía, de devoción personal; y por otra, una moral más amplia, pero de eficacia más discutible. Había que elegir entre las dos. ¿Quién podía ayudarlo a elegir? ¿La doctrina cristiana? No, la doctrina cristiana dice así: sed caritativos, amad a vuestro prójimo, sacrificaos por los demás, elegid el camino más estrecho, etc., etc. Pero ¿cuál es el camino más estrecho? ¿A quién hay que amar como a un hermano? ¿Al combatiente o a la madre? ¿Cuál es la utilidad mayor: la utilidad vaga de luchar en un grupo o la utilidad precisa de ayudar a un ser concreto a vivir? ¿Quién puede decidir *a priori*?

Nadie. Ninguna moral inscrita puede decirlo. La moral kantiana dice: no tratéis jamás a los otros como medios, sino como fines. Muy bien: si vivo al lado de mi madre la trataré como fin, y no como medio, pero esto me pone en peligro de tratar como medio a los que combaten a mi alrededor; y recíprocamente, si me uno a los que combaten, los trataré como fin, y esto me pone en peligro de tratar a mi madre como medio.

Si los valores son vagos, y si son siempre demasiado vastos para el caso preciso y concreto que consideramos, sólo nos queda fiarnos de nuestros instintos. Es lo que ha tratado de hacer este joven; y cuando lo vi, me dijo: «En el fondo, lo que importa es el sentimiento; debería elegir lo que me empuja verdaderamente en cierta dirección. Si siento que amo a mi madre lo bastante para sacrificar todo lo demás –mi deseo de venganza, mi deseo de acción, mi deseo de aventuras–, me quedo al lado de ella. Si, al contrario, siento que mi amor por mi madre no es suficiente, parto». Pero ¿cómo determinar el valor de un sentimiento? ¿Qué es lo que constituía el valor de su sentimiento hacia su madre? Precisamente el hecho de que se quedaba por ella. Puedo decir: quiero lo bastante a tal amigo para sacrificar por él tal suma de dinero; puedo decirlo sólo si lo he hecho. Puedo decir: quiero lo bastante a mi madre para quedarme junto a ella. No puedo determinar el valor de este afecto si no he hecho precisamente un acto que lo ratifica y lo define. Ahora bien, como exijo a este afecto justificar mi acto, me encuentro encerrado en un círculo vicioso.

Por otra parte, Gide ha dicho muy bien que un sentimiento que se representa y un sentimiento que se vive son dos cosas casi indiscernibles: decidir que amo a mi madre quedándome junto a ella o representar una comedia que hará que yo permanezca con mi madre es casi la misma cosa. Dicho de otra forma, el sentimiento se construye con actos que se realizan; no puedo pues consultarlo para guiarme por él. Lo cual quiere decir que no puedo ni buscar en mí el estado auténtico que me empujará a actuar, ni pedir a una moral los conceptos que me permitirán actuar. Por lo menos, dirán ustedes, ha ido a ver a un profesor para pedirle consejo. Pero si ustedes, por ejemplo, buscan el consejo de un sacerdote, han elegido ese sacerdote y saben más o menos ya, en el fondo, lo que él les va a aconsejar. En otras palabras, elegir el consejero es ya comprometerse. La prueba está en que si ustedes son cristianos, dirán: consulte a un sacerdote. Pero hay sacerdotes conformistas, sacerdotes de la resistencia. ¿Cuál elegir? Y si el joven elige un sacerdote de la resistencia o un sacerdote colaboracionista ya ha decidido el tipo de consejo que va a recibir. Así, al venir a verme, sabía la respuesta que yo le daría y yo no tenía más que una respuesta que dar: usted es libre, elija, es decir, invente. Ninguna moral general puede indicar lo que hay que hacer; no hay signos en el mundo. Los católicos dirán: sí, hay signos. Admitámoslo: soy yo mismo, de todas maneras, el que elige el sentido que tienen. Conocí, cuando estaba prisionero, a un hombre muy notable que era jesuita. Había entrado en la orden de los jesuitas de la siguiente forma: había tenido que soportar cierto número de fracasos muy duros; de niño, su padre había muerto dejándolo en la pobreza, y él había sido becario en una institución religiosa donde continuamente se le

4. El existencialismo es un humanismo

hacía sentir que era aceptado por caridad; luego no obtuvo cierto número de distinciones honoríficas que halagan a los niños; después, hacia los dieciocho años, fracasó en una aventura sentimental; en fin, a los veintidós, cosa muy pueril pero que fue la gota que colmó el vaso, fracasó en su preparación militar. Este joven podía pues considerar que había fracasado en todo; era un signo, pero ¿signo de qué? Podía refugiarse en la amargura o en la desesperación. Pero juzgó, muy hábilmente según él, que era el signo de que no estaba hecho para los triunfos seculares, y que sólo los triunfos de la religión, de la santidad, de la fe, le eran accesibles. Vio en esto la palabra de Dios y entró en la orden. ¿Quién no ve que la decisión del sentido del signo fue tomada por él totalmente solo? Se habría podido deducir otra cosa de esta serie de fracasos: por ejemplo, que hubiera sido mejor que fuese carpintero o revolucionario. Él llevaba pues la entera responsabilidad del desciframiento. El desamparo implica que elijamos nosotros mismos nuestro ser. El desamparo va acompañado de la angustia. En cuanto a la desesperación, esta expresión tiene un sentido extremadamente simple. Significa que nos limitaremos a contar con lo que depende de nuestra voluntad, o con el conjunto de probabilidades que hacen posible nuestra acción. Cuando se quiere alguna cosa, hay siempre elementos probables. Puedo contar con la llegada de un amigo. El amigo viene en ferrocarril o en tranvía: eso supone que el tren llegará a la hora fijada, o que el tranvía no descarrilará. Estoy en el dominio de las posibilidades; pero no se trata de contar con los posibles más que en la medida estricta en que nuestra acción implica el conjunto de esos posibles. A partir del momento en que las posibilidades que considero no están rigurosamente comprometidas por mi acción, debo desinteresarme, porque ningún Dios, ningún designio puede adaptar el mundo y sus posibilidades a mi voluntad. En el fondo, cuando Descartes decía: «Vencerse más bien a sí mismo que al mundo», quería decir la misma cosa: obrar sin esperanza. Los marxistas con quienes he hablado me contestan: «Usted puede, en su acción, que estará evidentemente limitada por su muerte, contar con el apoyo de otros. Esto significa contar a la vez con lo que los otros harán en otra parte, en China, en Rusia, para ayudarlo, y a la vez sobre lo que harán más tarde, después de su muerte, para reanudar la acción y llevarla hacia su cumplimiento, que será la revolución. Usted debe tener en cuenta todo eso; si no, usted no es moral». Respondo en primer lugar que contaré siempre con los camaradas de lucha en la medida en que esos camaradas están comprometidos conmigo en una lucha concreta y común, en la unidad de un partido o de un grupo que yo puedo controlar más o menos, es decir, en el cual estoy a título de militante y cuyos movimientos conozco a cada instante. En ese momento, contar con la unidad y la voluntad de ese partido es exactamente como contar con que el tranvía llegará a la hora o con que el tren no descarrilará. Pero no puedo contar con hombres que no conozco fundándome en la bondad humana o en el interés del hombre por el bien de la sociedad, dado que el hombre es libre y que no hay ninguna naturaleza humana en que pueda yo fundarme. No sé qué llegará a ser de la revolución rusa: puedo admirarla y ponerla de ejemplo en la medida en que hoy me prueba que el proletariado desempeña un papel en Rusia como no lo desempeña en ninguna otra nación. Pero no puedo afirmar que esto conducirá forzosamente a un triunfo del proletariado; tengo que limitarme a lo que veo; no puedo estar seguro de que los camaradas de lucha reanudarán mi trabajo después de mi muerte para llevarlo a un máximo de perfección, puesto que estos hombres son libres y decidirán libremente mañana lo que será el hombre; mañana, después de mi muerte, algunos hombres pueden decidir establecer el fascismo, y los demás pueden ser lo bastante cobardes y débiles para dejarles hacer; en ese momento, el fascismo será la verdad humana, y tanto peor para nosotros; en realidad, las cosas serán como el hombre haya decidido que sean. ¿Quiere decir esto que debo abandonarme al quietismo? No. En primer lugar, debo comprometerme; luego, actuar según la vieja fórmula: «No es necesario tener esperanzas para actuar». Esto no quiere decir que yo no deba pertenecer a un partido, pero sí que no tendré ilusión y que haré lo que pueda. Por ejemplo, si me pregunto: ¿llegará la colectivización, como tal, a realizarse? No sé nada; sé solamente que haré todo lo que esté en mi mano para que llegue; fuera de esto no puedo contar con nada.

El quietismo es la actitud de la gente que dice: los demás pueden hacer lo que yo no puedo hacer. La doctrina que yo les presento es justamente la opuesta al quietismo, porque declara: sólo hay realidad en la acción; y va más lejos todavía, porque agrega: el hombre no es nada más que su proyecto, no existe más que en la medida en que se realiza; por lo tanto, no es otra cosa que el conjunto de sus actos, nada más que su vida. De acuerdo con esto, podemos comprender por qué nuestra doctrina horroriza a algunas personas. Porque a menudo no tienen más que una forma de soportar su miseria, y es pensar así: las circunstancias me han sido adversas; yo valía mucho más de lo que he sido; evidentemente no he tenido un gran amor, o una gran amistad, pero es porque no he encontrado ni un hombre ni una mujer que lo mereciesen; no he escrito buenos libros porque no he tenido tiempo para hacerlos; no he tenido hijos a quienes dedicarme porque no he encontrado al hombre con el que podría haber realizado mi vida. Han quedado pues, en mí, sin empleo, y enteramente viables, un conjunto de disposiciones, de inclinaciones, de posibilidades que me dan un valor que la simple serie de mis actos no permite inferir. Ahora bien, en realidad, para el existencialismo, no hay otro amor que el que se constituye, no hay otra posibilidad de amor que la que se manifiesta en el amor; no hay otro genio que el que se manifiesta en las obras de arte; el genio de Proust es la totalidad de las obras de Proust; el genio de Racine es la serie de sus tragedias; fuera de esto no hay nada. ¿Por qué atribuir a Racine la posibilidad de escribir una nueva tragedia, cuando no la ha escrito? Un hombre se compromete en la vida, dibuja su figura, y, fuera de esta figura, no hay nada. Evidentemente, este pensamiento puede parecer duro para aquel que no ha triunfado en la vida. Pero, por otra parte, dispone a la gente para comprender que sólo cuenta la realidad, que los sueños, las esperas, las esperanzas permiten solamente definir a un hombre como sueño desilusionado, como esperanzas abortadas, como esperas inútiles; es decir, que esto lo define negativamente y no positivamente; sin embargo, cuando se dice: «Tú no eres otra cosa que tu vida», esto no implica que el artista será juzgado solamente por sus obras de arte; miles de otras cosas contribuyen igualmente a definirlo. Lo que queremos decir es que el hombre no es más que una serie de empresas, que es la suma, la organización, el conjunto de las relaciones que constituyen estas empresas.

En estas condiciones, lo que se nos reprocha aquí en el fondo no es nuestro pesimismo, sino una dureza optimista. Si la gente nos reprocha las novelas en que describimos seres sin coraje, débiles, cobardes y algunas veces francamente malos, no es únicamente porque estos seres son flojos, débiles, cobardes o malos; porque si, como Zola, declaráramos que son así por herencia, por la acción del medio, de la sociedad, por un determinismo orgánico o psicológico, la gente se sentiría segura y diría: bueno, somos así, y nadie puede hacer nada; pero el existencialista, cuando describe a un cobarde, dice que el cobarde es responsable de su cobardía. No lo es porque tenga un corazón, un pulmón o un cerebro cobarde; no lo es debido a una configuración fisiológica, sino que lo es porque se ha constituido como hombre cobarde por sus actos. No hay temperamento cobarde; hay temperamentos nerviosos, hay sangre floja, como dicen, o temperamentos ricos; pero el hombre que tiene una sangre floja no por eso es cobarde, porque lo que hace la cobardía es el acto de renunciar o de ceder; un temperamento no es un acto; el cobarde está definido a partir del acto que realiza. Lo que la gente siente oscuramente y le horroriza es que el cobarde que nosotros presentamos es culpable de ser cobarde. Lo que la gente quiere es que se nazca cobarde o héroe. Uno de los reproches que se hace a menudo a *Los caminos de la libertad* se formula así: pero, en fin, de esa gente que es tan floja, ¿cómo hará usted héroes? Esta objeción resulta más bien cómica, porque supone que uno nace héroe. Y en el fondo es esto lo que la gente quiere pensar: si se nace cobarde, se está perfectamente tranquilo, no hay nada que hacer, se será un cobarde toda la vida, hágase lo que se haga; si se nace héroe, también se estará perfectamente tranquilo, se será un héroe toda la vida, se beberá como un héroe, se comerá como un héroe. Lo que dice el existencialista es que el cobarde se hace cobarde, el héroe se hace héroe; para el cobarde hay siempre una posibilidad de no ser más cobarde y para el héroe la de dejar de ser héroe. Lo importante es el compromiso total, y no es un caso particular, una acción particular lo que compromete totalmente.

Así, creo yo, hemos respondido a cierto número de reproches concernientes al existencialismo. Ustedes ven que no puede ser considerado como una filosofía del quietismo, puesto que define al hombre por la acción; ni como una descripción pesimista del hombre: no hay doctrina más optimista, puesto que el destino del hombre está en él mismo; ni como una tentativa para descorazonar al hombre alejándolo de la acción, puesto que le dice que sólo hay esperanza en su acción, y que la única cosa que permite vivir al hombre es el acto. En consecuencia, en este plano, tenemos que vérnoslas con una moral de acción y de compromiso. Sin embargo, se nos reprocha además, partiendo de estos postulados, que aislamos al hombre en su subjetividad individual. Aquí también se nos entiende muy mal.

4. El existencialismo es un humanismo

Nuestro punto de partida, en efecto, es la subjetividad del individuo, y ello por razones estrictamente filosóficas. No porque somos burgueses, sino porque queremos una doctrina basada en la verdad, y no un conjunto de bellas teorías, llenas de esperanza pero sin fundamentos reales. En el punto de partida no puede haber otra verdad que ésta: *pienso, luego existo;* ésta es la verdad absoluta de la conciencia captándose a sí misma. Toda teoría que toma al hombre fuera de ese momento en que se capta a sí mismo es ante todo una teoría que suprime la verdad, pues, fuera de este *cogito* cartesiano, todos los objetos son solamente probables y una doctrina de probabilidades que no está sujeta a una verdad se hunde en la nada; para definir lo probable hay que poseer lo verdadero. Luego, para que haya una verdad cualquiera, es necesaria una verdad absoluta; y ésta es simple, fácil de conseguir, está al alcance de todo el mundo; consiste en captarse sin intermediario.

En segundo lugar, esta teoría es la única que otorga una dignidad al hombre, la única que no lo convierte en objeto. Todo materialismo tiene por efecto tratar a todos los hombres, incluido uno mismo, como objetos; es decir, como un conjunto de reacciones determinadas, que en nada se distingue del conjunto de cualidades y fenómenos que constituyen una mesa o una silla o una piedra. Nosotros queremos constituir precisamente el reino humano como un conjunto de valores distintos del reino material. Pero la subjetividad que alcanzamos a título de verdad no es una subjetividad rigurosamente individual, porque hemos demostrado que en el *cogito* uno no se descubría solamente a sí mismo, sino también a los otros.

Por el *yo pienso,* contrariamente a la filosofía de Descartes, contrariamente a la filosofía de Kant, nosotros nos captamos a nosotros mismos frente al otro, y el otro es tan cierto para nosotros como nosotros mismos. Así, el hombre que se capta directamente por el *cogito* descubre también a todos los otros y los descubre como la condición de su existencia. Se da cuenta de que no puede ser nada (en el sentido en que se dice que se es espiritual, o que se es malo, o que se es celoso), salvo si los otros lo reconocen como tal. Para obtener una verdad cualquiera sobre mí, es necesario que pase por el otro. El otro es indispensable a mi existencia tanto como el conocimiento que tengo de mí mismo. En estas condiciones, el descubrimiento de mi intimidad me descubre al mismo tiempo al otro, como una libertad colocada frente a mí que no piensa y que no quiere sino por o contra mí. Así descubrimos enseguida un mundo que llamaremos la intersubjetividad, y es en este mundo donde el hombre decide lo que es y lo que son los otros.

Además, si es imposible encontrar en cada hombre una esencia universal que sería la naturaleza humana, existe, sin embargo, una universalidad humana de *condición.* No es por azar que los pensadores de hoy día hablan más fácilmente de la condición del hombre que de su naturaleza. Por condición ellos entienden, con más o menos claridad, el conjunto de los *límites a priori* que bosquejan su situación fundamental en el universo. Las situaciones históricas varían: el hombre puede nacer esclavo en una sociedad pagana, o señor feudal, o proletario.

Lo que no varía es su necesidad de estar en el mundo, de estar en él trabajando, de estar en él entre otros y de ser en él mortal. Los límites no son ni subjetivos ni objetivos, o más bien tienen una faz objetiva y una faz subjetiva. Objetivos porque se encuentran en todo y son en todo reconocibles, subjetivos porque son *vividos* y no son nada si el hombre no los vive, es decir, si no se determina libremente en su existencia por relación a ellos. Y si bien los proyectos pueden ser diversos, por lo menos ninguno puede permanecerme extraño, porque todos presentan en común una tentativa para franquear esos límites o para ampliarlos o para negarlos o para acomodarse a ellos. En consecuencia, todo proyecto, por más individual que sea, tiene un valor universal. Todo proyecto, aun el del chino, el del hindú o el del negro, puede ser comprendido por un europeo. Puede ser comprendido; esto quiere decir que el europeo de 1945 puede lanzarse a partir de una situación que él concibe hasta sus límites de la misma manera, y que puede rehacer en sí el proyecto del chino, del hindú o del africano. En todo proyecto hay universalidad en el sentido de que todo proyecto es comprensible para todo hombre. Lo que no significa de ninguna manera que este proyecto defina al hombre para siempre, sino que puede ser reencontrado. Hay siempre una forma de comprender al idiota, al niño, al primitivo o al extranjero, siempre que se tenga la información suficiente. En este sentido podemos decir que hay una universalidad del hombre; pero no está dada, es construida perpetuamente. Construyo lo universal al elegirme; lo construyo al comprender el proyecto de cualquier otro hombre, sea de la época que sea. Este absoluto de la elección no suprime la relatividad de cada época. Lo que el existencialismo tiene interés en demostrar es el enlace del carácter absoluto del compromiso libre, por el cual cada hombre se realiza al realizar un tipo de humanidad, compromiso siempre comprensible para cualquier época y por cualquier persona, y la relatividad del conjunto cultural que puede resultar de tal elección; hay que señalar a la vez la relatividad del cartesianismo y el carácter absoluto del compromiso cartesiano. En este sentido se puede decir, si ustedes quieren, que cada uno de nosotros realiza lo absoluto al respirar, al comer, al dormir, o actuando de cualquier manera. No hay ninguna diferencia entre ser libremente, ser como proyecto, como existencia que elige su esencia, y ser absoluto; y no hay ninguna diferencia entre ser un absoluto temporalmente localizado, es decir que se ha localizado en la historia, y ser comprensible universalmente. Esto no resuelve enteramente la objeción de subjetivismo. En efecto, esta objeción toma todavía muchas formas. La primera es la que sigue: se nos dice: «entonces ustedes pueden hacer cualquier cosa»; lo cual se expresa de diversas maneras. En primer lugar se nos tacha de anarquía; enseguida se declara: «No pueden ustedes juzgar a los demás, porque no hay razón para preferir un proyecto a otro»; en fin, se nos puede decir: «Todo es gratuito en lo que ustedes eligen, dan con una mano lo que fingen recibir con la otra». Estas tres objeciones no son muy serias. En primer lugar, la primera objeción: pueden elegir cualquier cosa, no es exacta. La elección es posible en un sentido, pero lo que no es posible es no elegir. Siempre puedo elegir, pero tengo que saber que, si no elijo, también elijo. Esto, aunque parezca estrictamente formal, tiene una gran importancia para limitar la fantasía y el capricho. Si es cierto que frente a una situación –por ejemplo la que determina que yo soy un ser sexuado, que puedo tener relaciones con un ser de otro sexo y tener hijos– estoy obligado a elegir una actitud y que de todos modos tengo la responsabilidad de una elección que, al comprometerme, compromete a toda la humanidad aun cuando ningún valor *a priori* determina mi elección, esto no tiene nada que ver con el capricho; y si se cree encontrar aquí la teoría gideana del acto gratuito, es porque no se ve la enorme diferencia entre esta doctrina y la de Gide. Gide no sabe lo que es una situación; obra por simple capricho. Para nosotros, al contrario, el hombre se encuentra en una situación organizada, donde está él mismo comprometido, compromete con su elección a toda la humanidad, y no puede evitar elegir: o bien permanecerá casto, o bien se casará sin tener hijos, o bien se casará y tendrá hijos; de todos modos, haga lo que haga, es imposible que no tome una responsabilidad total frente a ese problema. Sin duda, elige sin referirse a los valores preestablecidos, pero es injusto tacharlo de capricho. Digamos más bien que hay que comparar la elección moral con la construcción de una obra de arte. Y aquí hay que hacer enseguida un alto para decir que no se trata de una moral estética, porque nuestros adversarios tienen tanta mala fe que hasta esto nos reprochan. El ejemplo que elijo no es más que una comparación. Dicho esto, ¿se ha reprochado jamás a un artista que pinta un cuadro el no inspirarse en reglas establecidas *a priori*? ¿Se ha dicho jamás cuál es el cuadro que debe crear? Está bien claro que no hay cuadro definitivo que hacer, que el artista se compromete en la construcción de su cuadro, y que el cuadro por hacer es precisamente el cuadro que habrá hecho; está bien claro que no hay valores estéticos *a priori,* pero que hay valores que se ven después en la coherencia del cuadro, en las relaciones que hay entre la voluntad de creación y el resultado. Nadie puede decir lo que será la pintura de mañana; sólo se puede juzgar la pintura una vez realizada. ¿Qué relación tiene esto con la moral? Nosotros estamos en la misma situación creadora. No hablamos nunca de la gratuidad de una obra de arte. Cuando hablamos de un cuadro de Picasso, nunca decimos que es gratuito; comprendemos perfectamente que Picasso se ha construido tal como es, al mismo tiempo que pintaba; que el conjunto de su obra se incorpora a su vida.

Lo mismo ocurre en el plano de la moral. Lo que hay de común entre el arte y la moral es que, en ambos casos, tenemos creación e invención. No podemos decir *a priori* lo que hay que hacer. Creo haberlo mostrado suficientemente al hablarles del caso de ese alumno que me vino a ver y que podía dirigirse a todas las morales, kantiana u otras, sin encontrar ninguna especie de indicación; se vio obligado a inventar él mismo su ley. Nunca diremos que este hombre que ha elegido quedarse con su madre tomando como base moral los sentimientos, la acción individual y la caridad concreta, o que ha elegido irse a Inglaterra prefiriendo el sacrificio, ha hecho una elección gratuita. El hombre se hace; no está todo hecho desde el principio, se hace al elegir su moral, y la presión de las circunstancias es tal que no puede dejar de elegir una. No definimos al hombre sino en relación con un compromiso. Es por lo tanto absurdo reprocharnos la gratuidad de la elección.

4. El existencialismo es un humanismo

En segundo lugar se nos dice: no pueden ustedes juzgar a los otros. Esto es verdad en cierta medida, y falso en otra. Es verdadero en el sentido de que, cada vez que el hombre elige su compromiso y su proyecto con toda sinceridad y con toda lucidez, sea cual fuere por lo demás ese proyecto, es imposible hacerle preferir otro; es verdadero en el sentido de que no creemos en el progreso; el progreso es un mejoramiento; el hombre es siempre el mismo frente a una situación que varía y la elección es siempre una elección en una situación. El problema moral no ha cambiado desde el momento en que se podía elegir entre los esclavistas y los no esclavistas, en el momento de la guerra de Secesión, por ejemplo, hasta el momento presente, en que se puede optar por el Mouvement Républicain Populaire o los comunistas.

Pero sin embargo se puede juzgar, porque, como he dicho, se elige frente a los otros, y uno se elige a sí frente a los otros. Ante todo se puede juzgar (y éste no es, quizás, un juicio de valor, pero es un juicio lógico) que ciertas elecciones están fundadas en el error y otras en la verdad. Se puede juzgar a un hombre diciendo que es de mala fe. Si hemos definido la situación del hombre como una elección libre, sin excusas y sin ayuda, todo hombre que se refugia detrás de la excusa de sus pasiones, todo hombre que inventa un determinismo, es un hombre de mala fe.

Se podría objetar: pero ¿por qué no podría elegirse a sí mismo de mala fe? Respondo que no tengo que juzgarlo moralmente, pero defino su mala fe como un error. En esto, no se puede escapar a un juicio de verdad. La mala fe es evidentemente una mentira, porque disimula la total libertad del compromiso. En el mismo plano, diré que hay también una mala fe si elijo declarar que ciertos valores existen antes que yo: estoy en contradicción conmigo mismo si, a la vez, los quiero y declaro que se me imponen. Si se me dice: ¿y si quiero ser de mala fe?, responderé: no hay ninguna razón para que no lo sea, pero yo declaro que usted lo es, y que la actitud de estricta coherencia es la actitud de buena fe. Y además puedo formular un juicio moral. Cuando declaro que la libertad a través de cada circunstancia concreta no puede tener otro fin que quererse a sí misma, si el hombre ha reconocido que establece valores, en el desamparo no puede querer sino una cosa, la libertad, como fundamento de todos los valores. Esto no significa que la quiera en abstracto. Quiere decir simplemente que los actos de los hombres de buena fe tienen como última significación la búsqueda de la libertad como tal. Un hombre que se adhiere a tal o cual sindicato comunista o revolucionario persigue fines concretos; estos fines implican una voluntad abstracta de libertad; pero esta libertad se quiere en lo concreto. Queremos la libertad por la libertad y a través de cada circunstancia particular. Y al querer la libertad descubrimos que depende enteramente de la libertad de los otros, y que la libertad de los otros depende de la nuestra. Ciertamente la libertad, como definición del hombre, no depende de los demás, pero en cuanto hay compromiso, estoy obligado a querer, al mismo tiempo que mi libertad, la libertad de los otros; no puedo tomar mi libertad como fin si no tomo igualmente la de los otros como fin. En consecuencia, cuando en el plano de la autenticidad total he reconocido que el hombre es un ser en el cual la esencia está precedida por la existencia, que es un ser libre que no puede, en circunstancias diversas, más que querer su libertad, he reconocido al mismo tiempo que no puedo menos de querer la libertad de los otros. Así, en nombre de esta voluntad de libertad, implicada por la libertad misma, puedo formar juicios sobre los que tratan de ocultar la total gratuidad de su existencia, y su total libertad. A los que se oculten su libertad total por espíritu de seriedad o por excusas deterministas los llamaré cobardes; a los que traten de mostrar que su existencia era necesaria, mientras que ella es la contingencia misma de la aparición del hombre sobre la tierra, los llamaré deshonestos. Pero cobardes o deshonestos no pueden ser juzgados más que en el plano de la estricta autenticidad. Así, aunque el contenido de la moral sea variable, cierta forma de esta moral es universal. Kant declara que la libertad se quiere a sí misma y quiere la libertad de los otros. De acuerdo; pero él cree que lo formal y lo universal son suficientes para constituir una moral. Nosotros pensamos, por el contrario, que los principios demasiado abstractos fracasan a la hora de definir la acción. Todavía una vez más tomen el caso de aquel alumno: ¿en nombre de qué, en nombre de qué gran máxima moral piensan ustedes que podría haber decidido con toda tranquilidad de espíritu abandonar a su madre o permanecer al lado de ella? No hay ningún medio de juzgar. El contenido es siempre concreto y por lo tanto imprevisible; hay siempre invención. La única cosa que tiene importancia es saber si la invención que se hace se hace en nombre de la libertad. Examinemos, por ejemplo, los dos casos siguientes; verán en qué medida se parecen y sin embargo se diferencian. Tomemos *El molino junto al Floss*[3]. Encontramos allí a una joven, Maggie Tulliver, que encarna el valor de la pasión y que es consciente de ello; está enamorada de un joven, Stephen, novio de otra joven insignificante. Maggie Tulliver, en vez de preferir irreflexivamente su propia felicidad, en nombre de la solidaridad humana elige sacrificarse y renunciar al hombre que ama. Por el contrario, la Sanseverina de *La Cartuja de Parma,* que estima que la pasión constituye el verdadero valor del hombre, declararía que un gran amor merece sacrificios; que hay que preferirlo a la trivialidad de un amor conyugal que uniría a Stephen y a la joven tonta con quien debe casarse; elegiría sacrificar a ésta y realizar su felicidad; y como Stendhal lo muestra, se sacrificará a sí misma en el plano apasionado, si esta vida lo exige. Estamos aquí frente a dos morales estrictamente opuestas: pretendo que son equivalentes; en los dos casos, lo que se ha puesto como fin es la libertad. Y pueden ustedes imaginar dos actitudes rigurosamente parecidas en cuanto a los efectos: una joven, por resignación, prefiere renunciar a su amor; otra, por apetito sexual, prefiere desconocer las relaciones anteriores del hombre al que ama. Estas dos acciones se parecen exteriormente a las que acabamos de describir. Son, sin embargo, enteramente distintas: la actitud de la Sanseverina está mucho más cerca que la de Maggie Tulliver de una avidez despreocupada.

Así ven ustedes que este segundo reproche es, a la vez, verdadero y falso. Se puede elegir cualquier cosa si es en el plano del libre compromiso.

3. Novela de George Eliot (1860).

4. El existencialismo es un humanismo

La tercera objeción es la siguiente: reciben ustedes con una mano lo que dan con la otra: es decir, que en el fondo los valores no son serios, porque los eligen. A eso contesto que me molesta mucho que sea así: pero si he suprimido a Dios padre, es necesario alguien para inventar los valores. Hay que tomar las cosas como son. Y, además, decir que nosotros inventamos los valores no significa más que eso: la vida no tiene sentido *a priori*. Antes de que ustedes vivan, la vida no es nada; les corresponde a ustedes darle un sentido, y el valor no es otra cosa que ese sentido que ustedes eligen. Por esto se ve que hay la posibilidad de crear una comunidad humana. Se me ha reprochado el preguntar si el existencialismo era un humanismo[4]. Se me ha dicho: ha escrito usted en *La náusea* que los humanistas estaban equivocados, se ha burlado de cierto tipo de humanismo; ¿por qué volver otra vez a lo mismo ahora? En realidad la palabra humanismo tiene dos sentidos muy distintos. Por humanismo se puede entender una teoría que toma al hombre como fin y como valor superior. Hay humanismo en este sentido en Cocteau, por ejemplo, cuando en su relato *La vuelta al mundo en ochenta horas* un personaje dice, al sobrevolar en avión unas montañas: «El hombre es asombroso». Esto significa que yo, personalmente, que no he construido aviones, me beneficiaré con estos inventos particulares, y que podré personalmente, como hombre, considerarme responsable y honrado por los actos particulares de algunos hombres. Esto supone que

---

4. El título anunciado de la conferencia era «¿El existencialismo es un humanismo?».

podríamos dar un valor al hombre de acuerdo con los actos más altos de ciertos hombres. Este humanismo es absurdo, porque sólo el perro o el caballo podrían emitir un juicio de conjunto sobre el hombre y declarar que el hombre es asombroso, lo que ellos no se preocupan de hacer, por lo menos que yo sepa. Pero no se puede admitir que un hombre pueda formular un juicio sobre el hombre. El existencialismo lo dispensa de todo juicio de este género; el existencialista no tomará jamás al hombre como fin, porque siempre está por realizarse.

Y no debemos creer que hay una humanidad a la que se pueda rendir culto, a la manera de Augusto Comte. El culto a la humanidad conduce al humanismo cerrado sobre sí, el de Comte, y, hay que decirlo, al fascismo. Es un humanismo que no queremos.

Pero hay otro sentido del humanismo que significa en el fondo esto: el hombre está continuamente fuera de sí mismo; es proyectándose y perdiéndose fuera de sí mismo como hace existir al hombre y, por otra parte, es persiguiendo fines trascendentales como puede existir; el hombre, siendo este rebasamiento mismo y no captando los objetos sino con relación a este rebasamiento, está en el corazón y en el centro de este rebasamiento. No hay otro universo que este universo humano, el universo de la subjetividad humana. Esta unión de la trascendencia, como constitutiva del hombre —no en el sentido de que Dios es trascendente, sino en el sentido de rebasamiento—, y de la subjetividad, en el sentido de que el hombre no está encerrado en sí mismo sino presente siempre en un universo humano, es lo que llamamos humanismo existencialista. Humanismo porque recordamos al hombre que no hay otro legislador que él mismo, y que es en el desamparo donde decidirá sobre sí mismo; y porque mostramos que no es volviendo hacia sí mismo, sino siempre buscando fuera de sí un fin que es tal o cual liberación, tal o cual realización particular, como el hombre se realizará precisamente en cuanto a humano.

De acuerdo con estas reflexiones se ve que nada es más injusto que las objeciones que se nos hacen. El existencialismo no es otra cosa que un esfuerzo por sacar todas las consecuencias de una posición atea coherente. No busca de ninguna manera hundir al hombre en la desesperación. Pero si, como lo hacen los cristianos, se llama desesperación a toda actitud de incredulidad, parte de la desesperación original. El existencialismo no es tanto un ateísmo en el sentido de llegar a agotarse en demostrar que Dios no existe. Más bien declara: aunque Dios existiera, esto no cambiaría; he aquí nuestro punto de vista. No es que creamos que Dios existe, sino que pensamos que el problema no es el de su existencia; es necesario que el hombre se encuentre a sí mismo y se convenza de que nada puede salvarlo de sí mismo, ni siquiera una prueba valedera de la existencia de Dios. En este sentido el existencialismo es un optimismo, una doctrina de acción, y sólo por mala fe, confundiendo su propia desesperación con la nuestra, es como los cristianos pueden llamarnos desesperados.

III. Los marxismos

5. Ernst Bloch:
¿Puede frustrarse la esperanza?*

Hablemos sobre una cuestión especialmente actual. Se trata, dicho sea en dos palabras, de si la esperanza, cualquier tipo y categoría de esperanza, puede frustrarse.

Y qué fácil es que ocurra algo así. Sucede constantemente; cualquier vida está llena de sueños que no llegan a madurar. Esto es incluso inevitable cuando se trata del esperar como mero *wishful thinking;* de castillos en el aire cuyos costes de adquisición son, como se sabe, muy escasos. Carecen de terreno, se quedan en demasiado subjetivos y ni siquiera en eso son de lo mejor. Sobre todo, a esa esperanza de baja estofa, que permanece sin mediación, casi nunca le sale nada al encuentro desde fuera. En un soñar que sólo en sí mismo lleva puro placer y en ello también la penitencia, no se pregunta tam-

---

* E. Bloch, «Kann Hoffnung enttäuscht werden?», en *Werkausgabe*, vol. 9, Frankfurt, Suhrkamp, 1965, pp. 385-392. Traducción de Justo Pérez del Corral. Versión íntegra.

poco por el afuera, ya sea el obstaculizante o el que está en boga. Por ello, algo total o principalmente imaginado fracasa, y además no importa. Tal vez sea mejor que nada, pero se extingue una y otra vez, y al final con amargura o desconsuelo. Sólo aquí, pero aquí necesariamente, las manos, esas manos que de todos modos no hacen nada, permanecen vacías.

Incluso cuando el esperar se dirige siempre sólo a pequeñeces: a mí, a ti y a nadie más.

Sin embargo, cuán a menudo los movimientos del sueño alerto, no ya particulares sino públicos, han estado nadando sin meterse siquiera en el agua. Cuántas veces la juventud, y no sólo ella, resulta seducible por los cazarratas, debido a una esperanza ciegamente escapista, extraviada y simpatizante. Cuánta brasa y falsa degradación se invirtió en ello; qué vacía decepción fue el lógico fin, lo único consecuente en todo ello. Aquí encaja todo romántico autoengaño, junto con la estafa que de él se aprovecha. Hubo un hombre que vendía billetes de banco de propia cosecha en los que se leía: pagadero en moneda del reino de Dios el día del juicio final. Lo cual parece un modelo del gigantesco engaño del imperio de los mil años, la más terrible etapa en la historia del gran derroche de credulidad. Delatado por criminales de talla shakespeariana y al mismo tiempo con el olor a orina de las mesillas de noche pequeñoburguesas. Fue la más repugnante caricatura del adventismo, del falso Mesías, de la espera del advenimiento del Cristo pasado mañana, y no llegó nada más que sangre. Dios llega el próximo martes a las 11.25 a la estación central de Illinois, apresuraos a recibirle: así se puso en marcha una vez una psicosis religiosa y, por decirlo así, utópica. Eso fue pura tontería, pero no se puede pasar por alto que hasta una seria imaginería de salvación, si se lleva de un modo *abstracto* o incluso sin un constante *control* al paso de lo real, puede conducir a su contrario. Esto, precisamente, cuando el propósito es elevado, como por ejemplo un puro humanismo antes del almuerzo y en la meta (a diferencia del fascismo, en cuanto tal –asesinato y destrucción desde el principio–), y que en la práctica no se puede desacreditar. Sin embargo, en todas las claras mejoras del mundo, al menos en las más claras, cuando los ojos están bien abiertos hacia el cielo, sin planificación ni un proporcionado escepticismo, está cerca el proverbio: la espera y la impaciencia llevan a algunos a la demencia.

Así, pues, la pura ensoñación puede ser y será siempre frustrada, ya sea en privado o en un ámbito mayor y público. Ahora bien, la esperanza *fundada,* mediada, sabedora del camino ¿presenta aquí un rostro suficientemente distinto? Bueno, también ella puede, incluso debe, por su honor, resultar frustrable; *de lo contrario no sería esperanza*. Naturalmente, este tipo y estos varios tipos de frustración aquí más contundentes no tienen nada que ver con la de oropel antes mencionada. Puede, claro está, tomar parte en ésta, como en todas las horas débiles, digamos, en los vuelos del ensueño o en los arrebatos de la hazaña heroica. Pero esto no forma parte de la específica frustrabilidad de la sabedora *docta spes,* sabedora también de sí misma. Lo frustrable es lo que constituye en ella precisamente, en ciertos casos, su creadora negatividad, a diferencia de la falsa positividad de una mera confianza subjetiva y abstracción objetiva.

En cuanto tal hace pender sobre el presente un cielo lleno de violines, tan inmediado como problemático, o bien hace que el presente limite con él directamente. No sin propósito se halla a la entrada de *El Espíritu de Utopía* la ilustrada advertencia de Don Quijote. Esto, lo mismo en cuanto a la necesaria mediación con la marcha de las cosas, como, sobre todo –tras esa ineludible condición previa– en el asunto de la esperanza misma en cuanto algo que, no obstante, no pacta con el mundo existente. Así, la esperanza tiene que ser absolutamente frustrable; *primero,* porque está abierta hacia delante, al futuro, y no se refiere a lo ya dado. Al estar, pues, en suspenso, apunta no a la repetición sino a lo modificable, teniendo esto en común con lo aleatorio, sin lo cual no hay ningún *Novum.* Con este componente de azar, por muy suficientemente que se pudiera determinar, lo abierto queda al mismo tiempo sin decidir; al menos, mientras la esperanza, que tiene ahí su campo, se arriesgue a apostar, para no darse por jubilada.

En segundo lugar, y muy en relación con esto, la esperanza tiene que ser frustrable, ya que ella, en cuanto concretamente mediada, jamás podrá serlo con hechos fijos. Éstos son sólo momentos subjetivamente cosificados o interrupciones objetivamente cosificadas de la marcha histórica de las cosas. Histórica y procesual es esta marcha pero precisamente porque nada está todavía decidido como hecho irreversible, es decir, como ser devenido. De ahí que no sólo el afecto esperanza (con su correlato el temor), sino más bien el metodológico esperanza (con su correlato el recuerdo) se halla en el campo de un todavía-no, de una todavía duradera indecisión de la entrada y sobre todo del contenido último. Con otras pa-

5. ¿Puede frustrarse la esperanza?

labras, directamente relacionado con lo frustrable: la esperanza lleva en sí *eo ipso* la precariedad del fracaso: no es seguridad. Para eso se halla demasiado cerca de la indecisión del proceso de la historia y del mundo, en cuanto proceso, desde luego, no fallido aún en ninguna parte, pero tampoco victorioso todavía en ninguna. Se halla demasiado en pleno *topos* de la posibilidad real objetiva, así como también circunda lo existente como un peligro, no sólo como posible salvación. Pues lo posible es ante todo *parcial* condicionalidad, no ya completa, o sea, garantizada, tal como se da en el fundamento de lo real existente (de suerte que llega a ser algo realmente existente). Este no-garantizado no significa, desde luego, nada simplemente inseguro –es decir, también parcialmente no condicionado, según lo cual cualquier espera y sobre todo cualquier espera con esperanza tendría que proyectarse hacia lo irracional–, del tipo de aquel *topos* posibilidad que, entonces, tal como Kafka tan terriblemente lo ha mostrado, sería para nosotros un caos simplemente incongruente: se cree uno bienvenido y se siente uno rechazado; se espera una conversación y resulta uno condenado a muerte, o también: se calcula una catástrofe y recibe uno un abrazo.

Así, sería ya como espera y no sólo como esperanza una conjuración de algo totalmente insensible, caótico o incluso demoníaco; lo cual, sin embargo, contradice a las condiciones existentes, parcialmente determinantes en el reino de la posibilidad real objetiva. No obstante, lo cierto en lo relativamente incongruente es que las condiciones para el cumplimiento de las expectativas e incluso de lo esperado sólo se dan parcialmente, es decir, que están aún muy lejos de una seguridad *garantizada*, y que lo así condicionado se realiza desde lo posible. Incluso cuando las activaciones del factor subjetivo intervienen como nuevos complementos parciales, según un exacto conocimiento de la serie objetiva de condiciones existentes, también entonces conserva la esperanza la cualidad pionera de la no-garantía que es menester superar. Aquí, pues, la utopía concreta hace profesión de fe en el difícil estar-en-camino, donde se halla el mismo «ser verdadero», aún sin encontrar, o esencia de lo que el mundo «propiamente» o «en sí» podría, sin duda, ser.

Tampoco semejante utopía procesual simula ninguna perfección para sí misma, y esto tanto menos cuanto que lo frustrable depende en último término no sólo de la permanente ausencia de seguridad y garantía, sino que además incluye lo aparentemente dado y pagado en el acto de un ser-ahí y no ya sólo de un ser posible. Pues ¿no ocurre que lo realizador mismo, en cuanto algo conseguido que aún está en la oscuridad, enturbia de tal modo eso no es como lo antes esperado, incluso aunque sus contenidos pasen a ser realizados sin modificación? Queda, sin embargo, un resto; esta vez sólo a causa del «ser verdadero y perfecto», aún inencontrado. Y también la frustración ante tal *minus* realizador pertenece finalmente al honor de la esperanza fundada, muestra su derecho tan existencial como esencial.

Todo esto presenta ya un aspecto distinto al de la mala suerte, que trae consigo la pura ensoñación. Tanto más cuanto que la esperanza concreta no cesa ante los fracasos, antes bien de un modo pertinaz (o sea, otra vez abstractamente) apuesta del todo a lo hasta ahora negado. La

5. ¿Puede frustrarse la esperanza?

auténtica frustración se vuelve más bien cuerda por los daños que sufre de un modo también inmanente a ella misma. Cuerda, no sólo por los meros nudos hechos; al contrario, para éstos vale siempre (visto desde la esperanza fundada) el dicho: tanto peor para los hechos bloqueadores. En cambio, la esperanza fundada se vuelve cuerda gracias a la fiel consideración de la *tendencia,* en la cual los llamados hechos no están, sino que discurren y se escurren; en ella la esperanza se vuelve a menudo terrible, pero siempre corregida en cada detalle según la tendencia. Asimismo vale también, por otra parte, para la totalidad del asunto: la esperanza fundada no se vuelve cuerda de ningún modo por los daños que experimenta. Pues contiene lo esencial del asunto, de modo que una mala facticidad devenida, en lugar de *corregir,* es *juzgada* por la *latencia* de lo que en la tendencia se oculta. Y será juzgada más a fondo aquella facticidad que se doblega al contenido de la meta de esa latencia de un modo enmascarado, a fin de traicionarlo con mayor alevosía. Y es justamente ese latente contenido de la meta el que juzga su orientación de un modo peculiar, es decir, inmanente, sobre todo tratándose de la utopía fundada. Y si es un no-ser-todavía por excelencia –tampoco existente ya de un modo experimentable y absolutamente determinable–, a la vista del contenido de la meta, como el del humanismo real, la *dirección* hacia allá es, sin embargo, determinable y tan invariante como inalienable. Incluso cuando los contenidos de ese «ser verdadero» que se encuentra aún en la latencia no se pueden todavía predecir, no obstante bastan para determinar lo que *no* es humanismo real, sino exactamente su contrario, como, por ejemplo, Hitler o el último Stalin, es decir, el fenómeno primigenio «Nerón» en conjunto. Esto, según aquel principio de Spinoza que, tras la inserción de futuro y latencia, puede formularse así: *Verum nondum index sui, sed sufficienter iam index falsi.* Si, por consiguiente, el contenido orientador de la meta del humanismo real resulta herido por la mala facticidad, entonces la utopía fundada, inmanente y orientadora, se emancipa de lo falso de la facticidad. No sólo la frustración propia, incesante en cuanto apertura, la sólo parcial determinación de cualquier enunciado de tendencia-latencia y de su objeto mismo pertenece a la esperanza; sino también la frustración que mira alrededor, bien ortodoxa en el reincidente producto transformado hasta la desfiguración o incluso hasta la cognoscibilidad, pertenece a la esperanza, en cuanto imposibilidad de desfallecer, en cuanto a su deber de servir de norma, según el contenido de la meta, que se llama reino de la libertad. Cierto que al aparecer la esterilidad es urgente en primer lugar un análisis socio-económico. Pero precisamente en estos análisis del De-Dónde tiene que estar presente (para que la sal no se desvirtúe) el *totum* utópico del Adónde. Y esto se halla significado en el más antiguo sueño alerto de la humanidad: en la subversión (en lugar de una reinstalación hipócrita) de todas las condiciones en las que el hombre es un ser oprimido, encadenado, abandonado y despreciado. El que esta fórmula proceda del mismo Marx (Introducción a la *Crítica de la Filosofía del Derecho,* de Hegel) la hace inconfundible como veredicto de esperanza. Era el poder últimamente indicado de una utopía fundada, en cuanto imposibilidad de desfallecer, frustrable de muy distinto modo, a saber: en el producto.

5. ¿Puede frustrarse la esperanza?

Pero al suceder no desmesuradamente, sino con medida, al final ese poder gana sólo una fuerza explosiva no frustrante; pues desde fuera, desde lo extraño de una perversión, no puede ser adecuadamente percibido, mucho menos gestionado. De ello forma parte el modelo original del asunto, tan desagradable a sus pervertidores o desacertados gestores. Así como, por ejemplo, y también ejemplarmente, no fue Haeckel o la certeza de que el hombre procede del mono lo que resultaba peligroso para el santo sínodo del zar, sino Tolstoi, es decir, el recuerdo del cristianismo primitivo. De este modo, para poner otro ejemplo, cualquier aniversario conmemorativo socialista, por ejemplo de Rosa Luxemburg, de las esperanzas y principios que mantuvieron el socialismo *ante rem,* puede servir también de nivel segurísimo al régimen para saber hasta dónde se ha avanzado. Por consiguiente, la esperanza fundada no es fácilmente frustrable como *escala misma* y tampoco como *obligación* para ello. Si hubiera que aniquilarla, entonces jamás habría sido tan insoportable a los tiranos de su contrario. Esta novena sinfonía no se puede ya retirar, y la verdad de sus esperanzas no pudo aún ser sepultada; justamente: ella juzga y mantiene abiertos los caminos jamás desacreditables. Sucede aquí como con el genio y lo genial en la humanidad; si hubiera que reprimirlo, decía Jean Paul, entonces jamás habría habido alguno. En cambio, la historia de nuestra cultura está llena de otros distintos de Nerón y Moloch; incluso hasta el fin de Cristo fue de todos modos su comienzo.

Nada es más humano que el traspasar lo que existe. Que los sueños en flor casi nunca maduran es archiconocido. La esperanza probada sabe eso mejor que nadie; tampoco en esto es ella ninguna garantía. Ella sabe sobre todo también, por su propia definición, por decirlo así, que no sólo donde hay peligro surge la salvación, sino también que donde hay un salvador allí crece también el peligro. Ella sabe que lo frustrante recorre el mundo como función de la nada, que también lo en-vano se halla latente en la posibilidad real objetiva, que lleva en sí, sin decidir aún, tanto la salvación como la perdición.

El proceso del mundo no está decidido todavía en ninguna parte; claro que también es cierto que no está todavía frustrado en ninguna; y los seres humanos pueden ser en la tierra los guardaagujas de su vía, no decidida aún hacia la salvación, pero tampoco hacia la perdición. El mundo sigue siendo en su conjunto un laboriosísimo *laboratorium possibilis salutis*. De ahí que se pueda decir: «Es un día y sigue también muy adelantado, tan imposible de pasar por alto que incluso a los buitres y a los que han doblado la rodilla ante Baal les aterra la inmortalidad prometeica». Pero Heráclito dice: «Quien no espera lo inesperado jamás lo encontrará». Todo esto sobre el llamamiento según el cual ser hombre en el sentido trascendental que constituye su fundamento significa traspasar. Este llamamiento no se aviene mal con la dignidad humana y abre el acceso a aquel mar de lo posible real objetivo que el positivismo no puede desecar ni la especulación surcar indebidamente. Ítem, la esperanza del futuro requiere un estudio que no olvida la necesidad y mucho menos el éxodo. El traspasar tiene muchas formas; la filosofía las recoge y considera todas: *nil humani alienum*.

6. Jürgen Habermas:
Ética discursiva*

La ética discursiva justifica el contenido de una moral del igual respeto y la responsabilidad solidaria para con todos. Esto lo lleva a cabo, en primer lugar, por la vía de la reconstrucción racional de los contenidos de una tradición moral cuyos fundamentos de validez religiosos se encuentran en ruinas. Si la interpretación discursiva del imperativo categórico queda atrapada en esta tradición de la que procede, esta genealogía fracasa en su objetivo de probar *en general* que los juicios morales tienen un contenido cognitivo. Falta una fundamentación en la teoría moral del punto de vista moral mismo.

* J. Habermas, «Una consideración genealógica acerca del contenido cognitivo de la moral», trad. de Gerard Vilar Roca, en *La inclusión del otro. Estudios de teoría política,* Barcelona, Paidós, 1999, cap. 1, apartado 9, pp. 70-78. Se han suprimido las notas a pie de página de la edición original.

Sin embargo, el principio discursivo responde a la dificultad con la que se encuentran los miembros de *cualquier* comunidad moral cuando con el paso a las sociedades modernas, pluralistas por lo que hace a las concepciones del mundo, perciben el siguiente dilema: siguen discutiendo como antes acerca de los juicios y las tomas de postura morales, aun cuando se ha desmoronado su consenso sustancial de fondo acerca de las normas morales básicas. Tanto global como localmente se ven envueltos en conflictos de acción que requieren regulación y que, a pesar de que el *ethos* común está en ruinas, siguen comprendiendo como conflictos morales, esto es, como conflictos solucionables fundamentadamente. El siguiente escenario no constituye ninguna «situación originaria», sino un desarrollo estilizado en el sentido de un tipo ideal de cómo podría tener lugar en condiciones reales.

Doy por supuesto que los interesados no quieren dirimir sus conflictos mediante la violencia o el compromiso, sino mediante el entendimiento. En ese caso es lógico que primero intenten llevar a cabo deliberaciones con objeto de desarrollar un autoentendimiento *ético* común sobre una base profana. Sin embargo, en las condiciones de vida diferenciadas de las sociedades pluralistas, semejante tentativa tiene que fracasar. Los interesados aprenden que el cercioramiento crítico de sus valoraciones fuertes y garantizadas por la práctica conduce a concepciones del bien que compiten entre sí. Supongamos que se mantienen firmes en el objetivo de alcanzar un entendimiento y que, además, tampoco quieren sustituir por un mero *modus vivendi* la convivencia moral que se halla en peligro.

6. Ética discursiva

A falta de un acuerdo sustancial acerca de los contenidos de las normas, los interesados se ven entonces remitidos a la situación en cierto modo neutral de que todos ellos comparten alguna forma de vida comunicativa, estructurada mediante el entendimiento lingüístico. Puesto que dichos procesos de entendimiento y formas de vida tienen ciertos aspectos estructurales comunes, los interesados pueden preguntarse si entre ellos no se ocultan contenidos normativos que ofrecen un fundamento para unas orientaciones comunes. Las teorías que se hallan en la tradición de Hegel, Humboldt y G. H. Mead han admitido estos indicios para mostrar que las acciones comunicativas se entretejen con suposiciones recíprocas, igual que las formas de vida comunicativas lo están con las relaciones de reconocimiento recíproco, y en esa medida tienen un contenido normativo. De estos análisis se deduce que la moral se refiere, por la forma y por la estructura de las perspectivas de la socialización intersubjetivamente no deformada, a un sentido genuino, independiente del bien individual.

Desde luego que partiendo únicamente de las propiedades de las formas de vida comunicativas no puede darse razón de por qué los miembros de una determinada comunidad histórica *deberían ir* más allá de orientaciones valorativas particularistas, y avanzar hacia las relaciones de reconocimiento recíproco inclusivas e irrestrictas del universalismo igualitario. Por otra parte, una concepción universalista que huya de las falsas abstracciones tiene que hacer uso de juicios propios de la teoría de la comunicación. Del hecho de que las personas únicamente lleguen a convertirse en individuos por la vía de la socialización se deduce que la consideración moral vale tanto para el individuo insustituible como para el miembro, esto es, une la justicia con la solidaridad. El trato igual es el trato que se dan los desiguales que a la vez son conscientes de su copertenencia. El punto de vista de que las personas como tales son iguales a todas las demás no se puede hacer valer *a costa* del otro punto de vista según el cual como individuos son al tiempo absolutamente distintos de todos los demás. El respeto recíproco e igual para todos exigido por el universalismo sensible a las diferencias quiere una inclusión *no niveladora* y *no cosificadora* del otro *en su alteridad*.

Pero ¿cómo se justifica el paso a una moral postradicional? Las obligaciones enraizadas en la acción comunicativa y practicadas tradicionalmente no van más allá, *por sí mismas,* de los límites de la familia, el clan, la ciudad o la nación. Otra cosa ocurre con la forma reflexiva de la acción comunicativa: las argumentaciones apuntan *per se* más allá de todas las formas de vida particulares. En los presupuestos pragmáticos de los discursos o deliberaciones racionales se *universaliza, abstrae y desborda* el contenido normativo de los supuestos practicados de la acción comunicativa, es decir, se extienden a una comunidad inclusiva que no excluye en principio a ningún sujeto capaz de lenguaje y acción en tanto que pueda realizar contribuciones relevantes. Esta idea muestra la salida de aquella situación en la que los interesados han perdido su apoyo ontoteológico y tienen que crear, por así decir, sus orientaciones normativas por sí mismos. Como se ha dicho, los interesados sólo pueden recurrir a aquello que tienen en común y de lo que ya disponen *ac-*

tualmente. Tras el último fracaso, las provisiones comunes se han reducido a las propiedades formales de la situación de deliberación realizativamente compartida. Finalmente, todos se han sumado ya a la empresa cooperativa de una deliberación práctica.

Ésta es una base bastante frágil, pero la neutralidad de estas reservas respecto a los contenidos también puede significar una oportunidad a la vista del desconcierto causado por la pluralidad de concepciones del mundo. La perspectiva de un equivalente de la fundamentación sustantivo tradicional consistiría entonces en que se restituyera por sí mismo un aspecto de la forma comunicativa en la que se realizan las reflexiones prácticas comunes bajo el que es posible una fundamentación de las normas morales convincente para todos los interesados porque es imparcial. El ausente «bien trascendente» puede compensarse ahora sólo de modo «inmanente» en virtud de una de las condiciones ínsitas en la práctica deliberativa. A partir de aquí, pienso que hay tres pasos hasta llegar a una fundamentación teórica del punto de vista moral.

(a) Cuando se considera la práctica deliberativa misma como único recurso posible para el punto de vista del juicio imparcial acerca de las cuestiones morales, la referencia a los contenidos de la moral tiene que ser sustituida por la relación autorreferencial con la forma de esta práctica. Precisamente esta comprensión de la situación lleva «D» [el principio discursivo] a concepto: solamente pueden pretender ser válidas las normas que en discursos prácticos podrían suscitar la aprobación de todos los interesados. «Aprobación» significa aquí el asentimiento alcanzado en condiciones discursivas, un acuerdo

motivado por razones epistémicas; no se puede entender como un pacto motivado por razones instrumentales desde la perspectiva egocéntrica de cada cual. Naturalmente, el principio discursivo deja abierto el tipo de argumentación, esto es, el camino por el cual puede alcanzarse un acuerdo discursivo. Con «D» no se da por supuesto que en general la fundamentación de normas moral sea posible sin un acuerdo de fondo sustancial.

(b) El principio «D» introducido de modo condicional indica la condición que satisfarían las normas válidas si *pudieran* fundamentarse. Entretanto sólo puede haber claridad sobre el concepto de norma moral. Los interesados saben de modo intuitivo cómo se participa en situaciones de argumentación. Aun cuando sólo están acostumbrados a fundamentar proposiciones asertóricas y todavía no saben si del mismo modo pueden juzgar pretensiones de validez morales, pueden imaginarse (de modo no prejuzgante) lo que *significaría* fundamentar normas. Lo que falta, empero, para hacer operativo «D» es una regla de argumentación que indique cómo se pueden fundamentar las normas morales.

El principio de universalización «U» está inspirado ciertamente por «D», pero ya no se trata en absoluto de una propuesta lograda abductivamente. Dicho principio quiere decir:

Que una norma es válida únicamente cuando las consecuencias y efectos laterales que se desprenderían previsiblemente de su seguimiento general para las constelaciones de intereses y orientaciones valorativas *de cada cual* podrían ser aceptadas sin coacción conjuntamente por todos los interesados.

6. Ética discursiva

Tres comentarios sobre esto. Con las «constelaciones de intereses y orientaciones valorativas» se ponen en juego las razones pragmáticas y éticas de cada uno de los participantes. Estos datos deben evitar una marginación de las autocomprensiones del yo y las visiones del mundo de los participantes y asegurar la sensibilidad hermenéutica para un espectro suficientemente amplio de contribuciones. Además, la asunción de una perspectiva de reciprocidad universalizada («de cada cual», «por todos») exige no sólo empatía *(Einfühlung)*, sino también la intervención en la interpretación de la autocomprensión y la visión del mundo de participantes que tienen que mantenerse abiertos a revisiones de sus autodescripciones y de las descripciones de los extraños (y del lenguaje de las mismas). Finalmente, el objetivo de una «aceptación no coactiva común» fija el punto de vista en el que las razones aportadas se desembarazan del sentido relativo al actor de los motivos de la acción y, bajo el punto de vista de la consideración simétrica, adoptan un sentido epistémico.

(c) Los interesados mismos quizás se den por satisfechos con esta (o con una parecida) regla de argumentación mientras se muestre útil y no conduzca a resultados contraintuitivos. Tiene que mostrarse que una práctica de fundamentación conducida de este modo permite distinguir las normas capaces de suscitar aprobación universal (los derechos humanos, por ejemplo). Pero desde la perspectiva del teórico de la moral falta un último paso fundamentador.

Podemos, ciertamente, dar por sentado que la práctica de deliberación y justificación que llamamos argumentación se encuentra en todas las culturas y sociedades (aun cuando no necesariamente en forma institucional, sí como práctica informal) y que para este tipo de solución de problemas no existe ningún equivalente. A la vista de la extensión universal de la práctica argumentativa y de la falta de alternativas a ella debería ser difícil discutir la neutralidad del principio discursivo. Pero en la abducción de «U» podría haberse introducido furtivamente una precomprensión etnocéntrica, y con ello una determinada concepción del bien, no compartida por otras culturas. Esta sospecha acerca de la parcialidad eurocéntrica de la comprensión de la moralidad operacionalizada mediante «U» podría desactivarse si pudiera plausibilizarse esta explicación del punto de vista moral de modo «inmanente», o sea, a partir del saber sobre lo que uno hace cuando se acepta participar en una práctica argumentativa en general. La idea de fundamentación de la ética discursiva consiste en que el principio «U», junto a la representación de la fundamentación de normas expresada en «D» en general, puede obtenerse a partir del contenido implícito de los presupuestos universales de la argumentación.

Esto resulta intuitivamente fácil de ver (mientras que cualquier intento de fundamentación formal exigiría pesadas discusiones sobre el sentido y la factibilidad de los «argumentos trascendentales»). Me conformo aquí con la indicación fenomenológica de que las argumentaciones se llevan a cabo con objeto de convencerse recíprocamente de la corrección de las pretensiones de validez que plantean los proponentes para sus afirmaciones y que están dispuestos a defender frente a los oponentes.

6. Ética discursiva

Con la práctica argumentativa se pone en marcha una competición *cooperativa* a la búsqueda de los mejores argumentos, competición que une *a limine* a los participantes en el orientarse al objetivo del entendimiento. El supuesto de que la competición puede conducir a resultados «aceptables racionalmente», e incluso «convincentes», se fundamenta en la fuerza de convicción de los argumentos. Lo que cuenta como buen o mal argumento es algo que, por supuesto, se puede poner en discusión. Por tanto la aceptabilidad racional de una emisión reposa en último término en razones conectadas con determinadas propiedades del mismo proceso de argumentación. Nombraré sólo las cuatro más importantes: *(a)* nadie que pueda hacer una contribución relevante puede ser excluido de la participación; *(b)* a todos se les dan las mismas oportunidades de hacer sus aportaciones; *(c)* los participantes tienen que decir lo que opinan; *(d)* la comunicación tiene que estar libre de coacciones tanto internas como externas, de modo que las tomas de posición con un sí o con un no ante las pretensiones de validez susceptibles de crítica únicamente sean motivadas por la fuerza de convicción de los mejores argumentos. Si cualquiera que acepte participar en una argumentación tiene que hacer cuando menos estas suposiciones pragmáticas en los discursos prácticos *(a)* a causa del carácter público y la inclusión de todos los interesados, y *(b)* a causa del trato comunicativo igualitario a los participantes, pueden estar en juego solamente aquellas razones que tengan en cuenta por igual los intereses y las orientaciones de valor de todos; y a causa de la ausencia de *(c) (d)*, engaño y coacción sólo pueden hacer decantar la balanza de las razones en favor de la aprobación de una norma dudosa y discutida. Bajo las premisas supuestas por todos de una orientación al entendimiento recíproco al fin puede lograrse «en común» esa aceptación «sin coacción».

Contra la objeción frecuentemente planteada de circularidad, observaré que el contenido de los presupuestos universales de la argumentación no es «normativo» en ningún sentido moral. Pues la inclusividad significa tan sólo que el acceso al discurso tiene carácter irrestricto, no la universalidad de alguna norma de acción obligatoria. La repartición simétrica de las libertades comunicativas *en* el discurso y la exigencia de sinceridad *para* el mismo significan obligaciones y derechos *argumentativos,* de ningún modo obligaciones y derechos *morales*. De igual modo, el carácter no coactivo se refiere al proceso de argumentación mismo, no a las relaciones interpersonales *fuera* de esta práctica. Las reglas constitutivas para el juego de la argumentación determinan el intercambio de argumentos y tomas de postura con un sí o con un no; tienen el sentido epistémico de posibilitar la justificación de emisiones, no el sentido *inmediatamente* práctico de motivar acciones.

El *quid* de la fundamentación ético-discursiva del punto de vista moral consiste en que el contenido normativo de este juego de lenguaje epistémico, por una regla de argumentación, pasa a la selección de normas de acción que –junto a su pretensión de validez moral– están *dadas* en los discursos prácticos. La obligatoriedad moral no puede darse únicamente a partir de la coacción trascendental, por decirlo así, de los presupuestos inevitables de

6. Ética discursiva

la argumentación; más bien se adhiere a los objetos especiales del discurso práctico –aquellos a los que se refieren las normas *introducidas* en el discurso por las razones movilizadas en la deliberación–. Resalto esta circunstancia con la formulación de que «U» se plausibiliza a partir del contenido normativo de los presupuestos de la argumentación *conjuntamente con un concepto* (débil, esto es, no prejuzgante) *de fundamentación normativa*.

La estrategia de fundamentación aquí esbozada comparte la carga de la plausibilización con un planteamiento genealógico tras el cual se ocultan algunos supuestos teóricos acerca de la modernidad. Con «U» nos aseguramos de modo reflexivo (lo que deja entrever también una figura de la fundamentación a la que aquí no se ha aludido: el uso de las evidencias de autocontradicción realizativa, para identificar los presupuestos universales de la argumentación) de los restos de sustancia normativa que en las sociedades postradicionales han quedado conservados, por así decirlo, en forma de acción y argumentación orientadas al entendimiento.

Como consecuencia se plantea el problema de la aplicación de las normas. Con el principio (desarrollado por K. Günther) de adecuación se hace valer *plenamente* el punto de vista moral con relación a los juicios morales singulares. En las consecuencias de los discursos de fundamentación y aplicación conducidos con éxito *se evidencia* entonces que las cuestiones prácticas se diferencian bajo el riguroso punto de vista moral: las cuestiones morales relativas a la convivencia justa se separan, por un lado, de las cuestiones pragmáticas relativas a la elección racional, y, por otro, de las cuestiones éticas relativas acerca de la vida buena o no fracasada. Además, retrospectivamente me parece claro que «U» ha operacionalizado, ante todo, un principio discursivo más amplio en relación con una cuestión especial, a saber, la moral. El principio discursivo se puede operacionalizar también para cuestiones de otro tipo, así, por ejemplo, para la deliberación de un legislador político o para los discursos jurídicos.

IV. La polémica entre liberales y comunitaristas

7. John Rawls:
Justicia como imparcialidad: política, no metafísica*

En esta exposición voy a hacer unas observaciones generales sobre cómo entiendo la concepción de justicia que he llamado «justicia como imparcialidad» (presentada

* J. Rawls, «Justice as Fairness: Political not Metaphisical», *Philosophy and Public Affairs*, 14 (1985), 223-251. Trad. de E. G. Martínez Navarro en *Diálogo Filosófico*, 16 [1990], 4-32. Versión íntegra.

A partir de noviembre de 1983, se han presentado distintas versiones de este artículo en la Universidad de Nueva York, el Taller de Teoría Legal de la Facultad de Leyes de Yale, la Universidad de Illinois y la Universidad de California en Davis. Estoy agradecido a mucha gente por aclarar numerosos puntos y por suscitar dificultades instructivas; como resultado de ello, el artículo ha cambiado mucho. En particular, estoy en deuda con Arnold Davidson, B. J. Diggs, Catherine Elgin, Owen Fiss, Stephen Holmes, Norbert Hornstein, Thomas Nagel, George Priest y David Sachs; y especialmente con Burton Dreben, cuya ayuda ha sido enorme en todo este tiempo. La deuda con otros en puntos concretos se indica en las notas a pie de página. *(N. del T.:* La expresión *Justice as fairness* es el nombre con el que el propio Rawls se refiere a su teoría de la justicia; en las traducciones al castellano de otros trabajos de Rawls, algunos han traducido «justicia como equidad» y otros, como yo mismo, «justicia como imparcialidad»; la razón obvia es que no existe en castellano un equivalente exacto de *fairness*.)

en mi libro *A Theory of Justice*)[1]. Hago esto porque puede parecer que esta concepción depende de pretensiones filosóficas que me gustaría evitar; por ejemplo, pretensiones de verdad universal, o pretensiones sobre la identidad y la naturaleza esencial de las personas. Mi objetivo es explicar por qué no es así. Primero voy a exponer lo que considero como la tarea de la filosofía política en el presente y luego examinaré brevemente cómo las ideas intuitivas básicas que subyacen en la justicia como imparcialidad se combinan en una concepción política de justicia para una democracia constitucional. De este modo mostraré cómo y por qué esta concepción de justicia evita ciertas pretensiones metafísicas y filosóficas. Brevemente, la idea es que en una democracia constitucional la concepción pública de justicia debería ser, en lo posible, independiente de doctrinas religiosas y filosóficas controvertidas. Al formular una concepción semejante, aplicamos el principio de tolerancia a la filosofía misma: la concepción pública de justicia ha de ser política, no metafísica. De ahí el título.

Quiero dejar de lado la cuestión de si el texto de *Theory of Justice* mantiene lecturas distintas de la que voy a bosquejar aquí. Cierto que he cambiado mi punto de vista sobre algunos asuntos y no cabe duda de que sobre otros he cambiado sin ser consciente de ello[2].

---

1. *A Theory of Justice,* Cambridge, MA: Harvard Univ. Press, 1971. *(N. del T.:* Hay versión castellana de esta obra por M.ª Dolores González, Madrid, 1979, y también la hay de muchos de los artículos de Rawls que él cita en las notas siguientes, recopilados y traducidos por Miguel Ángel Rodilla, Madrid, 1986.)
2. Cierto número de estos cambios, o variaciones de énfasis, son evidentes en las tres conferencias tituladas «Kantian Constructivism in Moral Theory», *Journal of Philosophy* 77 (septiembre 1980). Por

7. Justicia como imparcialidad: política, no metafísica

Además, reconozco que ciertos fallos de exposición, así como ciertos pasajes oscuros y ambiguos de *A Theory of Justice*, se prestan a malentendidos; pero pienso que estos temas no precisan que nos preocupemos y no los trataré más allá de unas pocas indicaciones en nota. Para nuestros propósitos aquí, es suficiente primero con mostrar cómo una concepción de justicia con la estructura y el contenido de la justicia como imparcialidad puede entenderse como política y no metafísica, y en segundo lugar, explicar por qué debemos buscar

ejemplo, la explicación de lo que he llamado «bienes primarios» se revisa de modo que depende claramente de una concepción particular de las personas y de sus intereses supremos; de ahí que esta explicación no sea una tesis puramente psicológica, sociológica o histórica. Véanse pp. 526 ss. Hay también a lo largo de esas conferencias un énfasis más explícito sobre el papel de una concepción de la persona, así como sobre la idea de que una justificación de una concepción de justicia es una tarea social práctica, más que un problema epistemológico o metafísico. Véanse pp. 518 ss. Y con respecto a esto se introduce la idea de «Constructivismo kantiano», especialmente en la tercera conferencia. Debe notarse, sin embargo, que esta idea no es propuesta como una idea de Kant: el adjetivo «kantiano» indica analogía, no identidad, esto es, semejanza en suficientes aspectos fundamentales como para que sea apropiado el adjetivo. Estos aspectos fundamentales son ciertos rasgos estructurales de la justicia como imparcialidad y ciertos elementos de su contenido, tales como la distinción entre lo que puede llamarse lo Razonable y lo Racional, la prioridad del derecho y el papel de la concepción de las personas como libres e iguales, y capaces de autonomía, y cosas por el estilo. Las semejanzas de rasgos estructurales y de contenido no han de confundirse con semejanzas con las visiones de Kant sobre cuestiones de epistemología y de metafísica. Finalmente, debo hacer la observación de que el título de aquellas conferencias, «Kantian Constructivism» y «Moral Theory», fue engañoso; puesto que la concepción de justicia discutida es una cuestión política, mejor hubiera sido «Kantian Constructivism in Political Philosophy». Una cuestión aparte y más general es la de si el constructivismo es razonable para la filosofía moral.

una semejante concepción de justicia en una sociedad democrática.

I

Algo que dejé sin decir en *A Theory of Justice,* o en lo que no insistí lo suficiente, es que la justicia como imparcialidad está pensada como una concepción política de la justicia. En tanto que una concepción política de la justicia es, por supuesto, una concepción moral, es una concepción moral elaborada para un tipo específico de sujetos, a saber, para las instituciones políticas, sociales y económicas. En particular, la justicia como imparcialidad está diseñada para aplicarla a lo que he llamado la «estructura básica» de una democracia constitucional moderna[3]. (Usaré como expresiones intercambiables «democracia constitucional», «régimen democrático» y similares.) Con esa estructura quiero referirme a las principales instituciones políticas, sociales y económicas de una sociedad, y al modo en que se disponen en un sistema unificado de cooperación social. Son cuestiones totalmente distintas la de si la justicia como imparcialidad puede extenderse como concepción política general para diferentes tipos de sociedades que existan bajo condiciones históricas y sociales distintas, o la de si puede ampliarse como concepción moral general, o como una

---

3. *Theory,* sec. 2, y véase el índice; véase también «The Basic Structure as Subject», en *Values and morals,* ed. por Alvin Goldman y Jaegwon Kim (Dordrecht: Reidel, 1978), pp. 47-71.

parte significativa de la misma. Evito prejuzgar de un modo u otro estas cuestiones más amplias.

También se debería insistir en que la justicia como imparcialidad no está pensada como la aplicación de una concepción moral general a la estructura básica de la sociedad, como si esta estructura fuera simplemente otro caso al que se aplica la concepción moral general[4]. En este aspecto difiere la justicia como imparcialidad de las doctrinas morales tradicionales, pues éstas son ampliamente consideradas como tales concepciones generales. El utilitarismo es un ejemplo cercano, porque se dice habitualmente que el principio de utilidad, aunque esté formulado, es valedero para todo tipo de sujetos que se clasifique, desde las acciones de los individuos a las leyes de las naciones. Lo esencial es esto: se puede proporcionar una base públicamente reconocida para una concepción de justicia en un estado democrático moderno si se toma como un asunto práctico político, no como concepción moral general. Las condiciones sociales e históricas de ese estado tienen sus orígenes en las guerras de religión que siguieron a la Reforma y el subsecuente desarrollo del principio de tolerancia, y en el surgimiento del gobierno constitucional y de las instituciones de las economías de mercado de la gran industria. Estas condiciones afectaron profundamente a los requisitos de una concepción viable de justicia política: semejante concep-

---

4. Véase «Basic Structure as Subject», ibíd., pp. 48-50.5. Esta idea fue introducida en *Theory,* pp. 387 ss., como una manera de atenuar las condiciones para la razonabilidad de la desobediencia civil en una sociedad democrática casi justa. Aquí y más adelante, en las secciones VI y VII, se utiliza en un concepto más amplio.

ción debe tener en cuenta la diversidad de doctrinas y la pluralidad de concepciones del bien enfrentadas, y en realidad inconmensurables, que afirman los miembros de las sociedades democráticas existentes.

Finalmente, para concluir estas observaciones introductorias, puesto que la justicia como imparcialidad está pensada como una concepción política de justicia para una sociedad democrática moderna, intenta inspirarse únicamente en ideas intuitivas básicas que están asentadas en las instituciones políticas de un régimen democrático constitucional y en las tradiciones públicas de interpretación de las mismas. La justicia como imparcialidad es una concepción política, en parte porque nace del seno de cierta tradición política. Esperamos que esta concepción política de justicia pueda sostenerse, al menos por lo que podemos llamar un «consenso solapante» *(overlapping consensus),* esto es, por un consenso que incluye todas las doctrinas filosóficas y religiosas opuestas que probablemente persistan y ganen adeptos en una sociedad democrática constitucional más o menos justa[5].

II

Hay muchos modos de entender la filosofía política, por supuesto, y los autores de épocas diferentes, afectados por diferentes circunstancias políticas y sociales, entien-

---

5. Esta idea fue introducida en *Theory,* pp. 387 ss., como una manera de atenuar las condiciones para la razonabilidad de la desobediencia civil en una sociedad democrática casi justa. Aquí y más adelante, en las secciones VI y VII, se utiliza en un concepto más amplio.

7. Justicia como imparcialidad: política, no metafísica

den su trabajo de modo distinto. Yo quisiera entender ahora la justicia como imparcialidad como una concepción de justicia razonablemente sistemática y viable para una democracia constitucional, una concepción que ofrece una alternativa al utilitarismo dominante en nuestra tradición de pensamiento político. Su primera tarea es proproporcionar una base más segura y aceptable a los principios constitucionales y a los derechos y libertades básicas que la que parece conceder el utilitarismo[6]. La necesidad de tal concepción política surge del siguiente modo.

Hay períodos, a veces largos, en la historia de cualquier sociedad, durante los cuales ciertas cuestiones fundamentales dan lugar a la controversia política aguda y discordante, y parece difícil, si no imposible, encontrar una base compartida de convenio político. En efecto, ciertas cuestiones pueden resultar intratables y nunca se pueden resolver completamente. Una tarea de la filosofía política en una sociedad democrática es enfocar tales cuestiones y examinar si se puede descubrir una base subyacente para el acuerdo y si se puede establecer un modo mutuamente aceptable de resolver públicamente estas cuestiones. O bien, si estas cuestiones no pudieran resolverse plenamente, como puede ser el caso, quizá la divergencia de opinión pueda reducirse lo suficiente como para que se pueda mantener la cooperación política sobre la base del respeto mutuo[7].

---

6. *Theory,* Prefacio, p. VIII.
7. Ibíd., pp. 582 ss. Sobre el papel de una concepción de justicia para reducir las divergencias de opinión, véanse pp. 44 ss., 53, 314 y 564.

El recorrido del pensamiento democrático a lo largo de los dos últimos siglos, más o menos, evidencia que no hay acuerdo en el modo en que tendrían que disponerse las instituciones básicas de una democracia constitucional si es que han de especificar y asegurar los derechos y libertades básicas de los ciudadanos y responder a las exigencias de igualdad democrática cuando los ciudadanos se conciben como personas libres e iguales (como se explica en los tres últimos párrafos de la sección III). Existe un profundo desacuerdo respecto a cómo se realizan mejor los valores de libertad e igualdad en la estructura básica de la sociedad. Para simplificar, podemos pensar este desacuerdo como un conflicto en el seno de la tradición del pensamiento democrático mismo, entre la tradición asociada con Locke, que da un peso mayor a lo que Constant llamó «las libertades de los modernos» (libertad de pensamiento y de conciencia, ciertos derechos básicos de la persona, el derecho de propiedad y el imperio de la ley), y la tradición asociada con Rousseau, que da mayor peso a lo que Constant llamó «libertades de los antiguos» (las libertades políticas iguales y los va-

---

En varios lugares se observan los objetivos limitados al desarrollar una concepción de justicia: véase p. 364 sobre no esperar demasiado de una explicación de la desobediencia civil; pp. 200 ss. Sobre la inevitable indeterminación de una concepción de justicia, al especificar una serie de puntos de vista desde los cuales se pueden resolver las cuestiones de justicia; pp. 89 ss. Sobre la sabiduría social al reconocer que quizá sólo unos pocos problemas morales (habría sido mejor decir: problemas de justicia política) puedan resolverse satisfactoriamente, y al instaurar así instituciones tales que las cuestiones insolubles no se planteen; en las pp. 53, 87 ss., 320s. Se resalta la necesidad de aceptar simplificaciones. Respecto al último punto, véase también «Kantian Constructivism», pp. 560-564.

lores de la vida pública). Éste es un contraste estilizado e históricamente inadecuado, pero sirve para fijar ideas.

La justicia como imparcialidad intenta pronunciarse entre estas dos tradiciones contendientes, en primer lugar proponiendo dos principios de justicia que sirvan de guía para realizar los valores de libertad e igualdad por medio de las instituciones básicas, y en segundo lugar, especificando un punto de vista desde el que esos principios puedan ser reconocidos como más adecuados que otros principios de justicia ya conocidos, para la naturaleza de los ciudadanos democráticos contemplados como personas libres e iguales. Es fundamental, por supuesto, la cuestión de qué significa ver a los ciudadanos como personas libres e iguales, y se discute en las secciones siguientes. Lo que tendrá que mostrarse es que cierto ordenamiento de la estructura básica, ciertas formas institucionales, son más apropiadas para realizar los valores de libertad e igualdad cuando se concibe a los ciudadanos como personas tales, esto es (muy brevemente), como poseedores de los poderes requeridos de personalidad moral que les capacitan para participar en la sociedad contemplada como un sistema de justa cooperación para beneficio mutuo. Para continuar, los dos principios de justicia (mencionados arriba) rezan como sigue:

1. Cada persona tiene un derecho igual a un esquema plenamente adecuado de iguales derechos y libertades básicas, tal que dicho esquema sea compatible con un esquema similar para todos.

2. Las desigualdades sociales y económicas han de satisfacer dos condiciones: primera, deben estar ligadas a oficios y posiciones abiertos a todos bajo condiciones de

justa igualdad de oportunidades; y segundo, han de existir para mayor beneficio de los miembros menos aventajados de la sociedad.

Cada uno de estos principios se aplica a una parte diferente de la estructura básica; y ambos tienen que ver no sólo con derechos básicos, con libertades y oportunidades, sino también con las exigencias de igualdad; mientras que la segunda parte del segundo principio subraya el valor de estas garantías institucionales[8]. Los dos principios juntos, cuando se da prioridad al primero sobre el segundo, regulan las instituciones básicas que regulan estos valores[9]. Pero estos detalles, aunque son importantes, no nos conciernen aquí.

Ahora debemos preguntarnos: ¿cómo podría la filosofía política encontrar una base compartida para responder a semejante problema fundamental como el de las formas institucionales más apropiadas para la libertad y la igualdad? Es probable, por supuesto, que lo más que se pueda hacer es reducir el grado de desacuerdo público. Incluso las convicciones firmemente mantenidas cambian gradualmente: la tolerancia religiosa es aceptada ahora, y los argumentos para la persecución ya no se

---

8. La formulación de estos principios difiere de la dada en *Theory* y sigue la formulación que hay en «The Basic Liberties and their priority», *Tunner Lectures en Human Values,* vol. III (Salt Lake City: Univ. of Utah Press, 1982), p. 5 *(N. del T.:* Hay versión castellana por Guillermo Valverde, Barcelona, 1988). Las razones de los cambios se discuten en pp. 46-55 de esa conferencia. Tales razones son importantes por las revisiones hechas en la explicación de las libertades básicas que se encuentran en *Theory,* en un intento de responder a las objeciones de H. L. A. Hart; pero no necesitamos ocuparnos de ellas aquí.
9. La idea de valor de estas garantías se discute ibíd., pp. 40 ss.

plantean abiertamente; de modo similar, la esclavitud es rechazada como inherentemente injusta, y aunque muchas de las consecuencias de la esclavitud pueden persistir en prácticas sociales y en actitudes inconfesadas, nadie está dispuesto a defenderla. Reunimos tales convicciones fijas, como la creencia en la tolerancia religiosa y el rechazo de la esclavitud, e intentamos organizar las ideas básicas y los principios implícitos en esas convicciones como una concepción coherente de justicia. Podemos tomar esas convicciones como puntos fijos provisionales que cualquier concepción de justicia debe tener en cuenta si ha de ser razonable para nosotros. Miramos, pues, a nuestra propia cultura política pública, incluyendo sus instituciones principales y las tradiciones históricas para interpretarlas, como el fondo compartido de ideas y principios básicos implícitamente reconocidos. La esperanza está en que estas ideas y principios puedan ser formulados con claridad suficiente como para combinarse en una concepción política de justicia que congenie con nuestras convicciones más firmemente mantenidas. Para expresar esto decimos que una concepción política de justicia, para ser aceptable, debe estar de acuerdo con nuestras convicciones meditadas, en todos los niveles de generalidad, con la debida reflexión (o lo que he llamado «equilibrio reflexivo»)[10].

La cultura política pública puede entenderse de dos modos incluso en un nivel muy profundo. En efecto, esto debe ser así a juzgar por una controversia tan perdurable como esa que se refiere a las formas institucionales

10. *Theory,* pp. 20 ss., 48-51 y 120 ss.

más apropiadas para realizar los valores de libertad e igualdad. Esto indica que si hemos de conseguir encontrar una base de acuerdo público, debemos encontrar un modo nuevo de organizar los principios e ideas ya familiares en una concepción de justicia política para que las exigencias en conflicto, tal como se entienden anteriormente, se vean con otra luz. Una concepción política no necesita ser una creación original, sino que puede que únicamente articule ideas intuitivas y principios ya familiares para que puedan ser reconocidos armonizando entre sí de un modo algo diferente que antes. Una concepción semejante puede, sin embargo, ir más lejos: puede organizar esos principios e ideas ya familiares por medio de una idea intuitiva más fundamental en cuya compleja estructura estén entonces relacionadas y conectadas sistemáticamente las otras ideas intuitivas ya familiares. En la justicia como imparcialidad, como veremos en la sección siguiente, esta idea más fundamental es la de la sociedad como un sistema de cooperación social entre personas libres e iguales. El cometido de la presente sección era cómo podríamos encontrar una base pública del acuerdo político. Lo importante es que una concepción de justicia sólo será capaz de lograr este objetivo si proporciona un modo razonable de determinar en una visión coherente las bases de acuerdo más profundas asentadas en la cultura política pública de un régimen constitucional, y que sea aceptable para las convicciones meditadas más firmemente mantenidas de tal cultura.

Supongamos ahora que la justicia como imparcialidad hubiera logrado su objetivo y que con ella se ha encon-

7. Justicia como imparcialidad: política, no metafísica

trado una concepción de justicia política públicamente aceptable. Entonces esta concepción proporciona un punto de vista reconocido públicamente a partir del cual todos los ciudadanos pueden indagar los unos ante los otros si sus instituciones políticas y sociales son justas o no. Les permite hacer esto alegando las razones que son reconocidas entre ellos como válidas y suficientes, escogidas por esa misma concepción. Cada ciudadano, cualquiera que sea su posición social o sus intereses más particulares, puede examinar sobre la misma base las principales instituciones de la sociedad y el modo en que armonizan en un esquema de cooperación social. Debe observarse que, desde este punto de vista, la justificación no se considera simplemente como un argumento válido que pende de unas premisas, aun cuando estas premisas sean verdaderas. Más bien, la justificación se dirige a otros que están en desacuerdo con nosotros, y por lo tanto siempre debe proceder de algún consenso, esto es, de premisas que nosotros y los otros reconocemos públicamente como verdaderas o, mejor, las reconocemos públicamente como aceptables para nosotros con el objeto de establecer un acuerdo de funcionamiento en las cuestiones fundamentales de justicia política. No hace falta decir que este acuerdo debe ser entendido por los ciudadanos, no coaccionados, y ha de alcanzarse de un modo consistente con su consideración de personas libres e iguales[11].

Así pues, el objetivo de la justicia como imparcialidad como concepción política es práctico, y no metafísico ni

11. Ibíd., pp. 580-583.

epistemológico. Esto es, se presenta a sí misma no como una concepción que es verdadera, sino como una que puede servir de base para un acuerdo político entendido y deseado entre ciudadanos considerados como personas libres e iguales. Este acuerdo, cuando está fundado firmemente en actitudes sociales y políticas públicas, sustenta los bienes de todas las personas y asociaciones en un régimen democrático justo. Para asegurar este acuerdo intentamos, en la medida en que podemos, evitar cuestiones filosóficas disputadas, así como también cuestiones morales y religiosas disputadas. No hacemos esto porque esas cuestiones sean poco importantes o se miren con indiferencia[12], sino porque las consideramos como demasiado importantes y reconocemos que no hay modo de resolverlas políticamente. La única alternativa a un principio de tolerancia es el uso autocrático del poder del estado. Así, la justicia como imparcialidad se mantiene deliberadamente en la superficie, filosóficamente hablando. Dadas las profundas diferencias en las creencias y en las concepciones del bien, al menos desde la Reforma, debemos reconocer que, tal como ocurre con las cuestiones de doctrina moral y religiosa, no se puede obtener el acuerdo público en las cuestiones básicas de filosofía sin la transgresión de las libertades básicas por parte del estado. La filosofía como búsqueda de la verdad sobre un orden metafísico y moral independiente no puede, creo, proporcionar una base factible y compartida para una concepción política de la justicia en una sociedad democrática.

12. Ibíd., pp. 214 ss.

7. Justicia como imparcialidad: política, no metafísica

Intentamos, entonces, dejar de lado las controversias filosóficas siempre que sea posible, y buscamos modos de evitar los problemas perdurables de la filosofía. Así, en lo que he llamado constructivismo kantiano, intentamos evitar el problema de la verdad y la polémica entre realismo y subjetivismo acerca del *status* de los valores morales y políticos. Esta forma de constructivismo ni afirma ni niega estas doctrinas[13]. En lugar de ello, rescata ideas de la tradición del contrato social para lograr una concepción viable de la objetividad y de la justificación, basada en el acuerdo público en el juicio tras la debida reflexión. El objetivo es el acuerdo libre, la reconciliación a través de la razón pública. Y de modo parecido (como veremos en la sección V), una concepción de la persona en una visión política, por ejemplo, la concepción de los ciudadanos como libres e iguales, creo que no precisa implicar problemas de psicología filosófica ni tampoco una doctrina metafísica de la naturaleza del yo. Ninguna visión política que dependa de estos temas profundos e irresueltos puede servir como una concepción pública de justicia en un estado democrático constitucional. Como he dicho, debemos aplicar el principio de tolerancia a la filosofía misma. La esperanza es que, por este método de evitación, como podríamos llamarlo, las diferencias existentes entre las visiones políticas contendientes puedan al menos moderarse, aun si no eliminarse por completo, para que pueda mantenerse la cooperación social sobre la base del respeto mutuo. O si esto es esperar demasia-

---

13. Sobre el constructivismo kantiano, véase especialmente la tercera conferencia a la que nos hemos referido antes, en la nota 2.

do, este método puede permitirnos concebir cómo, dado un deseo de acuerdo libre e incondicionado, un convenio público aparecería consistente con las condiciones históricas y las obligaciones de nuestro mundo social. Hasta que no tomemos suficiente ánimo para concebir cómo podría ocurrir esto, no puede ocurrir.

III

Examinemos ahora brevemente algunas de las ideas básicas que componen la justicia como imparcialidad para mostrar que estas ideas pertenecen a una concepción política de la justicia. Como he indicado, la idea intuitiva clave fundamental, en el seno de la cual se conectan sistemáticamente las otras ideas intuitivas básicas, es la de la sociedad como un sistema justo de cooperación entre personas libres e iguales. La justicia como imparcialidad parte de esta idea como una de las ideas intuitivas básicas que suponemos que están implícitas en la cultura pública de una sociedad democrática[14]. Los ciudadanos, en su pensamiento político, y en el contexto de la discusión pública de los problemas políticos, no ven el orden social como un orden natural fijo, ni como una jerarquía institucional justificada por valores aristocráticos o religiosos. Aquí es importante señalar que desde otros pun-

---

14. Aunque *Theory* utiliza esta idea desde el comienzo (se introduce en la p. 4), no recalca, como lo hago aquí y en «Kantian Constructivism», que las ideas básicas de la justicia como imparcialidad se contemplan como implícitas o latentes en la cultura pública de una sociedad democrática.

tos de vista, por ejemplo, desde el punto de vista de la moralidad personal o desde el punto de vista de los miembros de una asociación, o el de una doctrina religiosa o filosófica, se pueden contemplar de modo distinto los diversos aspectos del mundo y de la relación de uno con él. Pero estos otros puntos de vista no han de introducirse en la discusión política.

Podemos elaborar la idea de la cooperación social de modo más específico para advertir tres de sus elementos:

1. La cooperación es distinta de la mera actividad socialmente coordinada, por ejemplo, de la actividad coordinada por las órdenes emanadas de alguna autoridad central. La cooperación está guiada por reglas y procedimientos públicamente reconocidos, que son aceptados por los que están cooperando y los consideran como los que regulan propiamente su conducta.

2. La cooperación incluye la idea de justos términos de cooperación: son términos que puede aceptar cada participante razonablemente con tal de que los demás los acepten del mismo modo. Los justos términos de cooperación especifican una idea de reciprocidad o mutualidad: todos los que están comprometidos en la cooperación y los que hacen su parte tal como requieren las reglas y procedimientos han de sacar provecho de un modo apropiado tal como se fije por medio del marco de comparación adecuado. Una concepción de justicia política caracteriza los justos términos de cooperación social. Puesto que el objeto primario de la justicia es la estructura básica de la sociedad, esto se lleva a cabo en la justicia como imparcialidad por medio de la formulación de principios que especifican derechos y deberes básicos

en el seno de las principales instituciones de la sociedad, y por la regulación de las instituciones de la justicia de trasfondo a través del tiempo para que los beneficios producidos por los esfuerzos de cada uno sean adquiridos y repartidos equitativamente de una generación a la siguiente.

3. La idea de cooperación social requiere una idea de provecho racional de cada participante, o de bien. Esta idea de bien especifica lo que están intentando conseguir los que están comprometidos en la cooperación cuando el esquema se ve desde su propio punto de vista, ya se trate de individuos, familias, asociaciones, o incluso estados-naciones.

Consideremos ahora la idea de persona[15]. Por supuesto que hay muchos aspectos de la naturaleza humana que se pueden señalar como especialmente significativos dependiendo de nuestro propio punto de vista. Esto lo atestiguan expresiones tales como *homo politicus, homo faber* y otras por el estilo. La justicia como imparcialidad parte de la idea de que la sociedad ha de ser concebida

---

15. Debe subrayarse que una concepción de la persona, como la entendemos aquí, es una concepción normativa; que sea legal, política o moral, o por cierto también filosófica o religiosa, depende de la visión global a la que pertenezca. En este caso la concepción de la persona es una concepción moral, que procede de nuestra cotidiana concepción de las personas como las unidades básicas de pensamiento, deliberación y responsabilidad, y que se adapta a una concepción política de justicia y no a una doctrina moral comprehensiva. Es, en efecto, una concepción política de la persona, y dados los objetivos de la justicia como imparcialidad, una concepción de los ciudadanos. Así, una concepción de la persona ha de distinguirse de una explicación de la naturaleza humana dada por la ciencia natural o por la teoría social. Sobre este punto, véase «Kantian Constructivism», pp. 534 ss.

como un sistema justo de cooperación y por eso adopta una concepción de la persona que conecta con esta idea. Desde la época griega, tanto en filosofía como en leyes, el concepto de persona ha sido entendido como el concepto de alguien que puede tomar parte en la vida social, o que puede desempeñar un papel en ella y por lo tanto ejercita y respeta sus diversos deberes y derechos. Así, decimos que una persona es alguien que puede ser ciudadano, esto es, un miembro de la sociedad plenamente cooperante durante una vida entera. Añadimos la frase «durante una vida entera» porque una sociedad se contempla como un esquema de cooperación más o menos completo y autosuficiente, que da cabida en ella a todas las necesidades y actividades de la vida, desde el nacimiento hasta la muerte. Una sociedad no es una asociación para propósitos más limitados; los ciudadanos no ingresan voluntariamente en la sociedad sino que nacen en ella, y suponemos (para nuestros objetivos aquí) que han de conducir sus vidas en ella.

Puesto que partimos de la tradición del pensamiento democrático, también pensamos a los ciudadanos como personas libres e iguales. La idea intuitiva básica es que decimos que las personas son libres en virtud de lo que podemos llamar sus poderes morales, y de los poderes de la razón, del pensamiento y del juicio conectados con aquéllos. Y decimos que las personas son iguales en virtud de que, al tener estos poderes en el grado requerido, son miembros plenamente cooperantes de la sociedad[16]. Podemos elaborar esta concepción de la persona como

---

16. *Theory*, sec. 77.

sigue. Puesto que las personas pueden ser plenos participantes en un sistema justo de cooperación social, les adscribimos los dos poderes morales conectados con los elementos de la idea de cooperación social apuntados anteriormente: a saber, capacidad para un sentido de la justicia y capacidad para una concepción del bien. Un sentido de la justicia es la capacidad para entender, aplicar y actuar a partir de una concepción pública de la justicia que caracteriza los justos términos de cooperación social. La capacidad para una concepción del bien es la capacidad para formar, revisar y perseguir racionalmente una concepción del provecho racional de uno, o del bien. En el caso de la cooperación social, este bien no ha de ser entendido de modo estrecho, sino más bien como una concepción de lo que es valioso en la vida humana. Así, una concepción del bien consiste normalmente en un esquema más o menos determinado de fines últimos, esto es, fines que deseamos realizar por sí mismos, así como de adhesiones a otras personas y lealtades a diversos grupos y asociaciones. Estas adhesiones y lealtades dan lugar a afectos y devociones, y por lo tanto, el florecimiento de las personas y asociaciones que son objeto de estos sentimientos también es parte de nuestra concepción del bien. Más aún, en tal concepción del bien debemos incluir también una visión de nuestra relación con el mundo –religiosa, filosófica o moral– por referencia a la cual se entienda el valor y el significado de nuestros fines y adhesiones.

Además de tener los dos poderes morales, las capacidades para un sentido de la justicia y una concepción del bien, las personas también tienen en cualquier momento

7. Justicia como imparcialidad: política, no metafísica

dado una concepción particular del bien que intentan conseguir. Puesto que deseamos partir de la idea de sociedad como un sistema de cooperación justo, suponemos que las personas en cuanto ciudadanos tienen todas las capacidades que les permiten ser miembros normal y plenamente cooperantes de la sociedad. Esto no implica que nadie sufra nunca de enfermedad o de accidente; tales infortunios son de esperar en el curso ordinario de la vida humana; y ha de hacerse la provisión para estas contingencias. Pero, para nuestros propósitos aquí, pongo aparte las disfunciones físicas permanentes o los trastornos mentales tan graves como para impedir a las personas ser miembros normal y plenamente cooperantes de la sociedad en el sentido habitual.

Ahora bien, la concepción de las personas como poseedoras de los dos poderes morales, y por lo tanto como libres e iguales, es también una idea intuitiva básica asumida como implícita en la cultura pública de una sociedad democrática. Obsérvese, no obstante, que está formada idealizando y simplificando de modos diversos. Esto se hace para conseguir una visión clara y ordenada de la que es para nosotros la cuestión fundamental de la justicia política: a saber, cuál es la concepción de la justicia más apropiada para especificar los términos de la cooperación social entre ciudadanos considerados como personas libres e iguales, y como miembros normales y plenamente cooperantes de la sociedad durante una vida entera. Ésta es la cuestión que ha sido el foco de la crítica liberal de la aristocracia, de la crítica socialista de la democracia liberal constitucional y del conflicto entre liberales y conservadores en el presente sobre las exigencias de la propiedad privada y sobre la legitimidad (en contraste con la eficacia) de las políticas sociales asociadas con el denominado estado del bienestar.

IV

Ahora voy a ocuparme de la idea de la posición original[17]. Esta idea se introdujo para resolver sobre cuál de las concepciones tradicionales de la justicia, o qué variante de alguna de esas concepciones, especifica los principios más apropiados para realizar la libertad y la igualdad una vez que la sociedad es contemplada como un sistema de cooperación entre personas libres e iguales. Asumiendo que teníamos en mente tal propósito, veamos por qué debíamos introducir la idea de la posición original y cómo esta idea sirve a ese propósito.

Consideremos de nuevo la idea de la cooperación social. Preguntemos: ¿cómo han de determinarse los justos términos de cooperación? ¿Simplemente han de ser promulgados por alguna instancia exterior distinta de las personas que cooperan? ¿Han de ser promulgados, por ejemplo, por la ley de Dios? ¿O estos términos han de ser reconocidos como justos por estas personas por referencia a su conocimiento de un orden moral previo e independiente? Por ejemplo, ¿se contemplan como obligadas por una ley natural, o por un reino de valores conocido por intuición racional? ¿O estos términos han de ser establecidos por un compromiso entre estas per-

---

17. Ibíd., sec. 4, cap. 3 y el índice.

7. Justicia como imparcialidad: política, no metafísica

sonas mismas a la luz de lo que ellas consideran como su beneficio mutuo? Dependiendo de la respuesta que demos, obtenemos una diferente concepción de la cooperación.

Puesto que la justicia como imparcialidad refunde la doctrina del contrato social, adopta una forma de la última pregunta: los justos términos de cooperación social se conciben como acordados por los comprometidos en ella, esto es, por personas libres e iguales como ciudadanos, que han nacido en la sociedad en la que conducen sus vidas. Pero su acuerdo, como cualquier otro acuerdo válido, debe ser firmado bajo condiciones apropiadas. En particular, estas condiciones deben situar equitativamente a personas libres e iguales y no deben permitir mayores ventajas de regateo a algunas personas frente a otras. Además, deben ser excluidas las amenazas de fuerza y de coacción, el engaño y el fraude, y cosas así.

Hasta aquí todo bien. Las consideraciones anteriores son conocidas de la vida cotidiana. Pero los acuerdos de la vida cotidiana se hacen en alguna situación, especificada más o menos claramente, asentada en el trasfondo de instituciones de la estructura básica. Nuestra tarea, sin embargo, es la de extender la idea del acuerdo al propio sistema de trasfondo. Aquí afrontamos una dificultad de cualquier concepción política de justicia que utilice la idea de contrato, ya sea social o de otro tipo. La dificultad es ésta: debemos encontrar un punto de vista separado de, y no deformado por, los rasgos particulares y las circunstancias del omniabarcante sistema de trasfondo, desde el cual se pueda alcanzar un acuerdo justo entre personas libres e iguales. La posición original, con el rasgo que he denominado «velo de ignorancia», es ese punto de vista[18]. Y la razón de por qué la posición original debe separarse y no verse afectada por las contingencias del mundo social está en que las condiciones para un acuerdo justo sobre los principios de justicia política entre personas libres e iguales deben eliminar las ventajas de regateo que aparecen inevitablemente en las instituciones de trasfondo de cualquier sociedad como resultado de tendencias acumulativas sociales, históricas y naturales. Estas ventajas contingentes e influencias accidentales del pasado no deberían influir en un acuerdo sobre los principios que han de regular las instituciones de la estructura básica misma desde el presente en adelante.

Aquí parece que afrontamos una segunda dificultad, que es, sin embargo, sólo aparente. Me explico: a partir de lo que acabamos de decir está claro que la posición original la hemos de ver como un recurso de representación, y por tanto, cualquier acuerdo alcanzado por las partes ha de contemplarse como hipotético y ahistórico. Pero si esto es así, puesto que los acuerdos hipotéticos no pueden obligar, ¿cuál es el significado de la posición original?[19]. La respuesta está implícita en lo que ya se ha

---

18. Sobre el velo de ignorancia, véase ibíd., sec. 24 y el índice.
19. Esta cuestión es planteada por Ronald Dworkin en la primera parte de su ensayo altamente instructivo y muy iluminador titulado «Justice and Rights» (1973), reimpreso en *Taking Rights Seriously* (Cambridge, MA: Harvard Univ. Press, 1977). Dworkin considera diversos modos de explicar el uso de la posición original en una explicación de la justicia que invoca la idea del contrato social. En la última parte de este ensayo (pp. 173-183), tras haber examinado algunos de los rasgos constructivistas de la justicia como imparcialidad (pp. 159-

7. Justicia como imparcialidad: política, no metafísica

dicho: está dado por el papel de los distintos rasgos de la posición original como recurso de representación. Así, el que las partes estén situadas simétricamente es exigido si es que han de ser vistas como representantes de ciudada-

168) y argumentar que es una visión basada-en-derecho y no basada-en-deber ni basada-en-meta (pp. 168-177), propone que la posición original con el velo de ignorancia se vea como que modela la vigencia del derecho natural que tienen los individuos a una igual consideración y respeto en el diseño de las instituciones políticas que les gobiernan (p. 180). Piensa que este derecho natural se halla a la base de la justicia como imparcialidad y que la posición original sirve como recurso para probar cuáles son los principios que requiere este derecho. Es una sugerencia ingeniosa, pero no la he seguido en el texto. Prefiero no considerar a la justicia como imparcialidad como una visión basada-en-derecho; en efecto, el esquema de clasificación de Dworkin de visiones basadas-en-derecho, basadas-en-deber y basadas-en-meta (pp. 171 ss.) es demasiado estrecho y deja fuera posibilidades importantes. Así, como se expuso antes en la sec. II, pienso en la justicia como imparcialidad como la teoría que eleva a concepciones idealizadas ciertas ideas intuitivas fundamentales (como las de la persona libre e igual, la de una sociedad bien ordenada y la del papel público de una concepción de justicia política) y que enlaza estas ideas intuitivas fundamentales con la idea intuitiva aún más fundamental y comprehensiva de la sociedad como un sistema justo de cooperación en el tiempo de generación en generación. Los derechos, deberes y metas no son sino elementos de tales concepciones idealizadas. Así pues, la justicia como imparcialidad es una visión basada-en-concepción, o como me ha sugerido Elizabeth Anderson, una visión basada-en-ideal, puesto que estas ideas intuitivas fundamentales reflejan ideales implícitos o latentes en la cultura pública de una sociedad democrática. En este contexto, la posición original es un recurso de representación que modela la vigencia, no del derecho natural a igual consideración y respeto, sino de los elementos esenciales de estas ideas intuitivas fundamentales en cuanto identificadas por las razones de los principios de justicia que aceptamos tras la debida reflexión. Como tal recurso, sirve primero para combinar y después enfocar la fuerza resultante de todas estas razones en la seleccción de los principios de justicia más apropiados para una sociedad democrática. (Al hacer esto, la vigencia del derecho natural a una igual consideración y

nos libres e iguales que han de alcanzar un acuerdo bajo condiciones equitativas. Más aún: una de nuestras convicciones meditadas, supongo, es ésta: el hecho de que ocupemos una posición particular no es, para nosotros, una buena razón para aceptar, o para esperar que otros acepten, una concepción de la justicia que favorece a los de esa posición. Para modelar esta convicción en la posición original, a las partes no se les permite conocer su posición social; y la misma idea se aplica a otros casos. Esto se expresa figurativamente diciendo que las partes están tras un velo de ignorancia. En suma, la posición original es simplemente un recurso de representación: describe las partes (cada una de las cuales es responsable de los intereses esenciales de una persona libre e igual), situándolas equitativamente y alcanzando un acuerdo sujeto a las restricciones apropiadas sobre lo que ha de contar como buenas razones[20].

respeto se incluirá de otros modos.) Esta explicación del uso de la posición original se parece en algunos aspectos a una explicación que Dworkin rechaza en la primera parte de su ensayo, especialmente en pp. 133 s. En vista de la ambigüedad y oscuridad de *Theory* en muchos de los puntos que él revisa, no es mi intención criticar la valiosa discusión de Dworkin, sino más bien indicar de qué modo mi interpretación de la posición original difiere de la suya. Otros pueden preferir la explicación de Dworkin.
20. La posición original modela un rasgo básico del constructivismo kantiano, a saber, la distinción entre lo razonable y lo racional, con lo razonable como previo a lo racional. (Para una explicación de esta distinción, véase «Kantian Constructivism», pp. 528-532 y *passim.*) La relevancia de esta distinción aquí es que *Theory* habla más o menos consistentemente no de las condiciones racionales, sino de las razonables (o a veces de las convenientes o apropiadas) como obligaciones basadas en argumentos de los principios de justicia (véanse pp. 18 s., 20 s., 120 s., 130 s., 138, 446, 516 s., 578, 584 s.). Estas obligaciones se

7. Justicia como imparcialidad: política, no metafísica

Ambas dificultades mencionadas anteriormente se superan, entonces, viendo la posición original como un recurso de representación: esto es, esta posición modela lo que contemplamos como condiciones equitativas bajo las cuales los representantes de personas libres e iguales han de especificar los términos de la cooperación social en el caso de la estructura básica de la sociedad; y puesto que modela también lo que, para este caso, contemplamos como restricciones aceptables basadas en razones disponibles por las partes para favorecer un acuerdo mejor que otro, la concepción de justicia que las partes adoptarían identifica la concepción que contemplamos –*aquí y ahora*– como justa y como sustentada por las mejores razones. Intentamos modelar las restricciones basadas en razones de un modo tal que sea perfectamente evidente cuál sería el acuerdo elaborado por las partes como representantes de los ciudadanos en la posición original. Incluso si hubiese razones, como seguramente

modelan en la posición original y de este modo se imponen a las partes: sus deliberaciones están sujetas, y sujetas absolutamente, a las condiciones razonables cuyo modelado hace que la posición original sea justa. Lo razonable, entonces, es previo a lo racional, y esto da la prioridad de derecho. Así pues, fue un error en *Theory* (y muy engañoso) describir una teoría de la justicia como parte de la teoría de la elección racional, como en pp. 16 y 583. Lo que tendría que haber dicho es que la concepción de la justicia como imparcialidad utiliza una versión de la elección racional sujeta a condiciones razonables para caracterizar las deliberaciones de las partes como representantes de personas libres e iguales; y todo esto dentro de una concepción política de justicia, que es, por supuesto, una concepción moral. No se trata de intentar derivar el contenido de la justicia dentro de un sistema que utiliza una idea de lo racional como la única idea normativa. Ese intento es incompatible con cualquier tipo de visión kantiana.

las habrá, en pro y en contra de cada concepción de justicia disponible, puede haber un balance global de razones que favorezcan plenamente a una concepción por encima de las demás. La idea de la posición original como recurso de representación sirve como un medio de reflexión pública y de autoclarificación. Podemos usarla para ayudarnos a desarrollar lo que pensamos ahora, una vez que podemos tener una visión clara y ordenada de lo que requiere la justicia cuando se concibe la sociedad como un esquema de cooperación entre personas libres e iguales de generación en generación. La posición original sirve como idea unificante por la cual nuestras convicciones meditadas de todos los niveles de generalidad son llevadas a referirse unas a otras para lograr así mayor acuerdo mutuo y autocomprensión.

Para terminar: introducimos una idea como la de la posición original porque no hay mejor manera de elaborar una concepción política de justicia para la estructura básica a partir de la idea intuitiva fundamental de la sociedad como un sistema de cooperación justo entre los ciudadanos en cuanto personas libres e iguales. No obstante, hay ciertos riesgos. La posición original, como recurso de representación, es probable que parezca algo abstracto, y por tanto, abierto a malentendidos. Puede parecer que la descripción de las partes presupone alguna concepción metafísica de la persona, por ejemplo, que la naturaleza esencial de las personas es previa e independiente de sus atributos contingentes, incluyendo sus fines últimos y sus adhesiones, y, claro está, su carácter en conjunto. Pero esto es una ilusión provocada por no ver la posición original como un recurso de representación. El velo de ignorancia, por mencionar uno de los rasgos prominentes de esa posición, no tiene implicaciones metafísicas que afecten a la naturaleza del yo; no implica que el yo sea ontológicamente anterior a los hechos sobre las personas cuyo conocimiento ha sido vedado a las partes. Podemos, por decirlo así, acceder a esa posición en cualquier momento simplemente razonando sobre principios de justicia de acuerdo con las restricciones enumeradas. Cuando simulamos, de este modo, estar en esta posición, nuestro razonamiento no nos compromete más con una doctrina metafísica sobre la naturaleza del yo de lo que jugar a un juego como el Monopoly nos compromete a pensar que somos terratenientes enfrascados en una rivalidad encarnizada en la que el ganador se queda con todo[21]. Debemos tener en cuenta que esta-

---

21. *Theory,* pp. 138 ss., 147. Se dice que las partes en la posición original están definidas teoréticamente como individuos cuyas motivaciones son especificadas por la explicación de esa posición y no por una visión psicológica sobre el modo en que los seres humanos están motivados actualmente. Esto es parte también de lo que se quiere expresar cuando decimos (p. 121) que la aceptación de los concretos principios de justicia no se consideraba como una ley psicológica o de probabilidad, sino que más bien se sigue de la plena descripción de la posición original. Aunque el objetivo no se pueda lograr perfectamente, queremos que el argumento sea deductivo, «un tipo de geometría moral». En «Kantian Constructivism» (p. 532) se describe a las partes como agentes meramente artificiales que habitan un constructo. Así, pienso que se equivoca R. B. Brandt al objetar que el argumento de la posición original está basado en una psicología defectuosa. Véase su *A Theory of the Good and the Right* (Oxford, Clarendon Press, 1979), pp. 239-242. Por supuesto, alguien podría objetar a la posición original que modela la concepción de la persona y las deliberaciones de las partes de formas que son inadecuadas para los propósitos de una concepción política de justicia; pero, para estos propósitos, la teoría psicológica no es directamente relevante. Por otra parte, la teoría psico-

mos intentando mostrar cómo la idea de sociedad como un sistema justo de cooperación social puede desarrollarse de modo tal que especifique los principios más apropiados para realizar las instituciones de libertad e igualdad cuando los ciudadanos se contemplan como personas libres e iguales.

V

Acabo de subrayar que la idea de la posición original y la descripción de las partes puede inducirnos a pensar que se presupone una doctrina metafísica de la persona. Aunque decía que esta interpretación está equivocada, no es suficiente con repudiar simplemente la dependencia de doctrinas metafísicas, pues, a despecho del propio intento, esas doctrinas pueden estar implicadas todavía. Rebatir afirmaciones de esta naturaleza requiere discu-

---

lógica es relevante para la explicación de la estabilidad de una concepción de justicia, como se discutió en *Theory*, III parte. Véase más adelante, nota 34. De modo similar, pienso que Michael Sandel se equivoca al suponer que la posición original incluye una concepción del yo «... despojado de todos sus atributos contingentemente dados», un yo que «supone un tipo de estado supraempírico, [...] y dado con anterioridad a sus fines, un puro sujeto de acción y de posesión, sumamente escaso». Véase *Liberalism and the Limits of Justice* (Cambridge: Cambridge Univ. Press, 1982), pp. 93-95. No puedo discutir estas críticas en detalle. El punto esencial (como sugerí en las observaciones introductorias) no es si ciertos pasajes de *Theory* exigen una tal interpretación (dudo que así sea), sino si la presente concepción de la justicia como imparcialidad puede ser entendida en ese respecto a la luz de la interpretación que bosquejo en este artículo y en las anteriores conferencias sobre constructivismo, como creo que se puede.

7. Justicia como imparcialidad: política, no metafísica

tirlas en detalle y mostrar que no tienen fundamento. Aquí no puedo hacerlo[22].

No obstante, puedo bosquejar una explicación positiva de la concepción política de la persona, esto es, la concepción de la persona en cuanto ciudadano (discutida en la sección III), que se incluye en la posición original como recurso de representación. Para explicar lo que se quiere decir al describir una concepción de la persona como política, consideremos cómo están representados los ciudadanos en cuanto personas libres en la posición original. La representación de su libertad parece ser un

---

22. Parte de la dificultad está en que no hay una interpretación aceptada de lo que es una doctrina metafísica. Alguien podría decir, como me ha sugerido Paul Hoffman, que desarrollar una concepción política de justicia sin presuponer, o sin usar explícitamente, una doctrina metafísica, por ejemplo, alguna particular concepción metafísica de la persona, es presuponer ya una tesis metafísica: a saber, que no se necesita para este propósito ninguna doctrina metafísica particular. Alguien podría decir también que nuestra concepción cotidiana de las personas como las unidades básicas de deliberación y de responsabilidad presupone, o de algún modo incluye, ciertas tesis metafísicas sobre la naturaleza de las personas como agentes morales o políticos. Siguiendo el método de la evitación, no quisiera negar estas exigencias. Lo que debería poder decirse es lo siguiente: si miramos la presentación de la justicia como imparcialidad y advertimos cómo está elaborada y observamos las ideas y concepciones que utiliza, no aparece entre sus premisas ninguna doctrina metafísica particular sobre la naturaleza de las personas, distinta y opuesta a otras doctrinas metafísicas, ni que parezca exigida por su argumentación. Si están inmersas presuposiciones metafísicas quizá sean tan generales que no distinguirían entre las diversas visiones metafísicas –cartesiana, leibniziana o kantiana; realista, idealista o materialista– con las que la filosofía ha estado ocupada tradicionalmente. En este caso, tales presuposiciones no parecerían relevantes de un modo u otro para la estructura y contenido de una concepción política de justicia. Estoy agradecido a Daniel Brudney y a Paul Hoffman por la discusión de estos temas.

origen de la idea de que se está presuponiendo alguna doctrina metafísica. He dicho en otra parte que los ciudadanos se ven a sí mismos como libres en tres aspectos; examinemos cada uno de éstos brevemente e indiquemos el modo en que la concepción de la persona que utilizamos es una concepción política[23].

En primer lugar, los ciudadanos son libres en que se conciben a sí mismos y unos a otros como poseedores del poder moral de tener una concepción del bien. Esto no quiere decir que, como parte de su concepción política, se vean a sí mismos atados inevitablemente a la consecución de la concepción del bien concreto que afirmen en un momento dado. En lugar de ello, como ciudadanos se consideran capaces de revisar y cambiar esta concepción en base a fundamentos racionales y razonables, y pueden hacerlo si así lo desean. Así pues, en cuanto personas libres, los ciudadanos reclaman el derecho a ver sus propias personas como independientes de, y como no identificadas con, ninguna concepción particu-

---

23. Para los dos primeros aspectos, véase «Kantian Constructivism», pp. 544 ss. (Para el tercero véase más abajo la nota 27.) La versión de los dos primeros aspectos que se encuentra en aquellas conferencias está desarrollada, además, en el texto de arriba, y soy más explícito en la distinción entre lo que llamo aquí nuestra identidad «pública» *versus* nuestra identidad «no pública o moral». Lo importante del término «moral» en la frase anterior es indicar que las concepciones que tienen las personas del bien (completo) son normalmente un elemento esencial para caracterizar su identidad no pública (o no política), y se entiende que estas concepciones normalmente contienen importantes elementos morales, aunque también incluyen otros elementos filosóficos y religiosos. El término «moral» debería ser considerado como un doble para todas estas posibilidades. Estoy en deuda con Elizabeth Andersen por la discusión y clarificación de esta distinción.

7. Justicia como imparcialidad: política, no metafísica

lar del bien o esquema de fines últimos. Dado su poder moral para formar, revisar y fomentar racionalmente una concepción del bien, su identidad pública como personas libres no está afectada por cambios en el tiempo de su concepción del bien. Por ejemplo, cuando los ciudadanos se convierten de una religión a otra, o abandonan una fe religiosa establecida, no dejan de ser, en cuestiones de justicia política, las mismas personas que antes. No hay pérdida de lo que podemos llamar su identidad pública, de su identidad en materia de ley básica. En general, tienen todavía los mismos derechos y deberes básicos; poseen la misma propiedad y pueden hacer las mismas exigencias que antes, excepto en el caso de que tales exigencias estuviesen ligadas a su interior filiación religiosa. Podemos imaginar una sociedad (por cierto que la historia ofrece numerosos ejemplos) en la que los derechos básicos y las exigencias reconocidas dependan de la filiación religiosa de la clase social o de cosas por el estilo. Tal sociedad tiene una diferente concepción política de la persona. Puede que no tenga una concepción de ciudadanía en absoluto; pues esta concepción, tal como la estamos usando, armoniza con la concepción de la sociedad como sistema justo de cooperación para beneficio mutuo entre personas libres e iguales.

Es esencial señalar que los ciudadanos en sus asuntos personales, o en la vida interna de las asociaciones a las que pertenecen, pueden contemplar sus fines últimos y adhesiones de un modo muy diferente del que implica la concepción política. Los ciudadanos pueden tener, y normalmente tienen en cualquier momento dado, afectos, devociones y lealtades de los que no quisieran prescindir (y claro está que podrían y no deberían), y que tampoco quisieran valorarlos objetivamente desde el punto de vista de su bien puramente racional. Pueden considerar simplemente como impensable verse apartados de ciertas convicciones religiosas, filosóficas y morales, o de ciertas adhesiones y lealtades perdurables. Estas convicciones y adhesiones son parte de lo que podemos llamar su «identidad no pública». Estas convicciones y adhesiones ayudan a organizar y dar forma al modo de vida de una persona, a lo que uno se ve a sí mismo haciendo e intentando completar en su propio mundo social. Pensamos que si de repente nos quedásemos sin tales convicciones y adhesiones particulares estaríamos desorientados e incapaces de seguir. De hecho, podríamos pensar que no vale la pena seguir. Pero nuestras concepciones del bien pueden cambiar, y a menudo así ocurre a través del tiempo, habitualmente con lentitud, pero a veces más repentinamente. Cuando estos cambios son repentinos es particularmente probable que se diga que ya no somos la misma persona. Sabemos lo que esto significa: nos referimos a un cambio profundo y tajante (o conversión) en nuestros fines últimos y en nuestro carácter; nos referimos a nuestra distinta identidad no pública, posiblemente moral o religiosa. En el camino de Damasco, Saulo de Tarso se convierte en Pablo el apóstol. No hay cambio en nuestra identidad pública o política, ni en nuestra identidad personal tal y como entienden este concepto algunos autores de filosofía de la mente[24].

24. Aquí supongo que una respuesta al problema de la identidad personal intenta especificar los diversos criterios (por ejemplo, la conti-

7. Justicia como imparcialidad: política, no metafísica

El segundo aspecto en el que los ciudadanos se ven a sí mismos como libres está en que se consideran fuentes autogeneradoras de exigencias válidas. Piensan que sus exigencias tienen peso, al margen de que sean derivadas de los deberes u obligaciones especificados por la concepción política de justicia, por ejemplo, al margen de los deberes y obligaciones para con la sociedad. Las exigencias que los ciudadanos contemplan como fundadas en deberes y obligaciones basados en su concepción del bien y en la doctrina moral que ellos sostienen en su pro-

---

nuidad psicológica de los recuerdos y la continuidad física del cuerpo, o alguna parte de las mismas) de acuerdo con los cuales dos estados psicológicos diferentes, o dos acciones (o dos lo que sea), que ocurren en dos momentos diferentes, se puede decir que son estados o acciones de la misma persona que perdura en el tiempo; y también intenta especificar de qué modo ha de ser concebida esa persona perdurable, si como una substancia cartesiana o leibniziana, o como un yo trascendental kantiano, o como un continuo de alguna otra clase, por ejemplo, física o corporalmente. Véanse la colección de ensayos editados por John Perry, *Personal Identity* (Berkeley, CA: Univ. of California Press, 1975), especialmente la introducción de Perry, pp. 3-30; y el ensayo de Sydney Shoemaker *Personal Identity* (Oxford: Basil Blackwelk, 1984); ambas obras examinan cierto número de visiones. En las discusiones sobre este problema algunas veces se ignora ampliamente la continuidad de motivos y aspiraciones fundamentales, por ejemplo, en visiones como la de H. P. Grice (incluido en la colección de Perry), que resalta la continuidad de la memoria. Por supuesto que, una vez que ha sido introducida la continuidad fundamental de objetivos y aspiraciones, como en *Reasons and Persons,* de Derek Parfit (Oxford: Clarendon Press, 1984), III parte, no hay una distinción nítida entre el problema de la identidad moral o no pública de las personas y el problema de su identidad personal. Este último problema plantea cuestiones profundas sobre las cuales difieren ampliamente las visiones filosóficas del pasado y de la actualidad, y seguramente continuarán las diferencias. Por esta razón es importante intentar desarrollar una concepción política de justicia que evite este problema en la medida de lo posible.

pia vida se cuentan también, para nuestros propósitos aquí, como autogeneradas. Es razonable hacer esto en una concepción política de justicia para una democracia constitucional; pues con tal que las concepciones del bien y las doctrinas morales que sostienen los ciudadanos sean compatibles con la concepción pública de justicia, estos deberes y obligaciones son autogenerados desde el punto de vista político.

Cuando describimos un modo en el que los ciudadanos se contemplan a sí mismos como libres, estamos describiendo cómo piensan actualmente de sí mismos los ciudadanos en una sociedad democrática en la que surgieran cuestiones de justicia. En nuestra concepción de un régimen constitucional, éste es un aspecto de cómo se ven a sí mismos los ciudadanos. Está claro que este aspecto de su libertad pertenece a una concepción política particular por el contraste con una concepción política diferente en la que los miembros de la sociedad no se vean a sí mismos como fuentes autogenerantes de exigencias válidas. Es más, que sus exigencias no tengan peso salvo en la medida en que puedan derivarse de sus deberes y obligaciones para con la sociedad, o de los roles que tengan adscritos en la jerarquía social justificada por valores religiosos o aristocráticos. O bien, por tomar un caso extremo, los esclavos son seres humanos que no cuentan como fuentes de exigencias, ni siquiera de exigencias basadas en deberes u obligaciones sociales, porque a los esclavos no se les considera capaces de tener deberes u obligaciones. Las leyes que prohíben el abuso y maltrato de esclavos no están fundadas en exigencias hechas por los esclavos en su propio favor, sino en exigencias generadas, bien por los propietarios de esclavos, o bien por el interés general de la sociedad (que no incluye el interés de los esclavos). Los esclavos están, por así decirlo, socialmente muertos: no son reconocidos públicamente como personas en absoluto[25]. Así pues, el contraste con una concepción política que permite la esclavitud deja claro por qué el hecho de concebir a los ciudadanos como personas libres en virtud de sus poderes morales y de poseer una concepción del bien armoniza con una concepción política particular de la persona. Esta concepción de las personas encaja en una concepción política de la justicia fundada en la idea de sociedad como un sistema de cooperación entre sus miembros concebidos como libres e iguales.

El tercer aspecto en el que se considera a los ciudadanos como libres es que son contemplados como capaces de tomar responsabilidad para con sus fines y esto afecta al modo en que ordenan sus variadas exigencias[26]. Muy esbozadamente, la idea es que, dado un trasfondo de instituciones justo y dado un índice justo de bienes primarios para cada persona (tal como lo exigen los principios de justicia), se piensa que los ciudadanos son capaces de ajustar sus objetivos y aspiraciones a la luz de lo que razonablemente puedan esperar proveerse. Más aún, son considerados capaces de restringir sus exigencias

---

25. Para la idea de muerte social, véase Orlando Patterson, *Slavery and Social Death* (Cambridge, MA: Harvard Univ. Press, 1982), esp. pp. 5- 9, 38-45, 337. Esta idea es desarrollada de modo interesante en este libro y tiene un lugar central en el estudio comparativo del autor sobre la esclavitud.
26. Véase «Social Unity and primary Goods», en *Utilitarianism and Beyond,* ed. por Amartya Sen y Bernard Williams (Cambridge: Cambridge Univ. Press, 1982), sec. IV, pp. 167-170.

en asuntos de justicia al tipo de cosas que permitan los principios de justicia. Así pues, los ciudadanos reconocen que el peso de sus exigencias no está dado por la fuerza e intensidad psicológica de sus carencias y deseos (como opuestos a sus necesidades y requerimientos en cuanto ciudadanos), incluso cuando sus carencias y deseos sean racionales desde su punto de vista. No puedo desarrollar estos temas aquí. Pero el procedimiento es el mismo que antes: comenzamos con la idea intuitiva básica de la sociedad como un sistema de cooperación social. Cuando se ha desarrollado esta idea en el seno de una concepción política de justicia, implica que, viéndonos a nosotros mismos como personas que pueden comprometerse en la cooperación social durante toda una vida, también podemos tomar responsabilidad para con nuestros fines, esto es, que podemos ajustar nuestros fines de modo tal que se puedan perseguir con los medios que podamos esperar conseguir razonablemente, dada nuestra situación y nuestras perspectivas en la sociedad. La idea de responsabilidad para con nuestros fines está implícita en la cultura política pública y es perceptible en sus prácticas. Una concepción política de la persona articula esta idea y la encaja en la idea de sociedad como un sistema de cooperación social durante una vida entera.

En resumen, voy a recapitular los tres puntos principales de esta sección y de las dos precedentes:

Primero, en la sección III las personas eran contempladas como libres e iguales en virtud de su posesión en el grado requerido de los dos poderes de la personalidad moral (y de los poderes de la razón, del pensamiento y del juicio conectados con aquéllos), a saber, la capacidad para un sentido de la justicia y la capacidad para una concepción del bien. Estos poderes los asociábamos con los dos elementos principales de la idea de cooperación, la idea de justos términos de cooperación y la idea de beneficio racional de cada participante, o de bien.

Segundo, en esta sección (sección V), hemos examinado brevemente tres aspectos en los que las personas son consideradas como libres, y hemos apuntado que en la cultura política pública de un régimen constitucional democrático los ciudadanos se conciben a sí mismos como libres en estos aspectos.

Tercero, puesto que la cuestión de qué concepción de justicia política es la más apropiada para realizar en las instituciones básicas los valores de libertad e igualdad, ha sido por mucho tiempo profundamente controvertida en el seno de la misma tradición democrática en la que los ciudadanos se contemplan como personas libres e iguales; el objetivo de la justicia como imparcialidad es intentar resolver esta cuestión partiendo de la idea intuitiva básica de sociedad como un sistema justo de cooperación social en el que los justos términos de cooperación son acordados por los ciudadanos mismos concebidos de este modo. En la sección IV vimos por qué este camino conduce a la idea de la posición original como un recurso de representación.

VI

Ahora voy a tocar un punto que es esencial para pensar en la justicia como imparcialidad como una visión liberal. Aunque esta concepción es una concepción moral, no está pensada, como ya he dicho, como una doctrina moral comprehensiva. La concepción de ciudadano como persona libre e igual no es una idea moral para gobernar todo en la vida, sino más bien es un ideal perteneciente a una concepción de justicia política que ha de aplicarse a la estructura básica. Recalco este punto porque pensar de otra manera sería incompatible con el liberalismo como doctrina política. Recuerden que, como tal doctrina, el liberalismo asume que en un estado democrático constitucional en condiciones modernas es seguro que existen concepciones del bien inconmensurables y en conflicto. Este rasgo caracteriza a la cultura moderna desde la Reforma. Cualquier concepción viable de justicia política, esto es, que no confía en el uso autocrítico del poder del estado, debe reconocer este hecho social fundamental. Esto no significa, por supuesto, que una tal concepción no pueda imponer obligaciones a los individuos y a las asociaciones, sino que, cuando lo hace, estas obligaciones se explican, directa o indirectamente, por medio de los requerimientos de justicia política para la estructura básica[27].

Dado este hecho, adoptamos una concepción de la persona que se elabora como parte de, y restringida a,

---

27. Por ejemplo, las iglesias están obligadas por el principio de igual libertad de conciencia y deben conformarse al principio de tolerancia, las universidades están obligadas por lo que puede exigirse para mantener una justa igualdad de oportunidades y los derechos de los padres están restringidos por lo que sea necesario para mantener el bienestar físico de sus hijos y para asegurar el desarrollo adecuado de sus poderes intelectuales y morales. Porque las iglesias, las universidades y los padres ejercitan su autoridad dentro de la estructura básica, y por ello han de reconocer los requerimientos que esta estructura impone para mantener la justicia de trasfondo.

7. Justicia como imparcialidad: política, no metafísica

una concepción explícitamente política de justicia. En este sentido, la concepción de la persona es una concepción política. Como señalé en la sección anterior, las personas pueden aceptar esta concepción de sí mismos como ciudadanos y usarla cuando se discuten cuestiones de justicia política sin estar comprometidos en otras partes de su vida con los ideales morales comprehensivos que a menudo se asocian con el liberalismo, por ejemplo, los ideales de autonomía y de individualidad. La ausencia de compromiso con estos ideales, y por cierto con cualquier ideal comprehensivo particular, es esencial al liberalismo como doctrina política. La razón es que cualquier ideal así, cuando se persigue como un ideal comprehensivo, es incompatible con otras concepciones del bien, con formas de vida personal, moral y religiosa consistentes con la justicia, y que, por tanto, tienen un lugar propio en una sociedad democrática. Individualidad y autonomía, como ideales morales comprensivos, son inadecuados para una concepción política de justicia. Estos ideales comprehensivos, tal como los encontramos en Kant y en J. S. Mill, a pesar de su enorme importancia en el pensamiento liberal, se los lleva demasiado lejos cuando se los presenta como el único fundamento apropiado para un régimen constitucional[28]. Así entendido, el liberalismo no sería sino otra doctrina sectaria.

---

28. Para Kant, véase la *Fundamentación de la metafísica de las costumbres* y la *Crítica de la razón práctica*. Para Mill, véase *Sobre la libertad,* particularmente el cap. 3, donde se discute más extensamente el ideal de la individualidad.

Esta conclusión requiere comentario: no quiere decir, por supuesto, que los liberalismos de Kant y de Mill no sean concepciones morales apropiadas que nos puedan llevar a afirmar las instituciones democráticas. Pero son sólo dos concepciones entre otras, y por tanto no son sino dos de las doctrinas filosóficas que probablemente persistan y ganen adeptos en un régimen democrático razonablemente justo. En un régimen semejante, las visiones morales comprehensivas que sostienen sus instituciones básicas pueden incluir los liberalismos de la autonomía y de la individualidad; y estos liberalismos posiblemente están entre las doctrinas más prominentes en un consenso solapante, esto es, en un consenso en el que, como se apuntó antes, las doctrinas diferentes e incluso enfrentadas afirman la base públicamente compartida de los acuerdos políticos. Los liberalismos de Kant y de Mill tienen cierta preeminencia histórica entre las primeras y más importantes visiones filosóficas para adherirse a la democracia constitucional moderna y para desarrollar sus ideas subyacentes de un modo influyente; e incluso puede resultar que las sociedades en las que están ampliamente aceptados los ideales de autonomía e individualidad se encuentren entre las más armoniosas y mejor gobernadas[29].

Por contraste con el liberalismo como doctrina moral comprehensiva, la justicia como imparcialidad intenta

---

29. Se ha hecho esta observación con respecto a los liberalismos de Kant y de Mill, pero en la cultura americana uno debe mencionar las importantes concepciones de la individualidad democrática expresadas en las obras de Emerson, Thoreau y Whitman. Éstas son discutidas instructivamente por George Kateb en su «Democratic Individuality and the Claims of Politics», *Political Theory* 12 (agosto 1984).

presentar una concepción de justicia política enraizada en las ideas intuitivas básicas que se encuentran en la cultura pública de una democracia constitucional. Conjeturamos que estas ideas han de ser afirmadas probablemente por cada una de las doctrinas morales comprehensivas influyentes que se enfrentan en una sociedad democrática razonablemente justa. Así es como la justicia como imparcialidad intenta identificar el núcleo de un consenso solapante, esto es, las ideas intuitivas compartidas que cuando se desarrollan en una concepción política de justicia resultan suficientes para asegurar un régimen constitucional justo. Esto es lo más que podemos esperar, y tampoco necesitamos más[30]. Debemos apuntar, no obstante, que cuando la justicia como imparcialidad está plenamente realizada en una sociedad bien ordenada, se realiza igualmente el valor de la autonomía plena. De este modo la justicia como imparcialidad se parece realmente a los liberalismos de Kant y de Mill; pero, en contraste con ellos, el valor de la autonomía plena es especificado aquí por una concepción política de justicia, y no por una doctrina moral comprehensiva.

Puede parecer que, así entendida, la aceptación pública de la justicia como imparcialidad no es más que prudente; esto es, que aquellos que afirmen esta concepción, lo hacen simplemente como un *modus vivendi* que permite a los grupos del consenso solapante perseguir su propio bien sujetos a ciertas obligaciones que cada uno

---

30. Para la idea del núcleo de un consenso solapante (mencionado arriba), véase *Theory,* último párrafo de la sec. 35, pp. 220 ss. Para la idea de autonomía plena, véase «Kantian Constructivism», pp. 528 ss.

considera que existen en su propio provecho, dadas las circunstancias existentes. La idea de un consenso solapante puede parecer esencialmente hobbesiana. Pero contra esto, dos observaciones: primera, la justicia como imparcialidad es una concepción moral: tiene concepciones de persona y de sociedad, y conceptos de rectitud y de imparcialidad, como también principios de justicia con su complemento de las virtudes a través de las cuales se encarnan esos principios en el carácter humano y regulan la vida social y política. Esta concepción de la justicia da cuenta de las virtudes cooperativas adecuadas para una doctrina política, a la vista de las condiciones y requisitos de un régimen constitucional. No es menos concepción moral porque esté restringida a la estructura básica de la sociedad, puesto que esta restricción es lo que le permite servir como una concepción política de justicia dadas nuestras circunstancias actuales. Así pues, en un consenso solapante (tal como se entiende aquí), la concepción de la justicia como imparcialidad no se considera meramente como un *modus vivendi*.

Segundo, en un consenso semejante, cada una de las doctrinas morales, religiosas y filosóficas comprehensivas acepta la justicia como imparcialidad a su propio modo; esto es, cada doctrina comprehensiva, desde su propio punto de vista, es llevada a aceptar las razones públicas de la justicia especificadas por la justicia como imparcialidad. Podríamos decir que reconocen sus conceptos, sus principios y sus virtudes como si fueran teoremas en los que coinciden sus diversas visiones. Pero esto no hace menos morales a ninguno de estos puntos de coincidencia, ni los reduce a meros medios. Porque, en general, estos conceptos, principios y virtudes son aceptados por cada visión como pertenecientes a una doctrina más comprehensiva, filosófica, religiosa o moral. Algunos incluso pueden afirmar la justicia como imparcialidad como una concepción moral natural que puede sostenerse por sí misma. Aceptan esta concepción de justicia como una base razonable para la cooperación social y política, y sostienen que es tan natural y fundamental como los conceptos y principios de honestidad y de confianza mutua, y como las virtudes de cooperación en la vida cotidiana. Las doctrinas de un consenso solapante difieren en la medida en que mantienen que sea necesario un fundamento ulterior y en cuál sería ese fundamento ulterior. Sin embargo, estas diferencias son compatibles con un consenso sobre la justicia como imparcialidad como concepción política de justicia.

VII

Voy a terminar con unas consideraciones sobre el modo en que se pueden entender la unidad social y la estabilidad en el liberalismo como doctrina política (en cuanto opuesta a una concepción moral comprehensiva)[31].

Una de las distinciones más profundas entre las concepciones políticas de justicia es la que se da entre las que tienen en cuenta una pluralidad de concepciones del

---

31. Esta versión de la unidad social se encuentra en «Social Unity and primary Goods», reseñado arriba en la nota 26. Véase esp. pp. 160 ss., 170-173, 183s.

bien opuestas e incluso inconmensurables y las que sostienen que no hay sino una concepción del bien que ha de ser reconocida por todas las personas, en tanto en cuanto que éstas sean plenamente racionales. Las concepciones de la justicia que caen a los lados opuestos de esta divisoria son distintas en muchos aspectos fundamentales. Platón y Aristóteles, y la tradición cristiana tal como la representan Agustín y de Aquino, caen del lado del bien racional único. Tales visiones tienden a ser teleológicas y tienden a sostener que las instituciones son justas en la medida en que promuevan efectivamente este bien. En efecto, la tradición dominante desde los tiempos clásicos parece haber sido que no hay sino una concepción racional del bien, y que el objetivo de la filosofía moral, junto con la teología y la metafísica, consiste en determinar su naturaleza. El utilitarismo clásico pertenece a esta tradición dominante. Por el contrario, el liberalismo como doctrina política supone que hay muchas concepciones del bien enfrentadas e inconmensurables, cada una de ellas compatible con la plena racionalidad de las personas humanas, en tanto en cuanto podamos averiguar si están dentro de una concepción política de justicia practicable. Como consecuencia de este supuesto, el liberalismo asume que un rasgo característico de una cultura democrática libre es que sus ciudadanos afirmen una pluralidad de concepciones del bien enfrentadas e inconmensurables. El liberalismo como doctrina política mantiene que la cuestión que la tradición dominante ha intentado responder no tiene una respuesta practicable; esto es, no tiene una respuesta adecuada para una concepción política de justicia en una sociedad

7. Justicia como imparcialidad: política, no metafísica

democrática. En una tal sociedad, una concepción política teleológica está fuera de la cuestión: no se puede obtener el acuerdo público sobre la concepción del bien exigida.

Como he puesto de relieve, el origen histórico de este supuesto liberal es la Reforma y sus consecuencias. Hasta las guerras de religión en los siglos XVI y XVII, los justos términos de cooperación social estuvieron estrictamente trazados: la cooperación social sobre la base del respeto mutuo se contemplaba como imposible con personas de una fe distinta; o (en la terminología que he usado) con personas que afirmen una concepción del bien fundamentalmente distinta. Así que una de las raíces históricas del liberalismo fue el desarrollo de varias doctrinas que instan a la tolerancia religiosa. Un tema de la justicia como imparcialidad es reconocer a las condiciones sociales que dan origen a estas doctrinas entre las denominadas circunstancias subjetivas de la justicia y luego detallar las implicaciones del principio de tolerancia[32]. El liberalismo, tal como fue expuesto por Constant, por Tocqueville y por Mill en el siglo XIX, acepta la pluralidad de concepciones del bien inconmensurables como un hecho de la cultura democrática moderna, con tal que, por supuesto, estas concepciones respeten los límites especificados por los principios de justicia apropiados. Una tarea del liberalismo como doctrina política es

---

32. La distinción entre las circunstancias objetivas y las subjetivas de la justicia se hizo en *Theory*, pp. 126 ss. En «Kantian Constructivism», pp. 540-542, se enfatiza la importancia del papel de las circunstancias subjetivas.

responder a la cuestión: ¿Cómo ha de ser entendida la unidad social, dado que puede no haber acuerdo sobre el único bien racional, y que debe tomarse como dada una pluralidad de concepciones enfrentadas e inconmensurables? Y dado que sea concebible la unidad social de algún modo preciso, ¿bajo qué condiciones es posible actualmente?

En la justicia como imparcialidad, la unión social se entiende partiendo de la concepción de la sociedad como un sistema de cooperación entre personas libres e iguales. La unidad social y la fidelidad de los ciudadanos a sus instituciones comunes no están fundadas en que todos afirmen la misma concepción del bien, sino en su aceptación pública de una concepción política de justicia para regular la estructura básica de la sociedad. El concepto de justicia es previo e independiente del concepto de bondad en el sentido de que los principios de justicia limitan las concepciones del bien que son permisibles. Una estructura básica justa y su marco de instituciones establecen un sistema en cuyo seno se pueden promover las concepciones permisibles. En otro lugar he llamado a esta relación entre una concepción de justicia y las concepciones del bien la prioridad del derecho (puesto que lo justo cae bajo el derecho). Creo que esta prioridad es característica del liberalismo como doctrina política, y es algo que parece esencial a cualquier concepción de justicia que sea razonable para un estado democrático. Así pues, para entender cómo es posible la unidad social, dadas las condiciones históricas de una sociedad democrática, partimos de nuestra idea intuitiva básica de la cooperación social, una idea presente en la

7. Justicia como imparcialidad: política, no metafísica

cultura pública de una sociedad democrática, y de ahí pasamos a una concepción pública de justicia como base de la unidad social en el sentido que he bosquejado.

En cuanto a la cuestión de si esta unidad es estable, eso depende principalmente del contenido de las doctrinas morales, filosóficas y religiosas disponibles para construir un consenso solapante. Por ejemplo, suponiendo que la concepción política pública sea la justicia como imparcialidad, imaginen a los ciudadanos afirmando una de tres visiones: la primera visión afirma la justicia como imparcialidad porque sus creencias religiosas y su modo de entender la fe conducen a un principio de tolerancia y suscriben la idea fundamental de la sociedad como un esquema de cooperación social entre personas libres e iguales; la segunda visión la afirma como consecuencia de una concepción moral liberal comprehensiva, como aquellas de Kant y de Mill; mientras que la tercera afirma la justicia como imparcialidad, no como una consecuencia de alguna doctrina más amplia, sino como suficiente por sí misma para expresar valores que normalmente pesan más que otros cualesquiera que pudieran oponérseles, al menos bajo condiciones razonablemente favorables. Este consenso solapante parece mucho más estable que otro que se fundase en visiones que expresan escepticismo e indiferencia a los valores morales, filosóficos y religiosos, o que contemple la aceptación de los principios de justicia simplemente como un prudente *modus vivendi* dado el equilibrio de fuerzas sociales existentes. Hay muchas otras posibilidades, por supuesto.

La fuerza de una concepción como la justicia como imparcialidad puede que venga a estar en que las doctrinas más comprehensivas que persisten y ganan adeptos en una sociedad democrática regulada por sus principios probablemente se entrelazan en un consenso solapante más o menos estable. Pero obviamente, todo esto es altamente especulativo y suscita cuestiones que están poco claras, puesto que las doctrinas que persisten y ganan adeptos dependen en parte de las condiciones sociales, y, en particular, de estas condiciones cuando son reguladas por la concepción pública de justicia. De modo que estamos obligados a considerar en algún punto los efectos de las condiciones sociales requeridas por una concepción de justicia política sobre la aceptación de esa concepción misma. De la misma manera, una concepción será más o menos estable dependiendo de en qué medida las condiciones a las que conduce respaldan doctrinas morales, filosóficas y religiosas que puedan constituir un consenso solapante estable. Estas cuestiones de la estabilidad no las puedo discutir aquí[33]. Basta con resaltar que

33. La III parte de *Theory* tiene tres objetivos principales: primero, dar cuenta de la bondad como racionalidad (cap. 7) que ha de proporcionar la base para identificar bienes primarios, aquellos bienes que, dada la concepción de las personas, las partes han de suponer que son necesarios para las personas que ellos representan (pp. 397, 433 ss.); segundo, dar cuenta de la estabilidad de una concepción de justicia (caps. 8-9), y en particular de la justicia como imparcialidad, y mostrar que esta concepción es más estable que otras concepciones tradicionales con las que se compara, así como que es bastante estable; y tercero, dar cuenta del bien de una sociedad bien ordenada, esto es, de una sociedad justa en la que la justicia como imparcialidad es la concepción política de justicia públicamente afirmada y efectivamente realizada (caps. 8-9 y culmina en la sec. 86). Ahora pienso que algunos fallos de la III parte son éstos. La explicación de la bondad como racionalidad a menudo reza como una explicación del sumo bien en una concepción moral comprehensiva; todo lo que tiene que hacer esa

7. Justicia como imparcialidad: política, no metafísica

en una sociedad marcada por divisiones profundas entre concepciones del bien enfrentadas e inconmensurables, la justicia como imparcialidad nos permite al menos concebir cómo la unidad social puede ser a la vez posible y estable.

sección es explicar la lista de bienes primarios y la base de los diversos bienes naturales reconocida por el sentido común, y, en particular, la significación fundamental del autorrespeto como bien primario. Además, la explicación de la estabilidad de la justicia como imparcialidad no se extendió, como debiera haberlo hecho, al importante caso del consenso solapante, tal como ha sido bosquejado en el texto; en lugar de ello, esta explicación se limitó al caso más simple, en el que se afirma la concepción pública de justicia como suficiente por sí misma para expresar los valores que normalmente pesan más, dado el contexto político de un régimen constitucional, que cualesquiera otros valores que se les pueden enfrentar (véase la tercera visión en el consenso solapante que se señala en el texto). En vista de la discusión de la libertad de conciencia en las secs. 32-35 del cap. 4, es esencial la extensión al caso del consenso solapante. Finalmente, no se explicó suficientemente la relevancia de la idea de una sociedad bien ordenada como una unión social de uniones sociales para dar cuenta del bien de una sociedad justa. A través de toda la III parte se dejan demasiadas conexiones para que las haga el lector, de modo que uno puede quedarse en la duda en cuanto a la importancia de gran parte de los caps. 8 y 9.

8. Charles Taylor:
Horizontes ineludibles*

El rasgo general de la vida humana que deseo evocar es el de su carácter fundamentalmente *dialógico*. Nos convertimos en agentes humanos plenos, capaces de comprendernos a nosotros mismos, y por ello de definir una identidad, por medio de nuestra adquisición de ricos lenguajes de expresión humana. Para los fines de esta discusión, quiero tomar el «lenguaje» en su más amplio sentido, que abarca no sólo a las palabras, sino también a otros modos de expresión por los que nos definimos a nosotros mismos, incluyendo los «lenguajes» del arte, del gesto, del amor, y similares. Pero a ello nos vemos inducidos en el intercambio con los otros. Nadie adquiere por sí mismo los lenguajes necesarios para la autodefinición. Se nos introduce en ellos por medio de los inter-

* Ch. Taylor, «Horizontes ineludibles», en *La ética de la autenticidad,* trad. de Pablo Carbajosa Pérez, Barcelona, Paidós, 1994, cap. 4, pp. 67-76. Se han suprimido las notas a pie de página.

cambios con los otros que tienen importancia para nosotros, aquellos a los que George Herbert Mead llamaba «los otros significativos». La génesis de la mente humana es en este sentido no «monológica», y no constituye algo que cada cual logre por sí mismo, sino que es dialógica.

Además no se trata sólo de algo que acontece en la *génesis* y que puede ignorarse posteriormente. No se trata simplemente de que aprendamos los lenguajes con el diálogo, y podamos después usarlos para nuestros propios fines por nosotros mismos. Con ello se describe en cierta medida nuestra situación en nuestra cultura. Se espera que desarrollemos en una medida considerable nuestras propias opiniones, puntos de vista y actitudes hacia las cosas mediante la reflexión solitaria. Pero no es así como funcionan las cosas en el caso de las cuestiones importantes, como la definición de nuestra identidad. Ésta queda definida siempre en diálogo, y a veces en lucha, con las identidades que nuestros otros significativos quieren reconocer en nosotros. Y aun cuando damos la espalda a algunos de estos últimos –nuestros padres, por ejemplo– y desaparecen de nuestras vidas, la conversación con ellos continúa dentro de nosotros todo lo que duran nuestras vidas.

De manera que la aportación de los otros significativos, aun cuando tiene lugar al comienzo de nuestras vidas, continúa a lo largo de éstas. Algunas personas podrían seguirme hasta este punto, y querer sin embargo ceñirse a alguna forma del ideal monológico. Es verdad que no podemos liberarnos nunca por completo de aquellos cuyo amor y atención nos configuraron en lo más temprano de nuestras vidas, pero deberíamos esforzarnos en definirnos por nosotros mismos lo más plenamente posible, llegando a comprender lo mejor que podamos y a lograr cierto control sobre la influencia ejercida por nuestros padres, y evitar caer en cualquier forma de dependencia posterior de los mismos. Tendremos necesidad de relaciones para realizarnos, pero no para definirnos.

Es éste un ideal común, pero que en mi opinión subestima gravemente el lugar de lo dialógico en la vida humana. Quiere todavía confinarlo tanto como sea posible a la génesis. Olvida cómo puede tranformarse nuestra comprensión de las cosas buenas de la vida por medio de nuestro disfrute en común de las mismas con las personas que amamos, cómo algunos bienes se nos hacen accesibles solamente por medio de ese disfrute común. Debido a ello, nos costaría un gran esfuerzo, y probablemente muchas rupturas desgarradoras, *impedir* que formen nuestra identidad aquellos a quienes amamos. Consideremos lo que entendemos por «identidad». Se trata de «quién» somos y «de dónde venimos». Como tal constituye el trasfondo en el que nuestros gustos y deseos, y opiniones y aspiraciones, cobran sentido. Si algunas de las cosas a las que doy más valor me son accesibles sólo en relación con la persona que amo, entonces esa persona se convierte en algo interior a mi identidad.

A algunas personas esto podría parecerles una limitación, de la que uno podría aspirar a liberarse. Ésta es una forma de comprender el impulso que late en la vida del eremita, o por tomar un caso que resulta más familiar a nuestra cultura, en la del artista solitario. Pero desde otra perspectiva, podríamos considerar esto incluso como algo

8. Horizontes ineludibles

que aspira a un cierto tipo de carácter dialógico. En el caso del eremita, el interlocutor es Dios. En el caso del artista solitario, la obra misma se dirige a un público futuro, acaso todavía por crear, gracias a la obra en sí. La misma forma de una obra de arte muestra su carácter de cosa *dirigida*. Pero sin menoscabo de cómo nos sintamos respecto a ello, la formación y el sostén de nuestra identidad, en ausencia de un esfuerzo heroico por romper nuestra existencia corriente, siguen siendo dialógicos a lo largo de nuestras vidas.

Quiero indicar más adelante que este hecho central ha quedado reconocido en la creciente cultura de la autenticidad. Pero lo que deseo hacer ahora es tomar este rasgo dialógico de nuestra condición, por una parte, y ciertas exigencias inherentes al ideal de autenticidad, por otra, y mostrar que las formas más egocéntricas y «narcisistas» de la cultura contemporánea son manifiestamente inadecuadas. Más en particular, quiero mostrar que las formas que optan por la autorrealización sin considerar *(a)* las exigencias de nuestros lazos con los demás o *(b)* las exigencias de cualquier tipo que emanan de algo que está más allá o fuera de los deseos o aspiraciones humanas son contraproducentes, destruyen las condiciones para realizar la autenticidad misma. Los abordaré en orden inverso, para empezar con *(b),* argumentando a partir de las exigencias de la autenticidad misma como ideal.

Cuando llegamos a comprender lo que significa definirnos a nosotros mismos, determinar en qué consiste nuestra originalidad, vemos que hemos de tomar como trasfondo cierto sentido de lo que es significativo. Definirme significa encontrar lo que resulta significativo en mi diferencia con respecto a los demás. Puede que yo sea la única persona que tiene exactamente 3.732 pelos en la cabeza, o que sea exactamente de la misma altura que un árbol de la llanura siberiana; ¿y qué? Si empiezo por decir que me defino por mi capacidad de articular verdades importantes, o tocar el clavicordio mejor que nadie, o revivir la tradición de mis antepasados, entonces entramos en el terreno de las autodefiniciones reconocibles.

La diferencia es evidente. Comprendemos perfectamente que estas últimas propiedades tienen una significación humana o que pueden ser consideradas por la gente de modo que la tengan, en tanto que las primeras no: es decir, no si no tienen algo especial que decirnos. Quizá el número 3.732 se considere sagrado en alguna sociedad; en ese caso tener ese número de pelos puede considerarse significativo. Pero llegamos a ello vinculándolo con lo sagrado.

Vimos antes, en el segundo capítulo, de qué modo la cultura contemporánea se desliza hacia un relativismo blando. Ello otorga un valor adicional a una presunción general: las cosas no tienen significación en sí mismas sino porque las personas así lo creen, como si pudieran determinar qué es significativo, bien por decisión propia, bien quizá sólo porque así lo piensan. Esto sería algo disparatado. No podríamos decidir simplemente que la acción más significativa consiste en chapotear con los pies en barro tibio. Sin una explicación especial, no se trataría de una pretensión inteligible (como la de los 3.732 pelos antes citada). De modo que no sabríamos qué sentido atribuir a alguien que supuestamente *pensa-*

8. Horizontes ineludibles

ra que esto es así. ¿Qué podría querer *dar a entender* alguien que dijera esto?

Pero si esto tiene sentido sólo después de una explicación (quizá sea el barro el elemento del espíritu del mundo, con el que se entra en contacto gracias a los pies), queda abierto a la crítica. ¿Qué sucede si la explicación es falsa, si no tiene éxito, o puede ser sustituida por una descripción más apropiada? El que tengamos cierta impresión de las cosas nunca puede constituir base suficiente para respetar nuestra posición, porque nuestra impresión no puede *determinar* lo que es significativo. El relativismo blando se autodestruye.

Las cosas adquieren importancia contra un fondo de inteligibilidad. Llamaremos a esto horizonte. Se deduce que una de las cosas que no podemos hacer, si tenemos que definirnos significativamente, es suprimir o negar los horizontes contra los que las cosas adquieren significación para nosotros. Éste es el tipo de paso contraproducente que se da con frecuencia en nuestra civilización subjetivista. Al acentuar la legitimidad de la elección entre ciertas opciones, muy a menudo nos encontramos con que privamos a las opciones de su significación. Existe, por ejemplo, un cierto discurso de justificación de orientaciones sexuales no convencionales. Hay personas que desean sostener que la monogamia heterosexual no es la única forma de lograr la realización sexual, que quienes se inclinan por las relaciones homosexuales, por ejemplo, no deberían tener la impresión de que emprenden un camino secundario, menos digno de recorrer. Esto encaja bien en la moderna comprensión de la autenticidad, con su noción de diferencia, de originalidad, de aceptación de la diversidad. Intentaré ampliar estas conexiones más adelante. Pero por más que lo expliquemos, está claro que esta retórica de la «diferencia», de la «diversidad» (incluso del «multiculturalismo»), resulta central para la cultura contemporánea de la autenticidad.

Pero en algunas de sus formas, este discurso se desliza hacia una afirmación de la elección misma. Toda opción es igualmente valiosa, porque es fruto de la libre elección, y es la elección la que le confiere valor. El principio subjetivista que subyace al relativismo débil se encuentra aquí presente. Aunque esto niega explícitamente la existencia de un horizonte de significado, por el que algunas cosas valen la pena y otras algo menos, y otras no valen en absoluto la pena, con mucha anterioridad a la elección. Pero en ese caso la elección de la orientación sexual pierde todo significado especial. Se sitúa en el mismo plano que cualquier otra preferencia, como la que se da en parejas sexuales más altas o más bajas, o rubias o morenas. A nadie se le ocurriría incurrir en juicios discriminatorios a causa de estas preferencias, pero eso sucede porque todas ellas carecen de importancia. En realidad dependen de cuáles sean nuestros sentimientos. Una vez llega a asimilarse a éstos la orientación sexual, que es lo que sucede cuando hacemos de la *elección* la razón justificatoria crucial, la meta primitiva, que consistía en afirmar que esta orientación tiene *igual valor*, queda sutilmente frustrada. La diferencia así afirmada se convierte en *insignificante*.

Afirmar el valor de la orientación homosexual ha de hacerse de manera diferente, más empíricamente se podría decir, teniendo en cuenta la naturaleza real de la experiencia y la vida homo y heterosexual. No se puede asumir simplemente *a priori,* sobre la base de que cualquier cosa que escojamos será correcta.

En este caso, la afirmación del valor queda contaminada tras su conexión con otra idea rectora, que antes he mencionado de manera estrechamente entretejida con aquélla, la de libertad autodeterminada. Es en parte responsable del acento puesto en la elección como consideración crucial, y también del deslizamiento hacia un blando relativismo. Volveré más tarde sobre ello, al hablar de la forma en que la meta de la autenticidad llega a pervertirse. Pero, por el momento, la lección general es que la autenticidad no puede defenderse con formas que hagan desplomarse los horizontes de significado. Hasta el sentido de que la significación de mi vida proviene de que se elige –en cuyo caso la autenticidad se funda realmente en la libertad autodeterminada– depende de la comprensión de que, *independientemente de mi voluntad,* existe algo noble, valeroso y por tanto significativo en la configuración de mi propia vida. Tenemos aquí una imagen de cómo son los seres humanos, situados entre esta opción de autocreación y formas más fáciles de escabullirse, de dejarse llevar por la corriente, de someterse a las masas, y demás, imagen que se toma por verdadera, descubierta, no decidida. Los horizontes constituyen algo dado.

Pero hay más: este grado mínimo del carácter de lo dado, que sostiene la importancia de la elección, no es suficiente como horizonte, como vimos en el caso del ejemplo de la orientación sexual. Puede ser importante que mi vida sea elegida, tal como afirma John Stuart Mill en *Sobre la libertad,* pero, a menos que ciertas opciones tengan más significado que otras, la idea misma de autoelección cae en la trivialidad y por lo tanto en la incoherencia. La autoelección como ideal tiene sentido sólo porque ciertas *cuestiones* son más significativas que otras. No podría pretender que me elijo a mí mismo, y desplegar todo un vocabulario nietzscheano de autoformación, sólo porque prefiero escoger un filete con patatas en vez de un guiso a la hora de comer. Y qué cuestiones son las significativas no es cosa que yo determine. Si fuera yo quien lo decidiera, ninguna cuestión sería significativa. Pero en ese caso el ideal mismo de la autoelección como *idea moral* sería imposible.

De modo que el ideal de la autoelección supone que hay *otras* cuestiones significativas más allá de la elección de uno mismo. La idea no podría persistir sola, porque requiere un horizonte de cuestiones de importancia, que ayuda a definir los *aspectos* en los que la autoformación es significativa. Siguiendo a Nietzsche, soy ciertamente un gran filósofo si logro rehacer la tabla de valores. Pero esto significa redefinir los valores que atañen a cuestiones importantes, no confeccionar el nuevo menú de McDonald's, o la moda en ropa de sport de la próxima temporada.

El agente que busca significación a la vida, tratando de definirla, dándole un sentido, ha de existir en un horizonte de cuestiones importantes. Es esto lo que resulta contraproducente en las formas de la cultura contemporánea que se concentran en la autorrealización *por oposición* a las exigencias de la sociedad, o de la naturaleza, que *se cierran* a la historia y a los lazos de la solidaridad.

Estas formas «narcisistas» y egocéntricas son desde luego superficiales y trivializadas; son «angostas y chatas», como dice Bloom. Pero esto no sucede así porque pertenezcan a la cultura de la autenticidad. Ocurre, por el contrario, porque huyen de sus estipulaciones. Cerrarse a las exigencias que proceden de más allá del yo supone suprimir precisamente las condiciones de significación y, por tanto, cortejar a la trivialización. En la medida en que la gente busca en esto un ideal, este autoaprisionarse es autoanulador; destruye las condiciones en las que puede realizarse.

Dicho de otro modo, sólo puedo definir mi identidad contra el trasfondo de aquellas cosas que tienen importancia. Pero poner entre paréntesis a la historia, la naturaleza, la sociedad, las exigencias de la solidaridad, todo salvo lo que encuentro en mí, significaría eliminar a todos los candidatos que pugnan por lo que tiene importancia. Sólo si existo en un mundo en el que la historia, o las exigencias de la naturaleza, o las necesidades de mi prójimo humano, o los deberes del ciudadano, o la llamada de Dios, o alguna otra cosa de este tenor *tiene una importancia* que es crucial, puedo yo definir una identidad para mí mismo que no sea trivial. La autenticidad no es enemiga de las exigencias que emanan de más allá del yo; presupone esas exigencias.

V. Hermenéutica y postmodernidad

9. Paul Ricoeur:
Ética y moral*

Mi exposición se basa en una diferencia entre ética y moral, que someto a discusión. A decir verdad, nada la impone ni en la etimología ni en la historia del empleo de las palabras; una procede del griego y otra del latín, y ambas hacen referencia a la idea de costumbres *(éthos, mores)*; se puede, no obstante, discernir un matiz, según se ponga el acento en aquello que *se estima bueno* o en aquello que *se impone como obligatorio*. De modo convencional, reservaré el término de ética para la aspiración de una vida cumplida bajo el signo de las acciones estimadas buenas, y el de moral para el campo de lo obligatorio, marcado por las normas, las obligaciones, las prohibiciones, caracterizadas a la vez por una exigencia de universalidad y por un efecto de coerción. En la dis-

---

* P. Ricoeur, «Éthique et morale», Braga, *Revista Portuguesa de Filosofía,* XLVI (1990), pp. 5-17. Trad. de Carlos Gómez. Versión íntegra.

tinción entre aspiración a la vida buena y obediencia a las normas se reconocerá fácilmente la oposición de dos herencias, la aristotélica, en la que la ética se caracteriza por su perspectiva *teleológica* (de *telos,* que significa «fin»), y la kantiana, donde la moral se define por el carácter de obligación de la norma, esto es, por un punto de vista *deontológico* (deontológico significa precisamente «deber»). Sin preocuparme de la ortodoxia aristotélica o kantiana, me propongo defender:

1. La primacía de la ética sobre la moral.
2. La necesidad, sin embargo, para la aspiración ética de pasar por el tamiz de la norma.
3. La legitimidad del recurso de la norma a la aspiración, cuando la norma conduce a conflictos para los que no se encuentra otra salida que una *sabiduría práctica* que reenvía a lo que, en la aspiración ética, está más atento a la singularidad de las situaciones. Comencemos, pues, por la aspiración ética.

I. La aspiración ética

La definiré por estos tres términos: *tender a la vida buena, con y para los otros, en instituciones justas.* Los tres componentes de la definición son igualmente importantes.

Refiriéndonos, en primer lugar, a la vida buena, me gustaría subrayar el modo gramatical de esta expresión típicamente aristotélica. Se trata todavía de lo *optativo* y no ya de lo imperativo. Es, en el sentido más fuerte del término, un deseo: podría, podrías, podríamos vivir bien, anticipando el cumplimiento de ese deseo en una exclamación del tipo: feliz quien... Si la palabra deseo nos pareciera excesivamente débil, podríamos hablar, sin una fidelidad particular a Heidegger, de cuidado: cuidado de sí, cuidado del otro, cuidado de la institución.

Pero ¿es el cuidado de sí un buen punto de partida? ¿No sería mejor partir del cuidado del otro? Si insisto, de todos modos, en este primer componente, es precisamente para subrayar que ese término del sí, que me gustaría asociar al de estima en el plano ético fundamental, reservando el de respeto para el nivel moral, deontológico, de nuestra investigación, no se confunde de ninguna manera con el yo, es decir, con una posición egológica que el encuentro del otro habría, necesariamente, de subvertir. Hay dos cosas fundamentalmente estimables en el sí mismo: en primer lugar, la capacidad de elegir por razones, de preferir esto a lo otro, esto es, la capacidad de actuar *intencionalmente;* a continuación la capacidad de introducir cambios en el curso de las cosas, de comenzar algo en el mundo, dicho brevemente, la capacidad de iniciativa. En este sentido, la estima de sí es el momento reflexivo de la praxis: es apreciando nuestras acciones como nos apreciamos a nosotros mismos en cuanto autores, y, por tanto, siendo otra cosa que simples fuerzas de la naturaleza o simples instrumentos. Sería preciso desarrollar toda una teoría de la acción para mostrar cómo la estima de sí acompaña a la jerarquización de nuestras acciones.

Pasemos al segundo momento: vivir bien *con y para los otros*. ¿Cómo se engarza el segundo componente de la aspiración ética, que designo con el hermoso nombre de solicitud, con el primero? La estima de sí, por la que hemos comenzado, ¿no lleva en sí misma, debido a su carácter reflexivo, la amenaza de un repliegue sobre el yo, de una cerrazón, frente a la apertura al horizonte de la vida buena? A pesar de este peligro real, mi tesis es que la solicitud no se añade desde fuera a la estima de sí, sino que *despliega la dimensión dialogal implícita en ella*. Estima de sí y solicitud no pueden vivirse y pensarse una sin la otra. Decir sí no es decir yo. El sí implica ya lo otro, si es que se puede decir de alguien que se estima a sí mismo como a otro. En realidad, sólo por abstracción se ha podido hablar de la estima de sí sin ponerla en relación con una demanda de reciprocidad, según un esquema de estima cruzada, que resume la exclamación: *tú también,* tú también eres un ser con iniciativa y elección, capaz de actuar por razones, de jerarquizar fines; y, al estimar buenos los objetos de tu búsqueda, eres capaz de estimarte a ti mismo. El otro es, de este modo, el que puede decir *yo* como yo mismo lo hago y, como tal, tenerse por un agente, autor y responsable de sus actos. Si no fuera así, no sería posible ninguna regla de reciprocidad. El milagro de la reciprocidad estriba en que las personas se reconocen unas a otras como insustituibles en el intercambio mismo. Esta *reciprocidad de los insustituibles* es el secreto de la solicitud. La reciprocidad no parece darse por completo sino en la amistad, en la que uno estima a otro *tanto* como a sí mismo. Pero la reciprocidad no excluye cierta desigualdad, como sucede en la sumisión del discípulo al maestro; en todo caso, la desigualdad es corregida por el *reconocimiento* de la superioridad del maestro, reconocimiento que restablece la reciprocidad. A la inversa, la desigualdad puede provenir de la debilidad del otro, de su sufrimiento. Es entonces a la compasión a la que corresponde restablecer la reciprocidad, en la medida en que, en la compasión, quien parecía únicamente dar recibe más de lo que ha dado, a través de la gratitud y del reconocimiento. La solicitud restablece la igualdad, allí donde no se encuentra dada, como sucede en la amistad entre iguales.

Vivir bien, con y para el otro, *en instituciones justas*.

Que la aspiración a vivir bien entraña de algún modo el sentido de la justicia se encuentra implícito en la noción misma del otro. El otro es también otro que tú. Correlativamente, la justicia va más allá del cara a cara. Dos aserciones se encuentran aquí en juego: según la primera, el vivir bien no se limita a las relaciones interpersonales, sino que se extiende a las instituciones; según la segunda, la justicia presenta rasgos éticos que no están contenidos en la solicitud, esencialmente una exigencia de igualdad diferente a la de la amistad.

Por lo que se refiere al primer punto, es preciso entender por institución, en este primer nivel de investigación, todas las estructuras de convivencia de una comunidad histórica, irreductibles a las relaciones interpersonales, aunque notablemente vinculadas a ellas, según se aclara a través de la noción de distribución, implícita en la expresión de justicia distributiva. En efecto, podemos entender por institución un sistema de reparto, de distribución, referido a los derechos y a los deberes, a los ingresos y a los patrimonios, a las responsabilidades y a los poderes, en suma, a los beneficios y a las cargas. Este carácter *distributivo* –en el sentido amplio del término–

plantea un problema de justicia. Una institución tiene, efectivamente, una amplitud mayor que el cara a cara de la amistad o del amor; en la institución, y a través de los procesos de distribución, la aspiración ética se extiende a todos aquellos a los que el cara a cara deja fuera como terceros. Así se forma la categoría del *cada uno* —que no es de ninguna manera el *uno* impersonal, sino el socio de un sistema de distribución—. La justicia consiste precisamente en dar *a cada uno lo suyo*. El cada uno es el destinatario de un reparto justo.

Podría sorprender que hablemos de justicia en el plano ético, en el que aún nos encontramos, y no exclusivamente en el plano moral, incluso legal, que abordaremos enseguida. Una razón legitima esta inscripción de lo justo en la aspiración a la vida buena y en relación con la amistad por otro. Ante todo, el origen casi inmemorial de la idea de justicia, su emergencia fuera del molde mítico en la tragedia griega, la perpetuación de estas connotaciones religiosas hasta en las sociedades secularizadas, atestiguan que el sentido de justicia no se agota en la construcción de los sistemas jurídicos que suscita. Pero también sucede que el sentido de la justicia es solidario del de lo injusto, que a menudo le precede. Es a través de la queja como penetramos en el campo de lo injusto y lo justo: ¡esto es injusto!, tal es la primera exclamación. No puede sorprendernos por ello encontrar un tratado de justicia en las *Éticas* de Aristóteles, quien sigue en esto la estela de Platón. Su problema es concebir la idea de una igualdad proporcional que mantenga las inevitables desigualdades de la sociedad en el marco de la ética: a cada cual según su contribución y su mérito, tal es la fórmula de la justicia distributiva, definida como igualdad proporcional. Es desde luego inevitable que la idea de justicia se adentre en las vías del formalismo por el que caracterizaremos enseguida la moral. Pero convenía detenerse en este estadio inicial en el que la justicia es todavía una virtud en la perspectiva de la vida buena y en el que el sentido de lo injusto precede por su lucidez a los argumentos de los juristas y de los políticos.

II. La norma moral

En la segunda parte de este estudio, hemos de justificar la segunda proposición de nuestra introducción, a saber, que es preciso someter la aspiración ética a la prueba de la norma. Habremos de mostrar de qué modo los conflictos suscitados por el *formalismo,* estrechamente solidario del momento deontológico, llevan de la moral a la ética, pero a una ética enriquecida por el paso por la norma e inscrita en el juicio moral en situación. En esta segunda parte, nos concentraremos en la relación entre obligación y formalismo, manteniendo como hilo conductor los tres componentes de la aspiración ética.

Al primero, denominado como deseo de la vida buena, le corresponde, desde la perspectiva de la moral, en el preciso sentido que hemos dado a este término, la exigencia de *universalidad.* El paso por la norma se encuentra en efecto ligado a la exigencia de racionalidad que, al interferir con la aspiración a la vida buena, se convierte en *razón práctica.* Ahora bien, ¿cómo se expresa la exigencia de racionalidad? Esencialmente, como exigencia de universalización. En este criterio se reconoce el *kantismo*. Efectivamente, la exigencia de universalidad no puede entenderse más que como regla formal, que dice, no lo que hay que hacer, sino a qué criterios es preciso someter las máximas de la acción: a saber, precisamente, que la máxima sea universalizable, válida para todo hombre, en cualquier circunstancia, y sin tener en cuenta las consecuencias. Puede resultar chocante la intransigencia kantiana. Desde luego, el formalismo implica dejar fuera de juego el deseo, el placer y la felicidad; pero no por malos, sino porque no satisfacen, debido a su carácter empírico particular, contingente, el criterio trascendental de universalización. Esta estrategia de depuración, llevada a su término, conduce a la idea de *autonomía,* es decir, de autolegislación, que es la verdadera réplica en el orden del deber de la aspiración a la vida buena. En efecto, la única ley que la libertad pueda darse no es una regla de acción que responda a la cuestión qué debo hacer aquí y ahora, sino el imperativo categórico mismo en toda su desnudez: «Actúa únicamente de manera que puedas querer que la máxima de tu acción se convierta al mismo tiempo en ley universal». Cualquiera que se somete a este imperativo es autónomo, es decir, autor de la ley a la cual obedece. Se plantea así la cuestión del vacío, de la vacuidad de esta regla que no dice nada en particular.

Para compensar este vacío del formalismo, Kant introduce el segundo imperativo categórico, en el que podemos reconocer el equivalente, en el plano moral, de la solicitud en el plano ético. Recordaré los términos de la reformulación del imperativo categórico que permite elevar el respeto al mismo rango que la solicitud: «Actúa siempre de manera tal que trates a la humanidad, en tu persona y en la del otro, no sólo como un medio, sino siempre también como un fin en sí». Esta idea de la *persona como fin en sí* es completamente decisiva; equilibra el formalismo del primer imperativo. Se preguntará, sin duda, qué añade el respeto a la solicitud y, en general, la moral a la ética. Mi respuesta es breve: es por la *violencia* por lo que es preciso pasar de la ética a la moral. Cuando Kant dice que no se debe tratar a la persona como un medio sino como un fin en sí, presupone que la relación espontánea de hombre a hombre es precisamente la explotación, inscrita en la estructura misma de la interacción humana. Con excesiva facilidad, se representa la interacción como un enfrentamiento o como una cooperación entre agentes de igual fuerza. Lo que es preciso tener en cuenta, ante todo, es una situación en la que uno ejerce un *poder sobre* otro y donde, por tanto, al agente le corresponde un paciente, que es potencialmente víctima de la acción del primero. En esta disimetría básica se injertan todas las derivas maléficas de la interacción, que resultan del poder ejercido por una voluntad *sobre* otra. Esto abarca desde la influencia hasta el asesinato y la tortura, pasando por la coacción psíquica, el engaño, la artimaña, etc. Frente a estas múltiples figuras del mal, la moral se expresa por medio de prohibiciones: no matarás, no mentirás, etc. *La moral, en este sentido, es la figura que reviste la solicitud frente a la violencia y la amenaza de violencia*. A todas las figuras del mal de la violencia responde la prohibición moral. Ahí reside sin duda la razón última por la que la forma negativa de la prohibición es inexpugnable. Kant lo captó perfectamente. A este respecto, la segunda fórmula del imperativo categórico, más arriba citada, expresa la formalización de una antigua regla, llamada Regla de Oro, que dice: «No hagas a otro lo que no querrías que te hicieran a ti». Kant formaliza esta regla introduciendo la idea de *humanidad* –la humanidad en mi persona y en la persona de otro–, idea que es la forma concreta y, pudiéramos decir, histórica, de autonomía.

He de dedicar aún algunas palabras a la transformación de la idea de *justicia,* al pasar del plano ético al plano moral. Vimos cómo esta transición se preludiaba en el cuasi-formalismo de la virtud de la justicia en Aristóteles. La formalización de la idea de justicia se completa en un autor como Rawls en *Teoría de la justicia,* en favor de una conjunción entre el punto de vista deontológico de origen kantiano y la tradición contractualista que ofrece para la justificación de los principios de la justicia el marco de una ficción, la ficción de un contrato social hipotético, ahistórico, fruto de una deliberación racional llevada a cabo en ese marco imaginario. Rawls da el nombre de *fairness* [imparcialidad] a la condición de igualdad en la que se supone se encuentran los miembros de una situación original que deliberan tras un velo de ignorancia respecto a su suerte real en una sociedad real.

No es el momento de discutir las condiciones de satisfacción de la *fairness* en la situación original (a saber, lo que es preciso ignorar de la propia situación y lo que hay que saber sobre la sociedad en general y sobre los términos de la elección). Insistiré sólo en la orientación *antiteleológica* de la demostración de los principios de la justicia, en el sobrentendido de que la teoría no se dirige más que contra *una* versión teleológica particular de la teleología, a saber, la del utilitarismo, que ha predominado durante dos siglos en el mundo de lengua inglesa con John Stuart Mill y Sidgwick. En efecto, el utilitarismo es una doctrina teleológica en la medida en que la justicia se define por la maximización del bien para el mayor número. En la concepción deontológica de Rawls no se presupone nada, al menos en el nivel de la argumentación concerniente al bien. Es función del contrato derivar los contenidos de los principios de justicia de un procedimiento equitativo *(fair)*, sin compromiso alguno respecto a cualquier criterio del bien. Dar una solución procedimental a la cuestión de lo justo, tal es el objetivo manifiesto de la teoría de la justicia.

El primer principio de justicia no nos plantea problemas: «Cada persona debe tener un igual derecho al sistema más amplio de libertades básicas iguales, que sea compatible con un sistema similar para los otros»; este primer principio expresa la igualdad de los ciudadanos ante la ley bajo la forma de un reparto igual de esferas de libertad. Reencontramos en él la igualdad aritmética de Aristóteles, pero formalizada. El que resulta problemático es el segundo principio: «Las desigualdades sociales y económicas deben ser organizadas de manera que, a la vez, *a)* se pueda razonablemente esperar que sean en provecho de cada uno y *b)* que se refieran a posiciones y funciones abiertas a todos». Se reconoce ahí el principio aristotélico de la justicia proporcional al mérito, pero formalizado por exclusión de cualquier referencia al valor de las contribuciones individuales. ¡Sólo vale el razonamiento mantenido en la situación original tras el velo de la ignorancia, tratando de probar que se puede concebir un reparto desigual que resulte en provecho de cada uno! Ese razonamiento es el del *maximin,* tomado de la teoría de la decisión en un contexto de incertidumbre. Se le designa así al suponer que los participantes en él habrán de elegir el arreglo que *maximiza la parte mínima*. Dicho de otro modo, es más justo el reparto desigual en el que el aumento de la ventaja de los más favorecidos se compense por la disminución de las desventajas de los más desfavorecidos.

Mi problema no se refiere al valor probatorio del argumento en cuanto tal, sino a saber si no es a un sentido previo de justicia al que, en cierta forma, la teoría deontológica de la justicia apela. Sin cuestionar en modo alguno la independencia de su argumento, Rawls concede de buen grado que éste se encuentra con nuestras «convicciones bien sopesadas» *(our considered convictions)* y que entre la prueba formal y estas convicciones se establece un «equilibrio reflexivo» *(reflective equilibrium)*. Estas convicciones deben ser bien sólidas, puesto que, en ciertos casos flagrantes de injusticia (intolerancia religiosa, discriminación racial), el juicio moral ordinario parece seguro; tenemos mucha menos seguridad cuando se trata de repartir la riqueza y la autoridad. Los argumentos teóricos juegan entonces, en relación con las dudas, el mismo papel de prueba que Kant asigna a la regla de universalización de las máximas. Todo el aparato probatorio aparece como una racionalización de esas convicciones, por el rodeo de un complejo proceso de ajuste mutuo entre las convicciones y la teoría. Ahora bien,

¿adónde llevan esas convicciones? A mi entender, son las ya expresadas por la Regla de Oro: «No hagas a otro lo que no querrías que te hicieran a ti». Efectivamente, al adoptar el punto de vista del más desfavorecido, Rawls razona como moralista y toma en cuenta la injusticia radical en la distribución de las ventajas y las desventajas en toda sociedad conocida. Es por lo que, tras su formalismo, aparece su sentido de la equidad, basado en el imperativo kantiano que prohíbe tratar a la persona como un medio y exige tratarla como un fin en sí. Y, tras este imperativo, advierto el impulso de la solicitud, respecto a la que más arriba mostré cómo realiza la transición entre la estima de sí y el sentido ético de la justicia.

III. Sabiduría práctica

En el tiempo que me queda, me gustaría esbozar la justificación de la tercera tesis enunciada al comienzo de mi exposición, a saber, que un cierto recurso de la norma moral a la aspiración ética viene sugerido por los *conflictos* que nacen de la propia aplicación de las normas a las situaciones concretas. Desde la tragedia griega, y en particular desde la *Antígona* de Sófocles, sabemos que los conflictos nacen precisamente cuando los caracteres obstinados se identifican tan por completo con una regla particular que se vuelven ciegos para cualquier otra: es el caso de Antígona, para quien el deber religioso de dar sepultura a un hermano prevalece sobre la clasificación del hermano como enemigo por razón de Estado; lo mismo le sucede a Creonte, para quien el servicio de la ciudad implica la subordinación de la relación familiar a la distinción entre amigos y enemigos. No intento dilucidar aquí si son las propias normas las que se enfrentan en el cielo de las ideas o si el conflicto no proviene simplemente de la estrechez de nuestra comprensión, referida a una actitud moral desligada de su motivación ética profunda. Guerra de valores o guerra de compromisos fanáticos, el resultado es el mismo, a saber: el nacimiento de *una tragedia de la acción* sobre el fondo de un conflicto de deberes. Para hacer frente a esta situación se requiere una *sabiduría práctica,* sabiduría referida al juicio moral en situación, y para la cual la convicción es más decisiva que la regla misma. Dicha convicción no es, sin embargo, arbitraria, en la medida en que recurre a las fuentes del sentido ético más originario que no han ascendido a la norma.

Daré tres ejemplos, tomado cada uno de ellos de los tres componentes de la ética: estima de sí, solicitud, sentido de la justicia.

En el nivel del primer componente, la estima de sí, surge un conflicto desde el momento en que se le aplica la *regla formal de universalización,* de la que ya hemos dicho que es el pedestal de la autonomía del sujeto moral. Ahora bien, aplicada literalmente, dicha regla de universalización crea situaciones conflictivas, por cuanto la pretensión universalista, interpretada por cierta tradición inconfesa, choca con el *particularismo* solidario de los contextos históricos y comunitarios de realización de esas mismas reglas. En Europa occidental, somos testigos, y a menudo actores, de tales conflictos en los que se enfrentan la moral de los derechos del hombre y la apología de las diferencias culturales. Lo que no vemos es que la pretensión universalista vinculada a nuestra profesión de los derechos humanos se encuentra ella misma transida de particularismo, debido a la dilatada cohabitación entre esos derechos y las culturas europeas y occidentales en las que, por primera vez, han sido formulados. Lo cual no quiere decir que en esa pretensión no se canalicen auténticos universales, sino únicamente que sólo una amplia discusión intercultural, apenas comenzada, hará aparecer lo que de verdad merece ser llamado universal. A la inversa, sólo podremos hacer valer nuestra pretensión de universalidad admitiendo que otros universales en potencia se encuentran asimismo incluidos en las culturas consideradas exóticas. Se impone así una noción paradójica, lo reconozco: la de universales en contexto o universales potenciales o incoados. Esta noción da cumplida cuenta del equilibrio reflexivo que buscamos entre *universalidad* e *historicidad*. Sólo una discusión en el nivel concreto de las culturas podría decir, al término de una larga historia aún por venir, qué pretendidos universales llegarán a ser universales reconocidos.

Propongo un segundo ejemplo de conflicto de deberes tomado de la esfera ética de la solicitud y de su equivalente moral, el respeto. Habría podido atenerme a la manoseada cuestión de la verdad debida al moribundo, o a la de la eutanasia, o embarcarme en la controversia del derecho al aborto en los primeros meses del embarazo. No habría dejado de invocar la sabiduría práctica en situaciones singulares que, a menudo, son situaciones de desamparo, y abogar por una fina dialéctica entre la solicitud dirigida a las personas concretas y el respeto a las reglas morales y jurídicas indiferentes a esas situaciones de desamparo. Habría insistido también en el hecho de que uno nunca está solo cuando decide, sino en el seno de lo que llamaría una *célula de consejo,* en la que varios puntos de vista se calibran, en la amistad y el respeto recíproco. He preferido tomar un ejemplo para el cual se me ha requerido en el marco de una discusión en el seno de Amnistía Internacional. Se trata de la práctica de la medicina en situaciones de alto riesgo, como el internamiento psiquiátrico, el régimen carcelario, incluso la participación en la ejecución de la pena capital, etc. El médico consultado en el marco de la cárcel no puede ejercer plenamente su vocación definida por el deber de asistencia y de cuidados, desde el momento en que la situación misma en la que es llamado a ejercerla constituye un atentado contra la libertad y la salud, exigido precisamente por las reglas del sistema penitenciario. Para el médico individual, se trata de elegir entre aplicar sin concesiones las exigencias derivadas del juramento de Hipócrates, con el riesgo de ser eliminado del medio carcelario, o consentir, ante las coacciones constitutivas de este medio, el mínimo de excepciones compatibles con el respeto de sí, el respeto al otro y el respeto a la regla. Pero no hay regla para dirimir entre reglas, por lo que, una vez más, hemos de recurrir a la sabiduría práctica, próxima a lo que Aristóteles designaba con el término *phrónesis* (que se suele traducir por prudencia), de la cual dice, en la *Ética a Nicómaco,* que es en el orden práctico lo que la sensación singular en el orden teórico. Ése es exactamente el caso del juicio moral en situación.

9. Ética y moral

El último ejemplo de juicio moral en situación que propongo compete al problema de la justicia, ya evocado en dos ocasiones, en el plano ético con lo justo y lo injusto, y en el plano moral con la tradición contractualista. Partamos del punto en el que nos detuvimos con la concepción puramente procedimental de la justicia en Rawls. Lo que esta concepción no toma en cuenta es la heterogeneidad de los bienes que están implicados en la distribución por la cual se han definido las instituciones en general. La diversidad de las cosas a repartir desaparece en el procedimiento de la distribución. Se pierde de vista la diferencia cualitativa entre las cosas a repartir, en una enumeración que pone, unos tras otros, los ingresos y los patrimonios, las posiciones de responsabilidad y las de autoridad, los honores y las reprobaciones. El propio Rawls abre una vía para el cuestionamiento del formalismo al hacer referencia a la idea de *bienes sociales primarios*. Ahora bien, si se pregunta por lo que califica como buenos esos bienes sociales, se abre un espacio de conflictos desde el momento en que los bienes son relativos a significaciones y a estimaciones heterogéneas. En un autor como Michael Walzer, en *Spheres of Justice* (1983), el tener en cuenta esta real diversidad de los bienes lleva a un verdadero desmembramiento de la idea unitaria de justicia, como lo sugiere el título de su libro. Constituyen «esferas» distintas de justicia las reglas que deciden las condiciones de la ciudadanía, las que se refieren a la seguridad y el bienestar, las que tienen por referencia la idea de mercancía –es decir, la noción de lo que, por su naturaleza de bien, puede o no ser comprado o vendido–, las que regulan la atribución de los trabajos, de las posiciones de autoridad y de responsabilidad sobre una base distinta a la herencia o a las relaciones personales. Ahora bien, los conflictos no nacen sólo por desacuerdo respecto a los bienes que distinguen estas esferas de justicia, sino también por la prioridad que se ha de dar a las reivindicaciones vinculadas a cada una de ellas. Es a esta embarazosa situación a la que, una vez más, ha de hacer frente la sabiduría práctica.

En efecto, la experiencia histórica muestra que no hay regla inmutable para clasificar, en un orden universalmente convincente, reivindicaciones tan estimables como las de la seguridad, la libertad, la legalidad, la solidaridad, etc. Sólo el debate público, cuyo resultado sigue siendo aleatorio, puede alumbrar un cierto orden de prioridades. Pero este orden no valdrá más que para un pueblo, durante un cierto período de su historia, sin comportar jamás una convicción irrefutable, válida para todos los hombres y todos los tiempos. El debate público es aquí el equivalente, en el plano de las instituciones, a lo que hace un momento denominé *célula de consejo* para los asuntos privados e íntimos. El juicio político es, aquí también, del orden del juicio en situación. Con mayor o menor fortuna, puede ser la sede de la sabiduría, de ese «buen consejo» que evoca el coro de *Antígona*. Esta sabiduría práctica no es tanto un asunto personal cuanto, si se me permite la expresión, una *phrónesis* de varios, pública, como el debate mismo. Es aquí donde la equidad se muestra superior a la justicia abstracta. Hablando de lo equitativo *(épiéikès)* y de su superioridad con respecto a lo justo, Aristóteles observa: «La razón estriba en que la ley es siempre algo general y hay casos específicos en los que no es posible aplicar con certeza un enunciado general». Y Aristóteles concluye: «Tal es la naturaleza de lo equitativo: ser un correctivo de la ley, allí donde la ley deja de estatuir por su generalidad» *(Ética a Nicómaco* V, 10, 1137b15-27). La equidad se revela así como otro nombre del sentido de la justicia, cuando éste traspasa los conflictos al aplicar la regla de justicia.

10. Michel Foucault:
La ética del cuidado de sí como práctica de la libertad*

—Ante todo, quisiéramos saber cuál es, en la actualidad, el objeto de su pensamiento. Hemos seguido sus últimos desarrollos, en especial sus cursos en el Colegio de Francia en 1981-1982 sobre la hermenéutica del sujeto, y nos gustaría saber si su itinerario filosófico actual continúa estando determinado por el polo subjetividad y verdad.

—En realidad, ése ha sido siempre mi problema, incluso cuando he formulado de manera un poco diferente el marco de esta reflexión. He buscado saber cómo el sujeto humano entraba en juegos de verdad, bien sea en juegos de verdad que tienen la forma de una ciencia o que

* «L'éthique du souci de soi comme pratique de la liberté», entrevista con H. Becker, R. Fornet-Betancourt, A. Gómez-Müller, 20 de enero de 1984, *Concordia. Revista internacional de filosofía*, núm. 6, julio-diciembre de 1984, pp. 99-116. Michel Foucault, «La ética del cuidado de sí como práctica de la libertad», en *Estética, ética, hermenéutica. Obras esenciales, III*, traducción de Ángel Gabilondo, Barcelona, Paidós, 1999, pp. 393-401. Se han suprimido las notas a pie de página.

se refieren a un modelo científico, o bien en los que se pueden encontrar en instituciones o en prácticas de control. Ése es el tema de mi trabajo *Las palabras y las cosas,* en donde he intentado ver cómo, en discursos científicos, el sujeto humano llega a definirse como individuo que habla, que vive y que trabaja. En los cursos del Colegio de Francia es donde he puesto de relieve esta problemática en su generalidad.

—¿No hay un salto entre su anterior problemática y la de la subjetividad, sobre todo a partir del concepto de «cuidado de sí»?

—Hasta entonces había considerado el problema de las relaciones entre el sujeto y los juegos de verdad a partir, ya sea de prácticas coercitivas —como en el caso de la psiquiatría y del sistema penitenciario—, o bien de formas de juego teóricas o científicas —como el análisis de las riquezas, del lenguaje y del ser vivo—. Ahora bien, en mis cursos del Colegio de Francia he intentado captar dicho problema a través de lo que se podría denominar una práctica de sí que es, a mi juicio, un fenómeno bastante importante en nuestras sociedades, desde la época grecorromana —incluso a pesar de que no haya sido estudiado—. Estas prácticas de sí han tenido en las civilizaciones griega y romana una importancia y, sobre todo, una autonomía mucho mayor que posteriormente, cuando fueron hasta cierto punto bloqueadas por instituciones religiosas, pedagógicas o de tipo médico y psiquiátrico.

—Ahora se da, por tanto, una especie de desplazamiento: esos juegos de verdad ya no tienen que ver con una práctica coercitiva, sino con una práctica de autotransformación del sujeto.

—Eso es. Se trata de lo que cabría denominar una práctica ascética, dando a la palabra *ascetismo* un sentido muy general, es decir, no el sentido de la moral de la renuncia, sino el de un ejercicio de uno sobre sí mismo, mediante el cual intenta elaborarse, transformarse y acceder a cierto modo de ser. Tomo así el ascetismo en un sentido más general que el que le concede, por ejemplo, Max Weber; pero en todo caso se trata de algo que va un poco en la misma línea.

—*¿Es un trabajo de uno sobre sí mismo que puede ser comprendido como una cierta liberación, como un proceso de liberación?*

—Seré un poco más prudente al respecto. Siempre he sido un poco desconfiado ante el tema general de la liberación, en la medida en que, si no se la trata con cierto número de precauciones y dentro de ciertos límites, corre el riesgo de remitir de nuevo a la idea de que existe una naturaleza o un fondo humano que se ha encontrado, tras algunos procesos históricos, económicos y sociales, enmascarado, alienado o aprisionado en mecanismos, y concretamente por mecanismos de represión. Según esta hipótesis, sería suficiente con hacer saltar estos cerrojos represivos para que el hombre se reconciliara consigo mismo, reencontrara su naturaleza o retomara contacto con su origen y restaurara una relación plena y positiva consigo mismo. Creo que se trata de un tema que, sin examen, no puede ser, sin más, admitido de este modo. No quiero decir que la liberación o tal o cual forma determinada de liberación no existan: cuando un pueblo colonizado busca liberarse de su colonizador, se trata de una práctica de liberación en sentido estricto.

10. La ética del cuidado de sí como práctica de la libertad

Pero ya se sabe que, incluso en ese caso, por lo demás preciso, esta práctica de la liberación no basta para definir las prácticas de libertad que a continuación serán necesarias para que ese pueblo, esa sociedad y esos individuos puedan definir formas válidas y aceptables tanto de su existencia como de la sociedad política. A ello obedece el que insista más en las prácticas de libertad que en los procesos de liberación que, ha de decirse una vez más, tienen su lugar, pero no me parece que por sí mismos puedan definir todas las formas prácticas de libertad. Se trata del problema con el que concretamente me he encontrado en relación con la sexualidad: ¿tiene algún sentido decir «liberemos nuestra sexualidad»? ¿El problema no es, más bien, el de intentar definir las prácticas de la libertad mediante las cuales pudiera definirse qué son el placer sexual, las relaciones eróticas, amorosas y pasionales con los otros? Me parece que este problema ético, el de la definición de las prácticas de libertad, es mucho más importante que la afirmación, un poco repetitiva, de que hay que liberar la sexualidad o el deseo.

—*¿El ejercicio de las prácticas de libertad no exige cierto grado de liberación?*

—Sí, en efecto. De ahí que haya de introducirse la noción de dominación. Los análisis que intento hacer se dirigen esencialmente a las relaciones de poder. Y entiendo por tales algo bien diferente de los estados de dominación. Las relaciones de poder tienen un alcance extraordinario en las relaciones humanas. Ahora bien, eso no quiere decir que el poder político esté en todas partes, sino que en las relaciones humanas se da todo un haz de relaciones de poder, que se pueden ejercer entre individuos, en el seno de una familia, en una relación pedagógica, o en el cuerpo político. Este análisis de las relaciones de poder constituye un campo extraordinariamente complejo. Tal análisis se encuentra en ocasiones con lo que cabe denominar hechos o estados de dominación, en los que las relaciones de poder, en lugar de ser móviles y permitir a los diferentes intervinientes una estrategia que las modifique, se encuentran bloqueadas y fijadas. Cuando un individuo o un grupo social llegan a bloquear un campo de relaciones de poder, volviéndolas inmóviles y fijas, e impidiendo toda reversibilidad del movimiento –mediante instrumentos que pueden ser tanto económicos como políticos o militares–, estamos ante lo que se puede denominar un estado de dominación. Es cierto que en semejante situación las prácticas de libertad no existen o existen sólo unilateralmente, o están sumamente acotadas y limitadas. Estoy, por tanto, de acuerdo con usted en que, a veces, la liberación es la condición política o histórica para una práctica de la libertad. Si tomamos el ejemplo de la sexualidad, es cierto que ha sido preciso un determinado número de liberaciones en relación con el poder del macho, que ha sido necesario liberarse de una moral opresiva que atañe tanto a la heterosexualidad como a la homosexualidad; pero esta liberación no hace aparecer el ser dichoso y pleno de una sexualidad en la que el sujeto habría alcanzado una relación completa y satisfactoria. La liberación abre un campo para nuevas relaciones de poder, que es cuestión de controlar mediante prácticas de libertad.

10. La ética del cuidado de sí como práctica de la libertad

—¿No podría la liberación en sí misma ser un modo o una forma de práctica de libertad?
—Sí, en ciertos casos. Se dan casos en los que, en efecto, la liberación y la lucha de liberación son indispensables para la práctica de la libertad. En lo que se refiere a la sexualidad, por ejemplo —y lo digo sin afán de polémica, puesto que no me gustan las polémicas, ya que las considero, en la mayoría de las ocasiones, infecundas—, ha existido un esquema reichiano, derivado de una determinada lectura de Freud, que suponía que el problema era exclusivamente del orden de la liberación. Por decirlo de un modo algo esquemático, existiría deseo, pulsión, prohibición, represión, interiorización, y haciendo saltar estas prohibiciones, es decir, liberándose de ellas, se resolvería el problema. Y creo que ahí falta por completo —y bien sé que aquí caricaturizo posiciones mucho más interesantes y sutiles de numerosos autores— el problema ético de la práctica de la libertad: ¿cómo se puede practicar la libertad? En el orden de la sexualidad, es evidente que sólo liberando el propio deseo se sabrá cómo conducirse éticamente en las relaciones de placer con los otros.

—Dice usted que hay que practicar la libertad éticamente...
—Sí, porque ¿qué es la ética sino la práctica de la libertad, la práctica reflexiva de la libertad?

—¿Quiere esto decir que entiende usted la libertad como una realidad en sí misma ya ética?
—La libertad es la condición ontológica de la ética. Pero la ética es la forma reflexiva que adopta la libertad.

—¿La ética se realiza en la búsqueda o el cuidado de sí?
—El cuidado de sí ha sido, en el mundo grecorromano, el modo en que la libertad individual —o la libertad cívi-

ca, hasta cierto punto– se ha reflexionado como ética. Si toma usted toda una serie de textos que van desde los primeros diálogos platónicos hasta los grandes textos del estoicismo tardío –Epicteto, Marco Aurelio...– comprobará que este tema del cuidado de sí ha atravesado verdaderamente toda la reflexión moral. Es interesante ver cómo, en nuestras sociedades, por el contrario, a partir de un determinado momento –y es muy difícil saber cuándo se produjo esto–, el cuidado de sí ha llegado a ser algo un tanto sospechoso. A partir de dicho momento, ocuparse de sí ha sido denunciado con toda naturalidad como una forma de amor a uno mismo, como una forma de egoísmo o de interés individual, en contradicción con el interés que hay que prestar a los otros o con el necesario sacrificio de uno mismo. Todo esto ha ocurrido durante el cristianismo, pero no diría que se deba pura y simplemente a él. La cuestión es mucho más compleja, ya que, en el cristianismo, procurarse la salvación es también una manera de cuidarse de sí. Pero dicha salvación se efectúa mediante la renuncia a uno mismo. Se da una paradoja del cuidado de sí en el cristianismo, pero éste ya es otro problema. Para retornar a la cuestión de la que usted hablaba, considero que, entre los griegos y los romanos –sobre todo entre los griegos–, para conducirse bien, para practicar como es debido la libertad, era preciso ocuparse de sí, cuidarse de sí, tanto para conocerse –y tal es el aspecto con el se está más familiarizado del *gnôthi seautón*– como para formarse, para superarse a sí mismo, para dominar los apetitos que corren el riesgo de arrastrarnos. Para los griegos, la libertad individual era algo muy importante –al contrario de lo que dice ese tópico, más o menos derivado de Hegel, según el cual la libertad del individuo carece de importancia frente a la hermosa totalidad de la ciudad–: no ser esclavo (de otra ciudad, de los que nos rodean, de los que nos gobiernan, de las propias pasiones) era un tema absolutamente fundamental. El cuidado de la libertad ha sido un problema esencial y permanente durante los ocho magnos siglos de la cultura antigua. Ahí se da toda una ética que gira en torno al cuidado de sí y que otorga a la ética clásica esa forma tan particular. No digo que la ética sea el cuidado de sí, sino que, en la Antigüedad, la ética, en tanto que práctica reflexiva de la libertad, giró en torno a este imperativo fundamental: «Cuídate de ti mismo».

[...]

—Desearíamos volver a la cuestión de las relaciones entre la libertad y la ética. Cuando usted dice que la ética es la parte reflexiva de la libertad, ¿eso significa que la libertad puede tomar conciencia de sí misma como práctica ética? ¿Es en su conjunto y siempre una libertad, por así decirlo, moralizada, o es preciso un trabajo sobre sí mismo para descubrir esta dimensión ética de la libertad?

—Los griegos, en efecto, problematizaban su libertad, y la libertad del individuo, como un problema ético. Pero ético en el sentido en el que podían entenderlo los griegos: el *éthos* era la manera de ser y la manera de comportarse. Era un modo de ser del sujeto y una manera de proceder que resultaban visibles para los otros. El *éthos* de alguien se reflejaba a través de su vestir, de su aspecto, de su forma de andar, de la calma con la que respondía a todos los sucesos, etc. Tal es, para ellos, la forma concreta de la libertad; así es como problematizaban su libertad. El hombre que tiene un *éthos* noble, que puede ser admitido y citado como ejemplo, es alguien que practica la libertad de una determinada manera. No creo que haga falta una conversión para que la libertad sea reflexionada como *éthos;* ésta es inmediatamente problematizada como *éthos*. Pero para que esta práctica de la libertad adopte la forma de un *éthos* que sea bueno, hermoso, honorable, estimable, memorable y para que pueda servir de ejemplo, hace falta un trabajo de uno sobre sí mismo.

–*¿Y es aquí donde usted sitúa el análisis del poder?*

–Considero que, en la medida en que la libertad significa, para los griegos, la no-esclavitud –lo que en todo caso constituye una definición de libertad bastante diferente de la nuestra–, el problema ya es completamente político. Y es político en la medida en que la no-esclavitud es, a los ojos de los otros, una condición: un esclavo no tiene ética. La libertad es, por tanto, en sí misma política. Y además conlleva también un modelo político, en la medida en que ser libre significa no ser esclavo de sí mismo y de sus apetitos, lo que implica que se establece consigo mismo una cierta relación de dominio, de señorío, que se llamaba *arché*.

–*El cuidado de sí, como usted ha dicho, es, en cierto modo, el cuidado de los otros. El cuidado de sí es, en este sentido, también siempre ético, es ético en sí mismo.*

–Para los griegos no es que sea ético porque es cuidado de los otros. El cuidado de sí es ético en sí mismo; pero implica relaciones complejas con los otros, en la medida en que este *éthos* de la libertad es también una manera de ocuparse de los otros. Por ello, para un hombre libre que se comporta como debe ser es importante saber gobernar a su mujer, a sus hijos, su casa. Y aquí se da también el arte de gobernar. El *éthos* implica asimismo una relación con los otros, en la medida en que el cuidado de sí hace capaz de ocupar, en la ciudad, en la comunidad o en las relaciones interindividuales, el lugar adecuado –bien sea para ejercer una magistratura o para tener relaciones de amistad–. Y además, el cuidado de sí implica también la relación con el otro en la medida en que, para cuidar bien de sí, hay que escuchar las lecciones de un maestro. Se necesita un guía, un consejero, un amigo, alguien que nos diga la verdad. Así, el problema de las relaciones con los otros está presente a lo largo de todo este desarrollo del cuidado de sí.

[...]

–*¿Cabría comprender este cuidado de sí, que posee su sentido ético positivo, como una especie de conversión del poder?*

–Una conversión, sí. En efecto, se trata de una manera de controlar y de limitar. Pues si bien es cierto que la esclavitud es el gran riesgo al que se opone la libertad griega, hay también otro peligro, que aparece a primera vista como lo inverso de la esclavitud: el abuso de poder. En el abuso de poder, uno desborda lo que es el ejercicio legítimo de su poder e impone a los otros su fantasía, sus apetitos y sus deseos. Así se encuentra la imagen del tirano o simplemente del hombre poderoso y rico, que se aprovecha de este poder y de su riqueza para abusar de los otros y para imponerles eso: un poder indebido. Pero cabe apercibirse –en todo caso, eso es lo que dicen los filósofos griegos– de que este hombre es, en realidad, esclavo de sus apetitos. Y el buen soberano es, precisamente, el que ejerce su poder como es debido, es decir, ejerciendo al mismo tiempo su poder sobre sí mismo. Y el poder sobre sí es el que va a regular el poder sobre los otros.

VI. Ética en lengua española

11. José Luis López Aranguren:
La ética y la tarea de la moralización

1. Moral como estructura
y moral como contenido*

Seguiremos en este capítulo las ideas antropológicas de Xavier Zubiri, que nos muestra al hombre *qua* moralizado, es decir, en tanto que moral. La realidad moral es constitutivamente humana; no se trata de un «ideal», sino de una necesidad, de una forzosidad, exigida por la propia naturaleza, por las propias estructuras sociobiológicas. Ver surgir la moral desde éstas equivaldrá a ver *surgir el hombre desde el animal* (naturalmente, no se trata aquí de un surgir genético-evolucionista).

Zubiri parte, para su análisis, de la confrontación entre el comportamiento animal y el comportamiento huma-

---

* J. L. L. Aranguren, *Ética,* Primera parte, capítulo VII, Madrid, Alianza Edit., 9.ª reimp., 2001, pp. 47-50. Se han suprimido las notas a pie de página.

no. En el animal, la situación estimulante de un lado y sus propias capacidades biológicas del otro determinan unívocamente una respuesta o una serie de respuestas que establecen y restablecen un equilibrio dinámico. Los estímulos suscitan respuestas en principio perfectamente adecuadas siempre a aquéllos. Hay sí un «ajustamiento» perfecto, una determinación *ad unum* entre el animal y su medio. Al carácter formal de este ajustamiento le llama Zubiri «justeza».

El hombre comparte parcialmente esta condición. Pero el organismo humano, a fuerza de complicación y formalización, no puede ya dar, en todos los casos, por sí mismo, respuesta adecuada o ajustada, y queda así en suspenso ante los estímulos, «libre-de» ellos (primera dimensión de la libertad). Las estructuras somáticas *exigen* así, para la viabilidad de este hiperformalizado ser vivo, la aparición de la inteligencia. ¿Qué significa aquí, primariamente, la palabra «inteligencia»? Pura y simplemente que el hombre, para subsistir biológicamente, necesita «hacerse cargo» de la situación, habérselas (concepto de «habitud») con las cosas –y consigo mismo– como «realidad» y no meramente como estímulos. La inteligencia es, pues, primariamente, versión a la realidad en cuanto realidad. El medio animal cobra, por virtud de ella, el carácter de «mundo».

El animal define de antemano, en virtud de sus estructuras, el umbral y el dintel de sus estímulos. En el hombre también ocurre esto hasta cierto punto. Pero tanto aquello a que debe responder –la realidad– como aquello con que debe responder –la inteligencia– son inespecíficos. ¿Se puede seguir hablando en él de «justeza»? El hombre tiene que considerar la realidad antes de ejecutar un acto;

pero esto significa moverse en la «irrealidad». En el animal el ajustamiento se produce de realidad a realidad –de estímulo a respuesta– directamente (teoría de la *contiguity* más o menos corregida). En el hombre, indirectamente, a través de la *posibilidad* y de la *libertad,* que no reposa sobre sí misma, como piensan Heidegger y Sartre, sino sobre la estructura inconclusa de las tendencias o «ferencias» que abren así, exigitivamente, el ámbito de las «preferencias». He aquí la segunda dimensión de esta «situación de libertad»: libertad no sólo *de* tener que responder unívocamente, sino también libertad *para* pre-ferir en vista de algo, convirtiendo así los estímulos en instancias y recursos, es decir, en «posibilidades». En una palabra, al animal le está dado el ajustamiento. El hombre tiene que *hacer este ajustamiento,* tiene que *iustum facer,* es decir, tiene que *justificar* sus actos.

La justificación es, pues, la estructura interna del acto humano. Por eso, en vez de decir que las acciones humanas tienen justificación debe decirse que tienen que tenerla; que necesitan tenerla para ser verdaderamente humanas; que han de ser realizadas por algo, con vistas a algo. Y esto lo mismo en sentido positivo –como buenas– que en sentido negativo –como malas–. Pero que sean justificadas no quiere decir que lo sean totalmente –ya dijimos antes que el hombre comparte, hasta cierto punto, la condición del animal–, porque los resortes que para la ejecución de los actos se ponen en juego penden de las estructuras, y sólo dentro de los límites biológicos dados ha de hacerse el trazado del ajustamiento, la justificación.

Pero ¿en qué consiste, más estrictamente, esta justificación? Hasta ahora hemos visto que existe la justificación, que tiene que existir y que se encuentra en la línea de las posibilidades. Empleemos ahora un rodeo verbal. Se dice «pedir cuentas de un acto» (a otro o a sí mismo). ¿Qué es dar cuenta de un acto? Dar razón, pero no meramente explicativa; dar razón de la «posibilidad» que he puesto en juego. La realidad no es, dentro de cada situación, más que una. Por el contrario, las posibilidades, como «irreales» que son, son muchas, y entre ellas hay que pre-ferir. Por tanto, también entre las mismas posibilidades hay, a su vez, un ajustamiento propio, una pre-ferencia. Consiguientemente, el problema de la justificación no consiste únicamente en dar cuenta de la posibilidad que ha entrado en juego, sino también de la pre-ferencia.

Pero hay más. Hasta ahora hemos considerado las posibilidades como si estuviesen todas indiferentemente delante del hombre. Si así fuese, la justificación pendería, sin más, de la libertad. El «porque quiero» sería la última instancia y la única. No habría previamente «lo preferible».

Las cosas no ocurren de ese modo. El ámbito de «lo posible» se abre por las tendencias (que en sí mismas no tienen «justificación» en tanto que inconclusas). La *preferencia* pende, pues, de las *ferencias* o tendencias previas. Las ferencias hacen, inexorablemente, preferir.

Pero ¿qué es lo que nos hace preferir? La bondad misma de la realidad. En tanto en cuanto el hombre prefiere la realidad buena, queda justificado. Así se abre un nuevo ámbito, el de la realidad buena.

Antes de seguir adelante resumamos en unos pocos puntos el resultado de nuestra investigación hasta el momento presente.

11. La ética y la tarea de la moralización

1. Hemos analizado una estructura radical del comportamiento humano, que es la del ajustamiento del acto a la situación. Al animal este ajustamiento le viene dado. El hombre tiene que hacérselo por sí mismo: por eso en su caso lo hemos llamado «justificación». Todo acto para ser verdaderamente humano tiene que ser «justo», es decir, ajustado a la realidad, coherente con ella, «respondiente» a ella. Pero, entiéndase bien, se trata de una primera dimensión de la «justificación», *justificación como ajustamiento*. A esta primera dimensión la llamaremos, con Zubiri, *moral como estructura*.

2. La justificación puede tener un segundo sentido, al que apenas se ha hecho más que aludir al final de nuestra exposición, *justificación como justicia*. Consiste en que el acto se ajuste, no ya a la situación, no ya a la realidad, sino a la norma ética (fin último, ley natural, conciencia moral). «Justo» ahora ya no significa simplemente «ajustado», sino que significa «honesto» (recuérdese que para Aristóteles y en cierto modo también para Santo Tomás la justicia no es una parte de la virtud, sino toda la virtud. Es decir, que justicia puede tomarse como sinónimo de honestidad, como *facere bonum*). A esta segunda dimensión –de la que todavía no hemos hablado porque nada tiene que ver con el principio psicológico, pero de la que naturalmente tendremos que hablar– la llamaremos, con Zubiri, *moral como contenido*.

3. Los actos del hombre y –lo que nos importa más, como a través del análisis de los principios etimológicos y prefilosóficos hemos empezado ya a ver y habremos de ver con más claridad– el hombre mismo, en el segundo sentido de las palabras «justificación» y «moral», cierta-

mente pueden ser justos o injustos, morales o inmorales, y hasta si se quiere tal vez amorales también.

4. Pero en el primer sentido, el hombre en cada uno de sus actos verdaderamente humano y, desde luego, en el conjunto de su vida no tiene más remedio que ser «justo» o ajustado a la realidad. En el análisis prefilosófico vimos que el hombre «conduce» su vida y que a su modo de conducirla le llamamos «conducta». Ahora hemos visto que tiene que hacerlo así porque su vida no está predeterminada por sus estructuras psicobiológicas, como en el caso del animal. Al revés, éstas le exigen que sea libre. El hombre es necesariamente –con necesidad exigida por su naturaleza, al precio de su viabilidad– libre. Por eso ha podido escribir Ortega que somos «a la fuerza libres», y éste es el sentido justo de la conocida sentencia de Sartre: «Estamos condenados a ser libres». En lo que se refiere a esta primera dimensión de la moral, carecen por tanto de sentido, referidas al hombre, las expresiones «inmoralidad» o «amoralidad»: el hombre es constitutivamente moral.

Sin embargo, la disposición para hacer este «ajustamiento» de la moral como estructura puede ser, según el estado psicosomático en que el sujeto se encuentre, según su tono vital o temple (determinado por la salud o enfermedad, por «buena forma» o por fatiga), mayor o menor, suficiente o deficiente. Es entonces cuando se habla de «moral elevada» o bien de encontrarse «bajo de moral», «desmoralizado», expresiones que, como se recordará, aparecieron ya en el análisis prefilosófico. Ahora se ve que estas expresiones *tienen que ver* (¡claro que tienen que ver!) con la moral, pero precisamente en el plano de la moral como estructura.

5. De las dos dimensiones de la moral, la moral como contenido se monta necesariamente sobre la moral como estructura y no puede darse sin ella. Precisamente porque al hombre no le es dado por naturaleza el ajustamiento a la realidad, sino que tiene que hacerlo por sí mismo, cobra sentido demandarle que lo haga, no arbitraria o subjetivamente, sino conforme a determinadas normas, conforme a determinados sistemas de preferencias.

2. Carácter, hábitos, actos.
Los «actos privilegiados»: el instante, la repetición, el siempre. La hora de la muerte*

[...] El objeto material de la Ética parece, pues, constituido por el carácter *(êthos)*, los hábitos y los actos humanos. Pero con esto, ¿está dicho todo? Cabe objetar que lo que importa no son los actos aislados –por lo menos lo que importa fundamentalmente–, ni engendrando un hábito más o menos duradero, pero tampoco el carácter que, tomado en sentido ético, puede cambiar, sino que, como señala Aristóteles, carácter y hábitos han de prolongarse «en la vida entera», porque «una golondrina no hace verano ni tampoco un día». Entonces el objeto unitario de la moral sería la vida en su unidad temporal o, como suele decirse, la «vida moral», de la cual actos y hábitos constituirían simples elementos. [...]

---

* J. L. L. Aranguren, *Ética,* Segunda parte, cap. II, ed. cit., pp. 141-147. Se han suprimido las notas a pie de página.

¿Cómo «tener junto», esto es, constituir en objeto lo que es pura distensión temporal? ¿Es esto posible? A esta pregunta hay que contestar que sí es posible de dos maneras, *realmente* y *vivencialmente*. Por modo real es precisamente en el *êthos* o carácter, como sabemos realmente ya, donde se decanta y posa, donde se imprime lo que permanece y queda de ese fluir y pasar que es la vida. Vivencialmente se aprehende en actos de dos clases: *discursivos* e *intuitivos*. Los discursivos consisten en la referencia de todas y cada una de nuestras acciones, de la vida entera, al fin último o sentido de la vida; referencia de la que pronto hemos de hablar porque es el tema de la moral como contenido. Pero además de los actos discursivos hay otros intuitivos, que tampoco es posible tomar por separado, atomizadamente, porque justamente son ellos los que descubren la unidad de la vida. Tales actos ostentan ese carácter privilegiado, ora resumidor, ora definitorio, o lo uno y lo otro a la vez, bien por su intensión o intensidad, en cierto modo sobretemporal, bien por su *kairós,* por su decisivo emplazamiento en la secuencia de la vida.

Los actos privilegiados en cuanto a la profundidad y reasunción que en ellos se alcanza son el «instante», la «repetición» y el «siempre». El concepto de los dos primeros fue forjado por Kierkegaard y desarrollado luego por Jaspers y por Heidegger. El «siempre» se debe a Xavier Zubiri. El acto privilegiado desde el punto de vista del *kairós* es la «hora de la muerte».

El «instante» es un acto momentáneo que, levántandose sobre la sucesión temporal, toca la trascendencia y tal vez la decide. Es la eternidad en el tiempo, tangencia de lo eterno y lo histórico, descenso de la infinitud a la existencia finita y elevación de ésta a aquélla en un «golpe de vista» decisivo, echado desde la profundidad de un «presente auténtico». El instante puede revestir distintas formas. Una de ellas, la más alta, es el éxtasis, la contemplación mística. Pero sin necesidad de fenómenos místicos el hombre puede percatarse, de pronto, de la tremenda seriedad de su existencia y «elegirse». Desde el punto de vista del «contenido», en el que por ahora nos vedamos entrar, el «instante» lo mismo puede ser un acontecimiento religioso que religioso-moral o puramente moral, lo mismo puede ser «unión» que «revelación», «aceptación» o «conversión». El hombre se convierte a Dios siempre, como San Pablo, en un «instante», aunque este «instante» haya sido preparado por años, o aunque la expresión exterior y las consecuencias de esta conversión no se manifiesten sino mucho tiempo después. El «instante» puede presentarse bajo la disposición anímica de la «angustia», como dicen Kierkegaard y Heidegger, pero no es necesario, ni mucho menos, que así sea. También, en otros casos, bajo la forma de «rapto», «serenidad», «plenitud», «paz».

El acto de la «repetición» consiste en la asunción, también en un instante, de la totalidad de la vida. Ésta es, por decirlo así, tomada en peso y aceptada en su grandeza y en su miseria. Dicen que quien va a morir recorre en un momento todo su decurso temporal y «ve» su sentido. En esta concentrada actualización de la totalidad del pasado consiste precisamente la «repetición»: el hombre «repite», vuelve a vivir en un «instante», junta y apretada, su vida. La «repite», no como espectador, sino como su autor responsable. Desde el punto de vista del «contenido» este acto puede consistir en «arrepentimiento». Mejor dicho, y por «aceptante» que sea, aunque suscriba la vida con un gran «sí», es también, necesariamente, «arrepentimiento», porque ¿quién no tiene de qué arrepentirse? Como se ve, así como el «instante» ahonda en el presente –frente al vivir en el superficial, disipado y atomizante «ahora»– abriendo desde él el porvenir, la «repetición» vuelve la vista atrás, asume y retiene lo sido, frente al «olvido» del pasado.

Xavier Zubiri ve la esencial forma del tiempo y su unidad, no en el «instante» y la «repetición», como Kierkegaard, tampoco en la «memoria», como Bergson, sino en el «siempre». El «siempre», el «de una vez por todas», es el fundamento de la mutación temporal, y el ahondamiento, la intensión en él otorga la posesión de sí mismo. El hombre está ante el decurso y su tiempo consiste en estar ante su propia decurrencia, autopresente a ella, incurso en ella, sí, pero también sobre ella (sobre la «fluencia» de Leclercq) y sobre sí mismo. [...]

Pero estos actos –actualizaciones de estructuras, mejor–, el «instante», la «repetición», el «siempre», son privilegiados y aun decisorios, *definitorios,* como dice Zubiri, pero no *definitivos*. El acto definitivo –no actualización de estructura, sino acto propiamente dicho, que, si lo es de verdad, será también «instante», «repetición» y «siempre»– es la «hora de la muerte». Pero en la «hora de la muerte» hay que distinguir, a mi parecer, dos aspectos: lo que tiene de suceso –el morir– y lo que tiene de acto humano, de última instancia concedida al hombre para la obra moral de sí mismo. Es importante distinguir estos dos aspectos, porque pueden –y probablemente suelen– presentarse disociados. El instante de la muerte biológica, según muestra la experiencia de la muerte ajena –experiencia, como tal, muy precaria y «exterior»–, sobreviene con frecuencia «retrasado», cuando ya el hombre no se posee y lo que queda de él no es sino un residuo inconsciente y comatoso. El padre Karl Rahner ha llamado al último acto en que todavía disponemos de nosotros mismos la «muerte libre», a diferencia de la «muerte biológica». Ahora bien, desde el punto de vista que ahora estamos tratando –el de los actos privilegiados– éste es el *acto definitivo*. Hasta él «había tiempo». El hombre conservaba ante sí algunas –muchas o pocas– posibilidades de modificar su *êthos*. Desde este instante, el *êthos* va a quedar definido y terminado, las posibilidades van a quedar fijadas para siempre, agotadas en el ser, coincidentes con él; empezamos a ser, definitivamente, lo que hemos hecho de nosotros mismos, lo que hemos querido ser. [...]

Lo que importaba hacer ver en la presente reflexión sobre el objeto material, desde el punto de vista de su mera estructura, es que este objeto material consiste fundamentalmente en el *êthos*, esto es, en la personalidad moral; pero que la personalidad moral se define a través de todos y cada uno de los actos y de los hábitos, por lo cual éstos no pueden ser relegados a un segundo término al hablar del objeto de la ética. También, es verdad, a través de la vida entera. Pero, en primer lugar, la vida no es posible tenerla toda junta vivencialmente (realmente sí, porque queda impresa en nosotros; es, precisamente, nuestro «carácter», nuestro *êthos),* porque transcurre y se distiende en el tiempo. O, mejor dicho: sí es posible tenerla toda junta, pero esto acontece precisamente *en* ciertos actos privilegiados. La vida como totalidad nos remite, pues, otra vez, a los actos que la resumen –el «instante», la «repetición», el «siempre» (con lo cual se confirma una vez más la estructura circular del objeto de la ética: la totalidad remite a determinados actos, a través de los cuales se descubre precisamente aquel sentido total)– y al «carácter» en que queda «impresa». Y en segundo lugar, al hablar de la vida en su totalidad no debe olvidarse que ésta no es sólo duración, sino también futurición y emplazamiento. En el tiempo como futurición proyectamos el destino moral que vamos a forjar. En el tiempo como emplazamiento, y «mientras llega la muerte», estamos a tiempo de rehacer ese destino moral. [...]

La perfección ética ha de hacerse en el tiempo y con el tiempo. Nuestros proyectos se forjan en el tiempo, la perfección es cualitativamente diferente a lo largo de los años, la «experiencia de la vida» es experiencia del tiempo vivido. El concepto de *kairós,* u oportunidad, la *eukairía* o momento propio, es esencial para la tarea moral. Hay que dar tiempo al tiempo, saber esperar, aprovechar el cumplimiento de todas las condiciones, la realización de todas las posibilidades previamente necesarias, aprovechar el «¡ahora!». Y junto al concepto helénico del *kairós,* el concepto bíblico del *pléroma*. Cristo llegó a «su hora», en la «plenitud de los tiempos». Pero también, más modestamente, cada uno de nosotros tiene «su hora» y su «plenitud» para cada una de las partes de su tarea moral. El *êthos* se va forjando a través de los sucesivos *kairoi,* realizando «cada cosa a su tiempo», sin que se pueda saltar por encima de él. De tal modo que la perfección es cualitativamente distinta no sólo para cada persona, sino también en cada *kairós*. Por eso la perfección del niño –abertura a la realidad, ojos abiertos ante el mundo, docilidad para lo superior– es cualitativamente diferente de la perfección del joven –entusiasmo, aspiraciones infinitas–, de la perfección del hombre maduro –sentido de lo posible y de que la «paciencia es todo»– y de la perfección del viejo –bendición universal, decir un gran sí de arrepentimiento, aceptación y fidelidad a cuanto se ha sido–. La perfección ha de lograrse al hilo del tiempo, sin «adelantarse», y por eso son insatisfactorios el «niño prodigio» y también el «niño empollón», que sofoca al niño auténtico, que tendría que haber sido para, a su tiempo, ser verdaderamente hombre. Hay una tarea moral para cada una de nuestras horas y la tarea moral, el *êthos*, tiene también su tiempo bien determinado, sus «días contados». En esto decía Séneca que nos diferenciamos de los dioses: en que se nos ha dado un tiempo finito. Por lo mismo es más precioso, tenemos que aprovecharlo.

3. Los principios de la moral y la empresa de la moralización*

[...] El primer criterio o principio que se nos ocurre, tras lo dicho, para discernir lo bueno, es el de la *virtud*, tomada la palabra en el sentido griego. Si lo que hace que un

---

* J. L. L. Aranguren, *Lo que sabemos de moral*, cap. 8, en *Obras completas, II*, ed. de F. Blázquez, Madrid, Trotta, 1994, pp. 586-589.

cuchillo sea bueno es su «virtud» de cortar bien, ¿cuál será la virtud por excelencia del hombre en cuanto hombre? Lo probable es que el hombre, realidad infinitamente más rica y compleja que el cuchillo, tenga muchas «virtudes». Para Aristóteles y su época, las más estimables eran la capacidad de contemplación intelectual y la inteligencia práctica o «prudencia», así como la armonía o equilibrio entre todas las tendencias de la personalidad. Anteriormente, en una época más heroica, la «grandeza de alma» y la «valentía» habían aparecido como las virtudes más eminentes. Y posteriormente, con el estoicismo, todas ellas iban a ser desplazadas por la orgullosa abnegación ascética. El cristianismo iba a convertir la caridad en la virtud fundamental; y junto a ella desarrolló un ascetismo de extrañamiento del mundo. Con la Reforma y sobre todo con el calvinismo, la laboriosidad y un nuevo ascetismo *dentro* del mundo pasan al primer plano. En fin, para no alargar indefinidamente esta lista de virtudes fundamentales, las que hoy se prefieren son, como hemos dicho hace un momento, las sencillas y positivas; se diría que vivimos una época de democratización de la virtud.

Pero de esa larga historia del cambio de las virtudes del hombre ¿qué se desprende? Como ya anticipábamos que el hombre, en oposición al cuchillo, sirve para muchas cosas, tiene muchas virtudes, las cuales, además, se han ido poniendo de manifiesto a lo largo de la historia. Sí, el hombre se caracteriza por su plasticidad, por su capacidad para ejercitar las más variadas virtudes. Pero, entonces, sigamos preguntando: ¿cuál es, entre todas ellas, la más elevada, la que merece ser llamada «mejor»

11. La ética y la tarea de la moralización

o buena por excelencia? La respuesta a esta pregunta depende de un nuevo principio o criterio moral: el modo o estilo de vida, el patrón de existencia, el *way of life*. Para Aristóteles lo eran el hombre teorético y el varón prudente. Para el cristianismo el santo, palabra que recubre a su vez una multiplicidad de subestilos de vida (compárense santos tan diferentes como San Francisco de Asís, Santo Tomás de Aquino, San Ignacio de Loyola y San Juan de la Cruz). Para la época moderna el hidalgo y el caballero, el *honnête homme* y el *gentleman*. Ninguno de estos ideales parece ya mover eficazmente al hombre de hoy. (Ni siquiera la palabra misma «ideal».) Nuestro segundo criterio parece tan incierto como el primero. ¿Adónde recurrir? Los escolásticos y después los llamados iusnaturalistas nos hablaron de un tercer criterio o principio, el de la llamada *ley natural*. La mayor parte de los tratadistas afirman hoy el carácter evolutivo y cambiante, dinámico e histórico de éste [...]. La «ley natural», que prescribía en los tiempos bíblicos la poligamia, que parecía no oponerse a los métodos de la Inquisición ni a la negación de toda libertad religiosa, y según la cual parece todavía a muchos que es ilícito el uso de medios anticoncepcionales, ¿nos proporciona un inconmovible criterio de lo que es bueno y lo que no lo es?

Es cierto que existen otros principios menos cuestionables: la llamada «Regla de Oro» (cuya más conocida formulación es: «no quieras para los demás lo que no deseas para ti»), su depuración en el *Imperativo Categórico* de Kant, y los resultados analíticos a los que ha llegado Reiner. Pero estos principios, lo mismo que el de la «autenticidad» existencialista, son puramente *formales* y no nos dicen nada preciso sobre *lo que* hay que hacer y dejar de hacer. Otro tanto, agravado por la subjetividad, ocurre con el principio del *amor* y el de la *conciencia* (que, además de poder errar, con frecuencia produce dictados oscuramente elaborados por nuestros impulsos, y sometidos a un proceso de «racionalización»).

En el extremo opuesto a esta vana búsqueda de unos criterios inmutables en los que descansar con seguridad, la llamada *moral de la situación* rechaza todo criterio, todo principio, toda norma, y pide que cada sujeto moral, en cada situación de su vida, invente una solución o decisión original. Demanda completamente irrealista, pero que nos ayuda a comprender cuál es nuestra verdadera situación moral como punto de partida. El hombre vive y ha vivido siempre –hasta donde llega nuestro conocimiento– dentro de una sociedad provista de un *código moral* (subsumido en el religioso o el jurídico, o bien, como en las sociedades modernas, no escrito). Este código moral (como, por otra parte, todos los demás códigos) en la «sociedad cerrada» era único, inmutable e indiscutible. La presión social forzaba a los miembros de tal sociedad a someterse a él. Podemos llamarle código *moral* porque se refería a los *mores,* a las formas de vida, al comportamiento; pero no era moral porque no se contentaba con imponerse por el convencimiento, sino que se imponía forzando la libertad o, mejor aún, no dejando lugar a la ideación de otra alternativa, como no fuese la de la negativa desobediencia. La sociedad moderna tiende a constituirse como «sociedad abierta» (aunque nunca llegue a serlo completamente): el código moral vigente no se presenta ya como intocable sino como susceptible

11. La ética y la tarea de la moralización

de modificación. En segundo lugar, la sociedad verdaderamente abierta es pluralista y, por tanto, rigen en ella una pluralidad de códigos morales. Desde el punto de vista *social,* incluso dentro de esa sociedad abierta y pluralista, cada persona se encuentra perteneciendo a un grupo que posee su propio código moral. La tarea moral no consiste ni en someterse ciegamente a él, ni en rebelarse ciegamente contra él. La moral no tiene nada que ver ni con la sumisión por la sumisión ni con la rebeldía por la rebeldía. La tarea moral que nos incumbe a cada uno de nosotros consiste en la progresiva *moralización* del código moral que encontramos vigente en nuestro grupo. Que ni éste, ni ningún otro código son moralmente perfectos se desprende de lo que antes dijimos: un código no es sino la explicitación y el desarrollo, en un sistema de normas, de unos principios morales generales. Ahora bien, hemos visto hace un momento la in-perfección o, si se prefiere decirlo de una manera positiva, la perfectibilidad de todos los principios morales. Por otra parte, el código moral no nos dicta sino el sistema de normas o deberes a que debemos ajustar nuestra conducta; lo creativo de ésta, el sistema de posibilidades morales, de formas de vida, que nos ofrece, con su apertura, la sociedad en que vivimos no aparece inscrito (digámoslo así: los «códigos morales» nunca se escriben, ni se promulgan como los códigos propiamente dichos) en el código moral; es el otro lado, inventivo, desarrollado por la imaginación, la idea, libre de lo que, en sentido amplio, debe ser llamado la moral. La *moralización* consiste pues no en rechazar todo código, o construirnos uno arbitrariamente a nuestro subjetivo capricho, sino:

1) en poseer el valor moral e intelectual suficiente para someter a crítica y revisar no sólo los «artículos», por llamarlos así, de nuestro código moral sino, remontándonos a su fundamento, los principios en que se inspiran. Y al llegar aquí debemos recordar y traer a aplicación práctica el uso *descriptivo* del término bueno (y de los otros términos morales). Veíamos que consiste en la aceptación *convencional* de lo que la gente viene diciendo y repitiendo que es bueno, sin que nosotros hayamos sometido a serio examen intelectual y moral tal bondad, dada simplemente por supuesto. Como vio perspicazmente John Dewey, «at any given time an adult person in a social group has certain ends which are so standardized by custom that tehy are taken for granted without examination». Pues bien, es precisamente esa *estandarización,* esa aceptación, como en serie, de los preceptos morales la que hay que combatir mediante esa *examination* que echa de menos el filósofo americano. Obrar conforme a normas o principios morales que aceptamos dócilmente sólo porque están vigentes en nuestro grupo social, pero sin que nosotros veamos su razón de ser, no es obrar moralmente, porque de ese modo no contribuimos a la progresiva *moralización,* sino que, al contrario, convertimos la moral en una realidad inerte, osificada, muerta, que, lejos de mover a la acción creadora, pesa como una losa que empuja al individuo y, si esta conformista actitud se generaliza a la comunidad entera, al estado de «sociedad cerrada». La moralización consiste también, 2) en poseer la suficiente inteligencia práctica, y el necesario talante moral para crear nuevas pautas de comportamiento, nuevos patrones de vida, todo ese *élan*

11. La ética y la tarea de la moralización

creador de moralidad que, fuera de todo código moral (pero no forzosamente *contra* él), inventa moralidad y contribuye a crear una existencia mejor. Ésta y no otra es la tarea del reformador moral constructivo, progresista, creador.

12. Javier Muguerza:
La obediencia al Derecho y el imperativo de la disidencia. (Una intrusión en un debate)*

Dos eminentes filósofos del derecho, los profesores Felipe González Vicén y Elías Díaz, se hallan enzarzados en un debate ético. Careciendo como carezco de atributos que hagan de mí un «filósofo del derecho», me pregunto si mi afición a la *ética* —que comparto con ellos— bastará a autorizarme para terciar en su polémica[1]. Pero, de cualquier modo, querría confiar en que la buena amistad que me une a ambos me otorgue esa autorización.

---

* J. Muguerza, «La obediencia al Derecho y el imperativo de la disidencia (Una intrusión en un debate)», *Sistema*, 70 (1986), pp. 27-40. Versión íntegra.

1. Hasta el momento, la polémica referida se articula en los siguientes trabajos de nuestros dos autores: F. González Vicén, «La obediencia al Derecho», recogido en su libro *Estudios de Filosofía del Derecho,* ed. Facultad de Derecho de la Universidad de La Laguna, La Laguna, 1979, pp. 365-398; E. Díaz, «La obediencia al Derecho», capítulo II.1 del libro *De la maldad estatal y la soberanía popular,* Madrid, Debate, 1984, pp. 76-94; F. González Vicén, «La obediencia al Derecho. Una anticrítica», *Sistema*, núm. 65, marzo de 1985, pp. 101-106.

12. La obediencia al Derecho y el imperativo de la disidencia

El punto de vista de González Vicén que ha dado lugar a la mentada discusión se halla resumido, tan provocativa como brillantemente, en el siguiente texto que paso a transcribir: «En tanto que orden heterónomo y coactivo, el Derecho no puede crear obligaciones porque el concepto de obligación y el de un imperativo precedente de una voluntad ajena y revestida de coacción son términos contradictorios... Con ello desembocamos en el gran problema de los límites de la obediencia jurídica. Si no hay más obligación que la obligación en sentido ético, el fundamento de la obediencia al Derecho basado en el aseguramiento de las relaciones sociales o en otras razones análogas es sólo, por así decirlo, un fundamento presuntivo o condicionado; un fundamento que sólo puede serlo en el pleno sentido de la palabra si el Derecho no contradice el mundo autónomo de los imperativos éticos. Si un derecho entra en colisión con la exigencia absoluta de la obligación moral, este derecho carece de vinculatoriedad y debe ser desobedecido... O dicho con otras palabras: *mientras que no hay un fundamento ético para la obediencia al Derecho, sí que hay un fundamento ético absoluto para su desobediencia*. Este fundamento está constituido por la conciencia ética individual»[2]. El párrafo subrayado –subrayado por el propio González Vicén– es el que ha originado la réplica de Elías Díaz, que en lo esencial se deja compendiar en esta afirmación: «Pocas dudas suscita, a mi modo de ver, la segunda parte de la proposición, aunque yo preferiría enunciarla en términos que

2. F. González Vicén, «La obediencia al Derecho», cit., pp. 386-388.

me parecen más exactos y expresivos, de posibilidad *(puede haber un fundamento ético absoluto para su desobediencia)*... Discrepo, en cambio, de la primera parte de tal proposición, pues en mi opinión *sí puede haber un fundamento ético para la obeciencia al* Derecho, lo mismo –y el mismo– que puede haberlo para su desobediencia, a saber, la concordancia o discrepancia entre el Derecho y la conciencia ética individual»[3]. Para González Vicén, cuya respuesta no se ha hecho esperar, «se trata de una afirmación dogmática que no se apoya en argumento alguno, a no ser que se tenga por tal la proposición tautológica, repetida una y otra vez, de que *si la conciencia individual puede fundamentar la desobediencia al Derecho, la misma razón hay para que fundamente éticamente su obediencia.* Y es que Elías Díaz tiene un concepto idealista del derecho. Para él, el derecho no es nada menos que... un intento de aunar criterios éticos individuales expresados socialmente como soberanía popular y regla de las mayorías... Todo lo cual es pura especulación a la que no corresponde realidad alguna. El Derecho es un orden coactivo de naturaleza histórica en el que se refleja el enfrentamiento de intereses muy concretos y el predominio de unos sobre otros. El Derecho expresa la prevalencia de una constelación social determinada y es, en este sentido, el instrumento de dominación de una clase y sus intereses sobre otra u otras clases y sus intereses. Un instrumento empero, y aquí radica su contradicción de principio, que pretende revestir validez y obligatoriedad, no sólo

3. E. Díaz, *op. cit.,* pp. 79-80.

12. La obediencia al Derecho y el imperativo de la disidencia

para la clase cuyos intereses representa, sino para toda la sociedad»[4].

Los textos transcritos, que he seleccionado al efecto de reproducir el meollo del debate, se hallan probablemente lejos de hacer justicia a la complejidad de las respectivas posiciones de los contendientes. Pero podrían servir, por lo demás, a otros efectos, incluido el inocente pasatiempo que propongo a continuación. Imaginemos a un lector de dichos textos que no estuviese familiarizado con nuestro medio filosófico y al que no se le hubiese suministrado información alguna acerca de los autores de los mismos, excepción hecha del detalle de que entre estos últimos subsiste una entrañable relación de magisterio-discipulado. ¿No tendería a pensar nuestro hipotético lector que Elías Díaz es, sin duda, el maestro prudente y circunspecto, acosado por el brío juvenil, díscolo y subversivo, de su discípulo González Vicén? Supongo, en cualquier caso, que se sentiría sorprendido de saber que la distribución de los papeles es exactamente la inversa. Su sorpresa nada diría, por cierto, en contra de Elías Díaz, pues la circunspección y la prudencia no constituyen motivo de desdoro para ningún discípulo, por joven que éste sea. Pero diría no poco, desde luego, en favor de un maestro como González Vicén, cuya juventud y capacidad de perturbación no sólo se mantiene intacta, sino parece haberse acrecentado en los cinco años transcurridos desde su jubilación académica.

---

4. F. González Vicén, «La obediencia al Derecho. Una anticrítica», cit., p. 102.

Cuando discuten dos amigos, hay dos procedimientos infalibles para conquistarse la ira de los dos. El primero y más deshonesto consiste en darles por igual la razón. El segundo, indudablemente más honesto pero no más prometedor, consiste en no dársela a ninguno. Por lo que a mí respecta, preferiría de entrada declarar mi simpatía por la posición del profesor González Vicén, lo que no implica que mis puntos de vista tengan que coincidir en todo momento con los suyos, así como tampoco excluye que lo puedan hacer eventualmente con los de Elías Díaz.

Empezaré indicando dónde estriba mi fundamental desacuerdo con Elías Díaz. Aunque no diría que se trate de una proposición «tautológica» –por el contrario, creo que los hechos la desmienten–, considero que la proposición de que «si la conciencia individual puede fundamentar la desobediencia al Derecho, la misma razón hay para que fundamente éticamente su obediencia» descansa en la postulación de una falsa simetría. Precisamente si se opina que «el Derecho [...] es [...] un intento de aunar criterios éticos individuales expresados socialmente como soberanía popular y regla de las mayorías» –que es como González Vicén describe, con bastante fidelidad, la concepción del Derecho por parte de Elías Díaz–, habría que saber ver que la obediencia al Derecho presupone una vinculación de la conciencia individual con otras conciencias individuales en modo alguno presupuesta por su desobediencia, que entraña más bien la desvinculación de la voluntad del individuo respecto de la voluntad colectiva –presumiblemente mayoritaria– plasmada en el Derecho. Esto sentado, y por más que el

Derecho se reduzca fácticamente –como lo quiere González Vicén– a «un orden coactivo de naturaleza histórica en el que se refleja el enfrentamiento de intereses muy concretos y el predominio de unos sobre otros», tampoco me parece que la «especulación» ética consistente en idear alternativas a semejante realidad fáctica del derecho merezca ser condenada por ociosa, cuando no por pecaminosa. Como el profesor González Vicén sabe bien, el de especular es un vicio tan firmemente arraigado en los usos de nuestro gremio que ni el filósofo más virtuoso podría sustraerse a la tentación de prodigarle su indulgencia.

La cuestión que se está aquí debatiendo todo el tiempo es la cuestión de las relaciones entre la Ética y el Derecho. Y no es cosa de recordar que tales relaciones son proverbialmente intrincadas. Así lo evidencia un anticipo de la crítica de Elías Díaz al profesor González Vicén debido a Manuel Atienza y citado expresamente por aquél: «Cuando se dice que hay una obligación ética de desobedecer al Derecho, parece claro que con ello no se quiere establecer la obligacion de desobediencia al Derecho en cualquier caso, sino sólo en determinados supuestos. Pero entonces debería seguirse también la obligación ética de obedecer al derecho en *algunos casos,* a saber, en los casos en que los mandatos jurídicos coincidan con los imperativos éticos de la conciencia individual. La obligación ética puede ser menos obvia, menos patente, cuando coincide con la obligación jurídica, pero no por ello desaparece. En realidad, la afirmación de González Vicén solamente es sostenible si se niega (como implícitamente hace) lo siguiente: que los *imperativos éticos,* aunque tengan lugar en la conciencia individual, pueden referirse a acciones que soprepasan la conciencia y el individuo, es decir, a acciones sociales. Sólo si se niega a la ética toda dimensión social y por tanto se elimina la posibilidad de que exista un campo de coincidencia entre el Derecho y la Ética (lo que no es fácil de aceptar) puede sostenerse lógicamente su afirmación»[5]. Que no exista ningún campo de coindicencia entre el Derecho y la Ética es, en verdad, inaceptable para quien no sea un positivista, como no lo es ninguno de los filósofos del derecho envueltos en la presente discusión. Pero el peligro no es ése, sino, por el contrario, el de que la Ética y el Derecho se confundan más de lo que sería de desear y no menos inaceptablemente.

*

Para no abandonarnos al indigenismo filosófico, acaso fuera bueno señalar que ese peligro no se cierne hoy tan sólo sobre algunos de los jóvenes representantes de nuestra filosofía del derecho, sino también alcanza a algún que otro maduro cultivador de la filosofía moral y política allende nuestras fronteras. El caso de Jürgen Habermas, al que voy a referirme en lo que sigue, vendría a constituir un paradigma de lo que acabo de decir. Y pienso que ocuparnos de él podría ser provechoso, además de por lo que tenga en sí mismo de revelador, con el

---

5. M. Atienza, «La Filosofía del Derecho de Felipe González Vicén», en Varios, *El lenguaje del Derecho (Homenaje a Genaro R. Carrió)*, Buenos Aires, Abeledo-Perrot, 1983, pp. 43-70, 68-69.

fin de enfriar durante un rato los ánimos de nuestro alborotado cotarro iusfilosófico.

Cuando el profesor González Vicén nos advertía más arriba que el Derecho es un instrumento al servicio de la defensa de unos determinados intereses de clase, por más que disfrazados de intereses de la sociedad toda en su conjunto, se estaba limitando –como él mismo reconoce– a invocar a Marx, para quien las clases dominantes tienden «a presentar su interés como el interés común de todos los miembros de la sociedad». No entraré a discutir en qué medida se pueda ser «marxista» y sostener la legitimidad de hablar de intereses sociales generales o, por lo menos, «generalizables», pues encuentro sumamente aburridas las disquisiciones acerca de cualquier ortodoxia doctrinal. Pero, marxista o no, una versión de tal *doctrina de los intereses generalizables* ha sido sustentada seriamente por Habermas en nuestros días[6]. La doctrina de marras parte de la constatación del enfrentamiento de los intereses «particulares» en el seno de la sociedad, mas no renuncia a preguntarse cómo sería posible que sus miembros lograsen concordar en la erección de un interés «común» a todos ellos. En opinión de Habermas, dicha posibilidad únicamente es concebible si se procede a cancelar el divorcio existente entre moralidad privada y legalidad pública –esto es, «la oposición entre los campos respectivamente regulados

---

6. Véase, para una exposición de la doctrina de los intereses generalizables, el capítulo III.3 de J. Habermas, *Legitimationsprobleme im Spätkapitalismus,* Frankfurt del Main, 1973 (hay trad. cast. de J. L. Etcheverry, Buenos Aires, 1975).

por la Ética y el Derecho»–, de suerte que «la validez de toda norma pase a depender de la formación discursiva de la voluntad racional de los potencialmente interesados».

Habermas llama a los intereses generalizables «necesidades comunicativamente compartidas», pues sólo a través del intercambio de argumentos en el discurso cabría que los miembros de la sociedad se pusiesen de acuerdo sin coacción sobre las normas a aceptar como válidas. Para ser exactos, y como es bien sabido, semejante «consenso alcanzado argumentativamente» requeriría que el discurso se ajustase a las condiciones de lo que Habermas da en llamar una «situación ideal de habla» o de diálogo, que sería aquella situación que concurre «cuando para todos los participantes en el discurso está dada una distribución simétrica de las oportunidades de elegir y realizar actos de habla», es decir, aquella situación en la que –como también se ha dicho– «todo el mundo pueda discutir y todo pueda ser discutido», de manera que en ella reine, pues, la comunicación sin trabas[7]. Habermas no se engaña acerca del carácter «contrafáctico» de esa suposición, que sin embargo insiste en concebir como una «hipótesis práctica» destinada a suministrar un canon crítico desde el que enjuiciar la racionalidad de la voluntad colectiva discursivamente formada.

Recientemente se ha insistido sobre el «neocontractualismo» –y, más concretamente, neorousseaunianis-

---

7. Cfr. J. Habermas, «Wahrheitstheorien», en H. Fahrenbach (ed.), *Wirklichkeit und Reflexion. Fetschrift für Walter Schulz*, Pfüllingen, 1973 (hay trad. cast. de M. Jiménez Redondo, en preparación), pp. 211-265.

mo– del concepto habermasiano de «voluntad racional». Pero probablemente nadie es más consciente que el propio Habermas de esa genealogía, reconstruida por él mismo en estos términos: «Con Rousseau aparece –por lo que atañe a las cuestiones de índole práctica, en las que se ventila la justificación de normas y de acciones– el principio *formal* de la Razón, que pasa a desempeñar el papel antes desempeñado por principios materiales como la Naturaleza o Dios... Ahora, como quiera que las razones últimas han dejado de ser teóricamente plausibles, *las condiciones formales de la justificación acaban cobrando fuerza legitimante por sí mismas,* esto es, los procedimientos y las premisas del acuerdo racional son elevados a la categoría de principio... En las teorías contractualistas formuladas desde Hobbes y Locke hasta John Rawls, la ficción del estado de naturaleza –o la de una *original position*– cobra también el cometido de especificar las condiciones en las cuales un acuerdo podría expresar el interés común de todos los implicados y merecer, de este modo, la reputación de racional. En las teorías de signo trascendentalista, desde Kant hasta Karl-Otto Apel, dichas condiciones son transferidas, a título de presuposiciones generales e inevitables de la formación racional de la voluntad, ya sea a un sujeto, ya sea a una comunidad ideal de la comunicación. En ambas tradiciones, las condiciones formales de la posible formación de un consenso racional son el factor que suple a las razones últimas en su condición de fuerza legitimante»[8]. Lo verdaderamente

---

8. J. Habermas, «Legitimationsprobleme in modernen Staat», en *Zur Rekonstruktion des historischen Materialismus,* Frankfurt del Main, 1976

interesante en este punto no es, por tanto, la voluntad racional ya constituida, sino la índole «procedimental» de su constitución, esto es, el procedimiento en que consiste su «formación discursiva».

Para expresarlo brevemente, la formación discursiva de una voluntad racional es para Habermas lo mismo que su formación «democrática», de suerte que se trata de un proceso en el que «todos somos (o deberíamos ser) participantes». Y, en cuanto a la propuesta de democracia radical o «democracia participatoria» que de ahí se seguiría, ésta concreta algo, en términos políticos, la abstracta alusión a «la distribución simétrica de las oportunidades de elegir y realizar actos de habla» a que nos referíamos a propósito de la situación ideal de habla o de diálogo. Pero lo cierto es que continúa siendo lo suficientemente vaga como para acoger bajo sí a una amplia diversidad de opciones sobre las que Habermas ha rehuido siempre pronunciarse. No le faltan razones para obrar así, pues por más que la situación ideal de habla o de diálogo parezca aproximarse a la apoteosis de la «democracia directa», la lejanía de su realización, cuando no su contrafacticidad, muy bien podría inducir a sus protagonistas a contentarse con fórmulas más modestas de «democracia representativa», como el parlamentarismo. Pero la razón capital de su abstención es el deseo de no mezclar innecesariamente, como en su opinión lo hizo Rousseau, el problema accidental de «la organización política de la democracia» con la cuestión más bá-

---

(hay trad. cast. de J. Nicolás Muñiz y R. García Cotarelo, Madrid, 1981), pp. 279 ss.

12. La obediencia al Derecho y el imperativo de la disidencia

sica, o de principio, de la «formación democrática de la voluntad».

Concentrémonos, pues, en esta última, tal y como de ella se hace cargo la «ética comunicativa» *(Diskursethik)* de Habermas. Como se sabe, Rousseau había dicho que nadie está obligado a obedecer ninguna ley en cuyo establecimiento no haya participado. La sumisión a cualquier otra ley es simplemente esclavitud, mientras que, como Kant repetiría casi con idénticas palabras, la obediencia a la ley que uno se da a sí mismo es cabalmente libertad. Ahora bien, el problema a que la *ética comunicativa* de Habermas ha de hacer frente sigue siendo el problema de cómo la Ética podría legislar para «todo» hombre, siendo por tanto «una» su legislación, al tiempo que «cada» hombre sería un legislador y consiguientemente habría «multitud» de legisladores. Rousseau no había resuelto ese problema, si es que alguna vez llegó a planteárselo. Recordemos, en efecto, cómo funcionaba para Rousseau la «voluntad general», esto es, en qué consistía para él esa decisión política colectiva que es la decisión democrática, decisión que Rousseau confiaba a la asamblea de los ciudadanos. Cuando esa decisión no es unánime, el modo más normal como expresar tal decisión es a través del voto mayoritario. Mas Rousseau daba cuenta de este hecho en términos un tanto enrevesados. Rousseau afirmaba, por ejemplo, que la voluntad general no puede «errar» y es siempre «recta» *(droite)*, de modo que el voto de la mayoría no sería sólo la expresión de la voluntad general, sino también el encargado de sacar a la minoría de su «error» y hacerle comprender que no había conseguido expresar «rectamente» la voluntad general. En el lenguaje de la filosofía contemporánea, diríamos que Rousseau adoptaba a este respecto una posición cognoscitivista, es decir, una posición para la cual los asuntos de la ética son asuntos de conocimiento. En Kant no hay rastro de un tal congnoscitivismo, pero, de todos modos, es dudoso que consiguiera resolver nuestro problema por recurso a la célebre versión de su imperativo categórico que reza: «Obra sólo según una máxima tal que puedas querer al mismo tiempo que se torne ley universal», puesto que diferentes sujetos podrían muy bien querer universalizar máximas de conducta asimismo diferentes e incluso contrapuestas entre sí. Habermas, que no renuncia a hacer de aquel «principio de universalización» o generalización *(Verallgemeinerungsgrundsatz)* un pilar básico de su ética comunicativa, procede a reformularlo –con la ayuda de su intérprete Thomas McCarthy–, haciéndole decir: «En lugar de considerar como válida para todos los demás cualquier máxima que quieras ver convertida en ley universal, somete tu máxima a la consideración de todos los demás con el fin de hacer valer discursivamente su pretensión de universalidad»[9], reformulación esta en la que el peso se desplaza de lo que cada uno podría querer sin contradicción que se convierta en ley universal a lo que todos de común acuerdo quieran ver convertido en una ley de

---

9. J. Habermas, «Diskursethik. Notizen su einem Begründungsprogramm», *Moralbewusstsein und kommunikatives Handeln,* Frankfurt del Main, 1983, pp. 53-124, p. 77, reconoce inspirarse en este punto en la versión de su propio pensamiento debida a Thomas McCarthy, *The Critical Theory of Jürgen Habermas,* Cambridge, Mass., Londres, 2.ª ed., 1981, pp. 326-327.

ese género. Habermas escapa, así, no sólo al cognoscitivismo ético, sino también a cualquier trascendentalismo, tesis ambas con las que anteriormente había dado la sensación de coquetear. Pues, por ejemplo, Habermas ha llegado en ocasiones a hablar con evidente descuido de «verdades éticas», de la misma manera que el sujeto colectivo de su voluntad racional ha comportado a veces indeseables reminiscencias, si no del yo o sujeto trascendental kantiano, al menos sí del «yo común» *(moi commun)* chocantemente postulado por Rousseau como soporte de la voluntad general. Pero, ocupándose como se ocupa de decisiones, en la Ética no hay lugar a hablar de que esas decisiones sean verdaderas ni falsas, aunque puedan ser justas o injustas, como tampoco es de pensar que tales decisiones incumban a sujetos ideales o trascendentales, sino a sujetos reales e históricos, es decir, a individuos de carne y hueso. El abandono de sus primitivas posiciones ha acabado alejando a Habermas del neocontractualismo cognoscitivista y trascendentalista de un Apel, mas no por ello le ha acercado al de un Rawls. Tal y como éste lo entiende, o como Habermas entiende que lo hace, un «contrato» no es sino una transacción entre los intereses de diversos sujetos que no puede tener en sí su propio «fundamento». En un contrato así entendido, las partes contratantes ni tan siquiera necesitan dialogar para ponerse de acuerdo, pudiendo cada una discurrir por su cuenta o monológicamente sobre el mejor modo de salvaguardar sus respectivos intereses. Y, dejando a Rawls a un lado, ninguna *teoría del contrato social* iría en sí misma más allá de la consagración de un acuerdo intersubjetivo que manifestaría en cuanto tal la «voluntad» de los interesados, pero no garantizaría su «racionalidad». ¿Quién podría asegurarnos que ese acuerdo o contrato, pretendidamente voluntario, no ha sido más bien fruto de la manipulación persuasiva? ¿Y no podría tratarse, lisa y llanamente, del saldo impuesto por un choque de fuerzas desiguales, que es lo que son los celebrados acuerdos económico-sociales entre el empresariado y los sindicatos de países como el nuestro? Nada tiene de extraño, pues, que Habermas lamente el «déficit de fundamentación» *(Begründungsdefizit)* que en su opinión aqueja a un cierto neocontractualismo.

Compartiendo como comparto esa lamentación, yo no insistiría demasiado, sin embargo, en reclamar ninguna búsqueda de fundamentación para la teoría del contrato, que es una vía que –de uno u otro modo– conduce siempre a desvaríos cognoscitivistas o trascendentalistas. Y en vez de preguntarnos por los *fundamentos* de esa teoría, sugeriría la conveniencia de preguntarnos por sus *límites,* que no son otros que los límites del recurso a la «regla de las mayorías» como expresión de la «soberanía popular». En la teoría del contrato no hay otro procedimiento para determinar la justicia o injusticia de una decisión colectiva que el democrático recuento de los votos de los ciudadanos. Pero a nadie se le oculta que una decisión mayoritaria pudiera, en ciertos casos, ser injusta. Sería injusto, por ejemplo, que una mayoría decidiese oprimir y explotar a una minoría esclava, o condenar a personas inocentes, o atentar, en fin, contra la dignidad de un solo hombre, tratándole como un «medio» o un instrumento más bien que como un «fin en sí mismo». El *imperativo categórico* kantiano realmente relevante a este propósito no es el que antes veíamos, sino aquel que prescribe: «Obra de tal modo que tomes a la humanidad, tanto en tu persona como en la de cualquier otro, siempre como un fin al mismo tiempo y nunca meramente como un medio»[10]. La «humanidad», o condición humana, es para Kant aquello que hace de los hombres fines absolutos u «objetivos», que no podrán servir de meros medios para ningún otro fin, a diferencia de los fines subjetivos o «relativos» que cada cual pudiera proponerse a su capricho y que, en rigor, son sólo medios para la satisfacción de este último. Se trata, pues, de una categoría moral que no hay que confundir con la naturaleza humana o sus diversas concreciones históricas. Que es lo que explica que en Kant no haya asomo de incursión en la falacia naturalista o historicista consistente en extraer indicaciones acerca de lo que debamos hacer a partir de lo que creamos ser natural o históricamente hablando, naturalismo o historicismo que no darían nunca razón de por qué el hombre, en cuanto ser moral, es moralmente responsable de sus actos y no puede declinar esa responsabilidad ni traspasarla a la naturaleza o a la historia. Volviendo a la teoría del contrato, la «condición humana» sería su límite *ad superius*, pues ninguna deci-

---

10. Comenzando por las diversas formulaciones de *«el* imperativo categórico kantiano» contenidas en la *Fundamentación de la metafísica de las costumbres*, y contra lo que de ordinario se sostiene, no hay «un *único* imperativo categórico» –ni siquiera un único imperativo categórico «kantiano»–, sino tantos imperativos de ese género cuantos imperativos demos en revestir de categoricidad (cfr. a este respecto el ya clásico trabajo de John Silber, «Procedural Formalism in Kant's Ethics», *Review of metaphysics*, 28, 1974, pp. 197-236).

sión colectiva, por mayoritaria que fuese, podría legítimamente atentar contra ella sin atentar contra la Ética; mas la teoría tiene también un límite *ad inferius* y no menos irrebasable, límite que descubriríamos al preguntarnos quién se halla en ese caso autorizado para determinar cuándo una decisión colectiva atenta contra la condición humana, pregunta a la que, en mi opinión, no cabe responder sino que la «conciencia individual» y sólo la conciencia individual. Dicho de otra manera, los individuos acaparan todo el protagonismo de la Ética, puesto que sólo ellos son capaces de actuar moralmente.

Este segundo imperativo kantiano, al que podríamos llamar «de los fines» para distinguirlo del «de la universalidad», no siempre ha sido objeto de la atención que merece por su importancia ética. Del primer imperativo se ha podido decir, desde posiciones habermasianas, que –al limitarse a prescribir que obremos de modo que podamos querer universalizar nuestras máximas de conducta– parece prescindir de todo fin o interés particular, mientras, por otro lado, no llega a concretar el contenido de ningún interés efectivamente general o universal. Para McCarthy, ello le sitúa en franca desventaja frente a la «reformulación» de dicho imperativo por parte de Habermas[11]. Y, en general, daría pie a una desfavorable comparación del «formalismo» ético kantiano con el «modelo discursivo» de la ética comunicativa habermasiana. De poderse calificar de formalista a dicha ética comunicativa, hay que decir que lo sería «con una diferencia» o, más exactamente, con un par de ellas. Es cierto

---

11. Th. McCarthy, *op. cit.*, pp. 327 ss.

que el imperativo habermasiano no considera generalizable cualquier interés particular ni propone, en cuanto tal, ningún ejemplo concreto de interés generalizable. Pero, por una parte, no prescinde de los intereses particulares, sino que más bien trata de «insertarlos» en el discurso práctico con el fin de someter a prueba su generalizabilidad. Y si, por otra parte, no determina el «contenido» de los intereses que puedan ser considerados generalizables, ello se debe, simplemente, a que dicho contenido habrá de depender en cada caso de la concreta circunstancia sociopolítica en que se desenvuelva el discurso práctico y, sobre todo, del concreto acuerdo de los interesados, lo que excluye la posibilidad de legislar a este respecto de una vez ni para siempre. McCarthy, pues, no duda de que el «procedimiento de decisión» arbitrado por la doctrina habermasiana de los intereses generalizables constituya la única legislación racionalmente justificable en todo tiempo y lugar ni, lo que es más, de que mediante él quepa llegar –cosa que, naturalmente, dependerá no sólo de los interesados, sino también no poco de las circunstancias– a un efectivo acuerdo o consenso racional en materia de intereses humanos[12]. Ahora bien, para este autor no parece tampoco caber duda de que los términos de la comparación se puedan extender con igual propiedad a nuestro segundo imperativo. Y a estos efectos echa mano de la propia distinción kantiana entre la «forma» de las máximas morales –a saber, la universalidad– y el «contenido», materia o fin de dichas máximas.

12. *Loc. cit.*

Kant, en efecto, no se olvidó de los *fines* de las acciones humanas, si bien –dado que su ética no era una ética teleológica– se negó a conceder a ningún fin particular o «fin a realizar» la condición de fundamento determinante de la acción desde el punto de vista moral. En cuanto fines puramente relativos, los fines particulares no pueden dar lugar a «leyes prácticas» para Kant, sino a lo sumo a «imperativos hipotéticos» del tipo de «si quieres conseguir tal o cual fin, debes poner en obra tales o cuales medios». Muy distinto es el caso del fin considerado en el imperativo categórico «de los fines», al que Kant llama un «fin independiente» y concibe de modo puramente restrictivo, a saber, como la limitación resultante de prohibir que ningún hombre sea tenido meramente por un medio y despojado de su título de fin en sí. Así las cosas, McCarthy cree poder seguir insistiendo en las ventajas del modelo discursivo habermasiano, entre las que se contaría no sólo la superación de la ética formalista de Kant, sino también la difuminación de las fronteras entre las áreas de la Ética y el Derecho, de acuerdo con el designio del propio Habermas que en su momento reseñamos. «Ya que el modelo discursivo –escribe McCarthy– requiere que los "fines a realizar" sean ellos mismos racionalizados... y que las normas sociales válidas incorporen esos intereses generalizables, se acorta en él el hiato entre legalidad y moralidad. El criterio del consenso racional bajo condiciones de simetría retiene la restricción especificada en la fórmula kantiana del fin en sí mismo: que la humanidad sea tratada como un fin y nunca sólo como un medio... Pero dicho criterio va más allá de especificar un "fin independiente" en sí, puesto que asimismo especifica los "fines a realizar" en términos de su capacidad de ser comunicativamente compartidos a través del diálogo racional. En consecuencia, las normas establecidas como legalmente obligatorias por este procedimiento no serán ya puramente formales... Por el contrario, tales normas impondrán positivamente ciertos fines como fines que responden al interés común.»[13] Por mi parte, no obstante, me permito dudar de que esa mezcolanza de Ética, por un lado, y Derecho, por el otro, constituya ninguna superación del formalismo kantiano, superado ya por el propio Kant en la segunda de las versiones de su imperativo categórico que hemos venido barajando. En efecto, este imperativo no es en manera alguna tan «formal» como suele decirse, pues prescribe, o –mejor dicho– proscribe con bastante nitidez lo que debemos, o –más exactamente– no debemos, hacer, admitiendo de hecho tantos «contenidos» cuantas formas ha habido, por desgracia, de instrumentalizar al hombre a todo lo largo de la experiencia moral de la humanidad, desde la explotación económica o la opresión política a la depauperación cultural o la objetualización sexual, por citar sólo algunas de entre ellas. Y, por más sugerente que me parezca la reformulación discursiva del primer imperativo categórico kantiano o imperativo «de la universalidad», tampoco deja de parecerme significativo que Habermas no haya procedido a hacer otro tanto con el segundo imperativo, cuya incorporación al modelo discursivo, ciertamente, nunca podría hacer que sus contenidos se resuelvan en el «discurso». Para resu-

13. Ibíd., p. 330.

mirlo en dos palabras, Kant se hubiera sorprendido a buen seguro de oír decir que la dignidad humana, que es lo que se halla en juego en el imperativo «de los fines», necesita ser sometida a *referéndum* u otra posible variedad de la consulta popular.

La razón decisiva por la que dicho imperativo no se deja reducir al discurso ni, propiamente hablando, forma parte del modelo discursivo es que –como veíamos a propósito de la teoría del contrato– su cometido habría de ser más bien el de fijar los límites del ámbito de aplicación de tal modelo. Entonces como ahora, yo he hablado de «límites» y no de «fundamentos». Pero admito naturalmente que alguien me pueda preguntar por el *porqué* de la necesidad de respetar aquellos límites, superior e inferior, del modelo discursivo, lo que vendría a ser tanto como preguntarme por sus fundamentos. En Ética, qué le vamos a hacer, no es fácil prescindir de las cuestiones fundamentales, aunque –dado que todavía es más difícil responderlas que pasarlas por alto– tal vez sea aconsejable no insistir demasiado en ellas. En cualquier caso, no tengo inconveniente en responder que el único fundamento que encuentro para respetar tales límites, representados por la condición humana y la conciencia individual, es la afirmación kantiana de que «el hombre existe como un fin en sí mismo y no tan sólo como un medio». Pero reconozco también, muy a mi pesar, que semejante fundamentación no va en rigor muy lejos. Cuando Kant afirmaba tal cosa, se hallaba sin duda convencido de estar expresando un aserto racionalmente indubitable y no sencillamente abandonándose a lo que hoy se tendría por la expresión de un prejuicio ilustrado o una *fable convenue* del Siglo de las Luces. O, como alguna vez también se ha dicho, «una superstición humanitaria». Mas, por lo que a mí hace, no veo manera de prescindir de esa superstición —que habría que elevar a principio ético— si deseamos seguir tomándonos a la Ética en serio.

¿Cómo vendría a funcionar un tal principio? Para ilustrarlo por medio de un ejemplo, propongo reparar en el famoso y atroz experimento de Milgram, sobre el que ha llamado la atención Lawrence Kohlberg, cuya teoría del desarrollo moral ha sido, a su vez, tenida muy en cuenta por Habermas[14]. Las conclusiones a extraer de dicho experimento guardan no poca relevancia, segun pienso, para lo que estaba yo tratando de decir.

Habermas acostumbra a hacer gran hincapié sobre el hecho de que Kohlberg califique de «postconvencional» al tercer nivel de su *teoría del desarrollo moral*. Por encima del nivel preconvencional o premoral de la pura obediencia por temor al castigo o por móviles egoístas, así como del nivel puramente convencional de orienta-

---

14. Véase L. Kohlberg, *Essays on Moral Development,* Nueva York, 3 vols., 1981-1983, vols. I-II, pp. 29-48 ss. Sobre la interpretación dada por Kohlberg al experimento de Milgram, puede leerse en castellano la contribución de Manuel Jiménez Redondo «Teorías contemporáneas del desarrollo moral. Implicaciones normativas y relevancia sociológica», en J. Rubio Carracedo, M. Jiménez Redondo y J. Rodríguez Marín, *Génesis y desarrollo de lo moral,* Valencia, Departamento de Filosofía Práctica de la Universidad de Valencia, 1979, pp. 61-136. Véase también el comentario del experimento de Milgram por Juan Rof Carballo en su ensayo «Consideraciones generales sobre la violencia», *Revista del conocimiento,* I, enero de 1985 (Sobre la violencia y la ética. Homenaje al profesor José Luis López Aranguren), pp. 108-146, especialmente pp. 125 ss.

ción del juicio moral por consideraciones de conformidad con la opinión prevaleciente, el respeto a la autoridad o el mantenimiento del orden social establecido, Kohlberg distingue dentro del estadio de la postconvencionalidad, y con esta secuencia, dos etapas: la de la orientación «contractualista» de la conciencia moral –en que el acuerdo se convierte en fundamento de la obligación– y la de su orientación por «principios éticos», que podrían a su vez prevalecer sobre cualquier acuerdo previamente adoptado. Y aquí es donde entra en juego, para nuestros efectos, el aludido *experimento de Milgram*. En él, como se sabe, una serie de sujetos se comprometen a participar en un supuesto «experimento» consistente en aplicar, bajo las órdenes del experimentador, descargas eléctricas de creciente intensidad a un individuo voluntariamente sometido a una prueba de aprendizaje. Las descargas en realidad son simuladas, como lo son también las crecientes quejas de la víctima al aumentar la intensidad de aquéllas, mas los sujetos del experimento no lo saben. En la interpretación de Kohlberg, el experimento habría demostrado la mayor propensión de los sujetos contractualistas a sentirse «obligados» a proseguir con la prueba en los términos acordados, pese al sufrimiento de la víctima, frente a la resistencia a acatar las directrices del experimentador por parte de quienes actuaban por principios. Ahora bien, quien erigiese en principio nuestra superstición de que el hombre es un fin en sí mismo, y no tan sólo un medio, no precisaría invocar un *fundamentum obligationis* de recambio con que avalar su resistencia. Pues, en efecto, el imperativo kantiano «de los fines» reviste

12. La obediencia al Derecho y el imperativo de la disidencia

–como vimos– un carácter primordialmente «negativo» y, antes que fundamentar la obligación de obedecer ninguna regla, su cometido es el de autorizar a desobedecer cualquier regla que el individuo crea en conciencia que contradice aquel principio. Esto es, lo que en definitiva fundamenta dicho imperativo es el derecho a decir «No», y de ahí que lo más apropiado sea llamarle, como opino que merece ser llamado, *el imperativo de la disidencia*.

Pero tras de esta nuestra larga excursión centroeuropea –de la mano de un Habermas al que la polvareda de la marcha nos ha hecho, como Ortega decía de don Beltrane, acabar perdiendo de vista–, va siendo ya hora de tornar a la polémica doméstica.

Si el profesor González Vicén tachaba de «idealismo» la simple idea de que el Derecho intentara aunar criterios éticos individuales socialmente expresados como soberanía popular, etc., ¿qué no dirá después de haberme oído condescender con la situación ideal de diálogo y su abigarrada parafernalia, como intereses generalizables, consensos argumentativos, voluntades racionales discursivamente formadas y demás? Mucho me temo que alegue que el viaje no ha sido a Centroeuropa, sino al País especulativo de las Maravillas, al que siempre se viaja, para colmo, sobrados de alforjas. En mi descargo diré sólo que lo que a mí me interesaba no era tanto «el hecho del Derecho» cuanto la perspectiva –inevitablemente, ¡ay!, contrafáctica– de su consideración ética. Mas supongamos que el trayecto quedase reducido a su último tramo. ¿Podría al menos hacerme la ilusión de coincidir ahí con González Vicén en la propuesta de un cierto «individualismo» sin el que, a mi entender, no hay Ética posible?

*

Los individuos, desde luego, no son lo único que existe en este mundo, donde también hay, por ejemplo, clases sociales. Y desde el punto de vista de las ciencias del hombre, tal vez las clases sociales sean más interesantes que los simples individuos. Nuestro individualismo no es, por tanto, un individualismo «ontológico» ni «metodológico», sino lo que cabría llamar un individualismo «ético»[15]. El único inconveniente de esa apellidación, en todo caso, sería su obvia redundancia. Pues, como ya se dijo, en la Ética no hay otros protagonistas que protagonistas individuales.

En cuanto a la conciencia ética individual, y con acento que alguien diría «existencialista», González Vicén ha subrayado que «sus decisiones son siempre solitarias en su última raíz». Contra lo que sus críticos parecen temer a veces, la soledad no tiene nada que ver con la insolidaridad. Para decirlo con la fórmula afortunada de Aranguren, el intelectual habrá de mantenerse «solidariamente solitario y solitariamente solidario» frente a la sociedad[16]. Lo que vale, por descontado, para cualquier

---

15. Para una caracterización más detallada de lo que entiendo por *individualismo ético,* remito a mis trabajos «Entre el liberalismo y el libertarismo (Reflexiones desde la ética)» y «Más allá del contrato social (Venturas y desventuras de la ética comunicativa)», capítulos 5 y 7 del libro *Desde la perplejidad,* en preparación.
16. Manuel Atienza, *op. cit.,* trae a colación aquella fórmula (José Luis L. Aranguren, *El marxismo como moral,* Madrid, Alianza Editorial, 1968, p. 12), si bien su texto tiende a enfatizar la primera parte de

mortal. Los hombres están solos hasta cuando están juntos, pero su soledad sube de punto cuando se ven en la tesitura moral de tener que tomar decisiones no compartidas por los demás. Que es justamente el caso, como de nuevo subraya González Vicén, de la «desobediencia ética al Derecho», que entraña «una decisión que la conciencia individual ha de tomar en su soledad constitutiva».

¿Mas qué decir de esa desobediencia aquí y ahora, esto es, en nuestro país y al cabo de cuarenta años de franquismo, más unos cuantos de dificultosa transición hacia la democracia? Elías Díaz está evidentemente pensando en tales circunstancias cuando formula esta advertencia: «La desobediencia no siempre es "ácrata-progresista"; con frecuencia, sobre todo en ciertos países y en ciertas historias, es "golpista-reaccionaria"»[17]. ¿Pero no podría ser desobediente uno –que no presume de ácrata y tiene poco, por no decir que nada, de progresista– sin serlo al modo de reaccionarios, golpistas y demás ralea?

Desde la perspectiva ética del individualismo que he estado tratando de proponer no se desprende, pues no faltaba más, que un individuo pueda nunca imponer legítimamente a una comunidad la adopción de un acuerdo que requiera de la decisión colectiva, sino sólo que el individuo se halla legitimado para desobedecer cualquier acuerdo o decisión colectiva que atente –según el dictado de su conciencia– contra la condición humana.

---

la misma, mientras que yo a mi vez pondría no menos énfasis en la segunda.
17. E. Díaz, *op. cit.*, p. 85.

Los energúmenos que asaltaron el Palacio de las Cortes en la infausta fecha del 23 de febrero de 1981 tenían bastante más que ver, a mi parecer, con lo primero que con lo segundo. Pues, si hubieran sido desobedientes éticos, lo que tendrían que haber hecho era negarse a seguir sirviendo en sus puestos militares bajo la forma de gobierno que la sociedad española había decidido darse a sí misma, con lo que, entre otras cosas, nos habrían ahorrado el sobresalto. La invocación de la desobediencia ética no podría servir nunca de pretexto para llevar al Ejército al poder contra la voluntad mayoritaria, pero podría, en cambio, servir para oponerse a los desmanes de cualquier régimen político, aun cuando dicho régimen no sea una dictadura y se apoye en la aquiescencia de la mayoría. Pues, por abrumadora que sea esa mayoría, también los regímenes democráticos son capaces –lo estamos viendo cada día– de cometer desmanes.

Pero, por lo demás, el profesor González Vicén insiste con acierto en recordar que la desobediencia ética no debe confundirse con otras manifestaciones de la disidencia, como la «desobediencia civil», si por ésta se entiende un instrumento para la reforma o la derogación de una norma o un conjunto de normas. En semejante caso, la desobediencia persigue objetivos concretos y es eminentemente pública, requiere de la resonancia conquistada por la conducta disconforme y hasta puede ser hecha más eficaz mediante la organización de grupos más o menos numerosos que la apoyen. «Nada de esto se da en la desobediencia individual al Derecho por razones de conciencia. La desobediencia ética no persigue, por definición, ninguna finalidad concreta y no es, por eso, tampoco susceptible de organización, no busca medios para su eficacia. Su esencia se encuentra en el enfrentamiento de la existencia individual consigo misma»[18]. Lo esencial en ella es, en efecto, la adhesión inquebrantable a un imperativo moral, independientemente de cuáles sean sus consecuencias, por lo común sólo funestas, añadamos, para quienes adhieran a dicho imperativo contra viento y marea. Para González Vicén, la desobediencia ética no hace, en definitiva, sino prolongar la línea milenaria de la «actitud socrática».

Ello no obstante, me pregunto si la desobediencia ética –y el imperativo de la disidencia que la respalda– no será el denominador común de cualquier otro tipo de sana desobediencia, desde la desobediencia civil a cualesquiera de las revoluciones que en el mundo han sido. Así parece evidenciarlo el pensamiento de un gran clásico de la desobediencia civil, Henry David Thoreau, por el que confieso sentir una especial predilección[19]. Una predilección debida, creo, a que veo en él el otro rostro –frecuentemente tan oculto como lo estuvo un día la otra cara de la luna– de su país.

«Cualquier hombre que esté más en lo justo que sus vecinos –dijo Thoreau– constituye ya una mayoría de uno.» Lo que Thoreau sostenía no era, naturalmente, el derecho del individuo a imponer su ley a la mayoría –¡Thoreau no era un fascista *avant la lettre!*–, sino únicamente su derecho, cuandoquiera que un hombre o un

---

18. F. González Vicén, «La obediencia al derecho», cit., p. 392.
19. Véase su célebre panfleto «Civil Disobedience», *The Writings of H. D. Thoreau,* Boston, 1906, vol. IV, pp. 356-387.

pueblo sea vejado con el consentimiento de esta última, a desafiar la ley de la mayoría, pues Thoreau tampoco era, desde luego, ningún beato de las mayorías: «Toda votación es una especie de juego, como el ajedrez o las cartas, con un débil matiz moral; un juego con lo justo y lo injusto, con las cuestiones morales... Incluso votar a favor de lo justo no es todavía hacer nada porque triunfe... Hay leyes injustas: ¿nos resignaremos a obedecerlas, intentaremos modificarlas y las obedeceremos hasta que lo consigamos, o las incumpliremos inmediatamente?... Un hombre no está obligado a hacerlo todo, sino sólo algo. Y como no puede hacerlo todo, no es necesario que haga algo injusto». La raíz de esa proyección política del individualismo ético *(the one man revolution)* descansa en que no hay nada tan revolucionario como actuar a cualquier precio *(cost what it may)* por principios: «Creo que debiéramos ser primero hombres y después súbditos. No es tan deseable que se cultive el respeto a la ley como el respeto a lo justo. La única obligación que tengo que asumir es la de hacer en todo momento lo que crea justo».

De donde Thoreau extrajo, con admirable consecuencia, sus propias conclusiones ante la esclavitud o la guerra contra México sancionadas por el gobierno norteamericano mayoritario de su tiempo, como se muestra en este texto que parecería destinado a hacer meditar sobre su economía política o su política centroamericana al presidente Reagan... si entre los hábitos del mismo figurase el de la lectura: «¿Cómo conviene hoy en día que se comporte un hombre respecto de este gobierno? Yo respondo que no puede asociarse a él sin deshonor... Cuan-

12. La obediencia al Derecho y el imperativo de la disidencia

do la sexta parte de los habitantes de una nación que se ha comprometido a ser el refugio de la libertad se halla sometida a la esclavitud [la "esclavitud" puede hoy significar deprivación de los beneficios del bienestar social], cuando un país es injustamente invadido y conquistado por un ejército extranjero que le impone la ley marcial [la "ley marcial" puede actualmente ser impuesta mediante la recluta mercenaria de tropas cipayas], ha llegado el momento de que los hombres honrados se rebelen».

Lo que Thoreau defiende en estos textos es el fuero moral del individuo frente a la sociedad y el Estado –el fuero, diríamos, de Antígona frente al Creonte de turno–, que es asimismo el fuero defendido por el profesor González Vicén, en cuyo honor los he traído a colación.

Como intruso que he sido en el debate sostenido entre él y su discípulo Elías Díaz, querría concluir haciendo mías unas palabras de éste: «El régimen mayoritario de decisión no es, en modo alguno, un régimen de exclusividad de las mayorías –afirma[20]–, sino un sistema en el que las minorías y los individuos aislados –incluso los disidentes y "heterodoxos"– pueden colaborar activamente». La tesis de la desobediencia ética al Derecho no hace sino decir amén, esto es, que así sea, a semejante afirmación.

---

20. E. Díaz, *op. cit.*, p. 71.

Créditos

Ernst Bloch: *¿Puede frustrarse la esperanza?*
© Suhrkamp Verlag, Frankfurt a. M., 1965.
© de la traducción: Justo Pérez del Corral, 2002.

Michael Foucault: *La ética del cuidado de sí como práctica de la libertad*
© Ediciones Paidós, Barcelona, 1999.

Jürgen Habermas: *Ética discursiva*
© Suhrkamp Verlag, Frankfurt a. M., 1996.
© de la traducción: Ediciones Paidós, Barcelona, 1999.

José Luis López Aranguren: *La ética y la tarea de la moralización*
Para los textos 1 y 2:
© Revista de Occidente, S.A., Madrid, 1976.
© Alianza Editorial, S. A., Madrid, 1979.

Para el texto 3:
© Ediciones Trotta, 1994.
Todos los textos reproducidos con la autorización de los herederos del autor.

George E. Moore: *El tema de la ética*
© 1993 Cambridge University Press.
© de la traducción: UNAM, México, 1997.

Javier Muguerza: *La obediencia al Derecho y el imperativo de la disidencia. (Una intrusión en un debate)*
Por cortesía de la revista *Sistema*.
Reproducido con la autorización del autor.

John Rawls: *Justicia como imparcialidad: política, no metafísica*
© John Rawls, 1985.
Traducción publicada por cortesía de la revista *Diálogo Filosófico*, Madrid.

Paul Ricoeur: *Ética y moral*
Publicado por cortesía de la *Revista Portuguesa de Filosofía*.
© de la traducción: Carlos Gómez Sánchez, 2002.

Jean-Paul Sartre: *El existencialismo es un humanismo*
Título original: *L'Existentialisme est un humanisme:*
© Éditions Gallimard 1996.
© de la traducción: Edhasa, Barcelona, 1999.

Max Scheler: *Relaciones de los valores «bueno» y «malo» con los restantes valores y con los bienes*
© Revista de Occidente.

Charles Taylor: *Horizontes ineludibles*
© 1991 Charles Taylor y Canadian Broadcasting Corporations. Edición original en inglés publicada por House of Anansi Press, Toronto. Reproducido con autorización.
© de la traducción: Ediciones Paidós, Barcelona, 1994.

Ludwig Wittgenstein: *Conferencia sobre ética*
© Ediciones Paidós, Barcelona, 1989.